한 권으로 끝내는

스마트한
TOEIC
SPEAKING
LV. 6-7

English&북스

한 권으로 끝내는
스파르타
TOEIC SPEAKING
LV. 6-7

초판 1쇄 인쇄 2018년 6월 12일
초판 1쇄 발행 2018년 6월 18일

저 자	김민규(Mitchell Kim)
펴낸이	박성호
펴낸곳	잉글리쉬앤 (주)
총 괄	이용선
편 집	콘텐츠팀
디자인	디자인팀
영 업	마케팅팀

주 소   서울 특별시 관악구 쑥고개로 67-1
대표전화   (02) 879-1945
출판등록   2002년 3월 3일 제 320-2002-00045호

ISBN 978-89-6715-115-7 13740

저작권자 2018 잉글리쉬앤(주)
이 책은 잉글리쉬앤(주)에 의해 출간되었으므로
저자와 출판사의 서면에 의한 허락 없이 글과 그림의 인용, 복제, 발췌를 금합니다.

* 가격은 표지에 있습니다. 잘못된 책은 바꾸어 드립니다.

www.english.co.kr

Preface

그냥 '대충 영어 회화하듯이 말하면 되겠지'라는 생각으로 TOEIC SPEAKING 시험을 봤다가 결과에 크게 실망하는 수험생들을 많이 봤습니다. 할 수 있는 모든 방법으로 학습하고도 제자리걸음인 점수를 보고 결국 포기하는 수험생들도 많았습니다. 그런 수험생들을 위해 필자는 최고의 TOEIC SPEAKING 교재를 완성하겠다는 의지와 자신감을 가지고 본 교재를 집필했습니다.

TOEIC SPEAKING 시험은 선택지가 있는 다른 영어 시험들과 달리, 정답이 정해져 있지 않아서 왜 점수가 나오지 않는지 정확히 분석하기 쉽지 않습니다. 필자는 이 점에 착안하여, 점수가 확실히 오를 수 있도록, 보다 일관성 있고 명확히 정리된 TOEIC SPEAKING 교재를 만들기 위해 애썼습니다.

TOEIC SPEAKING 강의를 시작할 때부터 항상 '어떻게 하면 쉽게 좋은 결과를 얻을 수 있을까'에 대해 많은 고민을 해왔으며, 다년간 강의하면서 기출 문제들을 분석하고, 독자적인 방법을 개발하여 실제 시험에 적용해 봤습니다. 이러한 연구 방법과 자료들로 강의한 결과, 많은 수강생들이 목표하는 점수에 도달하는 것을 확인했습니다.

본 교재에 필자의 모든 노하우를 녹인 가장 실질적인 TOEIC SPEAKING 고득점 비법을 공개했습니다. 학습자들이 쉽게 정리할 수 있도록 파트별 만능 템플릿인 'Golden Key Template'을 고안했고, 그 안에 답을 적용하고 응용할 수 있도록 요령과 방법들을 정리했습니다. 또한, 실제 빈출 문제 유형을 체계적으로 학습할 수 있도록 파트별로 중요한 문제 유형을 엄선하여 본 교재에 실었습니다.

끝으로, 이 책이 출간되도록 끝까지 힘든 과정을 함께해 주신 잉글리쉬앤의 박성호 대표님, 이용선 부대표님, 이보영 이사님, 조현형 이사님, 그리고 박고우니 과장님과 편집팀 분들께 특별한 감사의 마음을 표하고 싶습니다.

TOEIC SPEAKING 점수가 필요한 취준생 및 직장인을 비롯한 모든 수험생들에게 이 책이 큰 도움이 되길 진심으로 바랍니다.

감사합니다.

김민규(Mitchell Kim)

저자 약력
- 서강대학교 국제대학원 국제 관계학 석사
- 現 경북대학교 Mitchell's TOEIC Speaking 강의
- 前 YBM 어학원 Mitchell's TOEIC / TOEIC Speaking 강의
- 前 건국대학교/홍익대학교 TOEIC 강의
- 前 BCM (민병철 어학원) 영어회화 강의 (공공 기관 출강)

목차

이 책의 구성 ·· 06
TOEIC SPEAKING 시험 정보 ·· 08

PART 1
Read a text aloud
지문 크게 읽기

- ▶ 미리 보기 ·· 11
- ▶ 기본기 다지기 ·· 14
- ▶ 고득점 공략하기 ·· 24
- ▶ Actual Test 1-2 ·· 36

PART 2
Describe a picture
사진 묘사하기

- ▶ 미리 보기 ·· 39
- ▶ 기본기 다지기 ·· 42
- ▶ 고득점 공략하기 ·· 56
- ▶ Actual Test 1-2 ·· 74

PART 3
Respond to questions
질문에 답하기

- ▶ 미리 보기 ·· 77
- ▶ 기본기 다지기 ·· 80
- ▶ 고득점 공략하기 ·· 92
- ▶ Actual Test 1-2 ·· 116

스파르타 TOEIC SPEAKING

PART 4

Respond to questions using information provided
표 보고 질문에 답하기

▶ 미리 보기 ········· 121
▶ 기본기 다지기 ········· 124
▶ 고득점 공략하기 ········· 134
▶ Actual Test 1-2 ········· 146

PART 5

Propose a solution
해결책 제안하기

▶ 미리 보기 ········· 149
▶ 기본기 다지기 ········· 152
▶ 고득점 공략하기 ········· 168
▶ Actual Test 1-2 ········· 186

PART 6

Express an opinion
의견 제시하기

▶ 미리 보기 ········· 189
▶ 기본기 다지기 ········· 192
▶ 고득점 공략하기 ········· 210
▶ Actual Test 1-2 ········· 228
▶ Appendix ········· 230

Final Test 1-3 ········· 236
모범 답안 ········· 262

이 책의 구성

❶ 미리 보기

학습에 앞서 파트별 기본 정보와 실제 시험 화면을 통해 TOEIC SPEAKING 시험을 미리 파악해 본다.

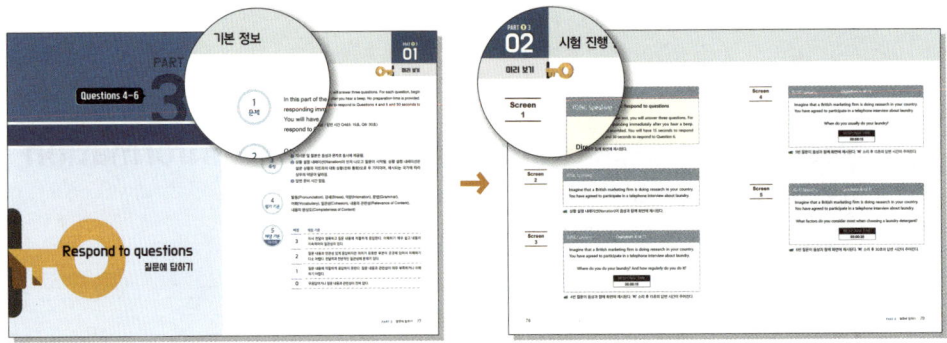

❷ 기본기 다지기

모범 답변을 통해 유형을 파악하고, 기본 전략을 익혀서 답안 만드는 연습을 한다.

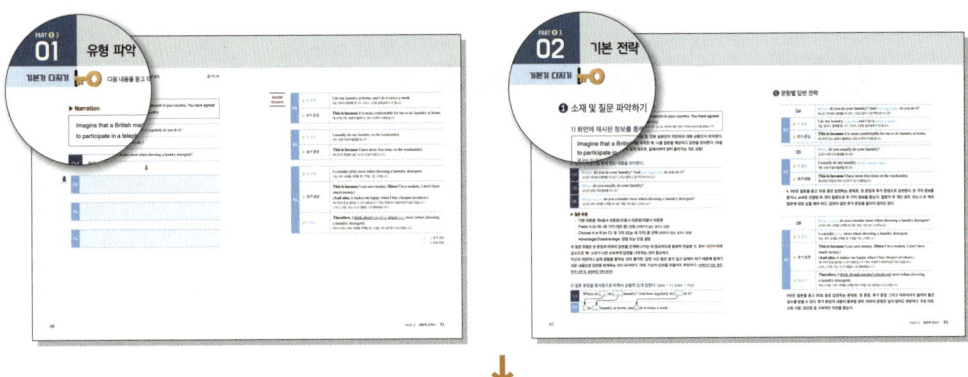

답변의 기본 틀인 Golden Key Template을 익힌 후 답안 문장을 만들어 보고, Check-Up Test에서 적용해 본다.

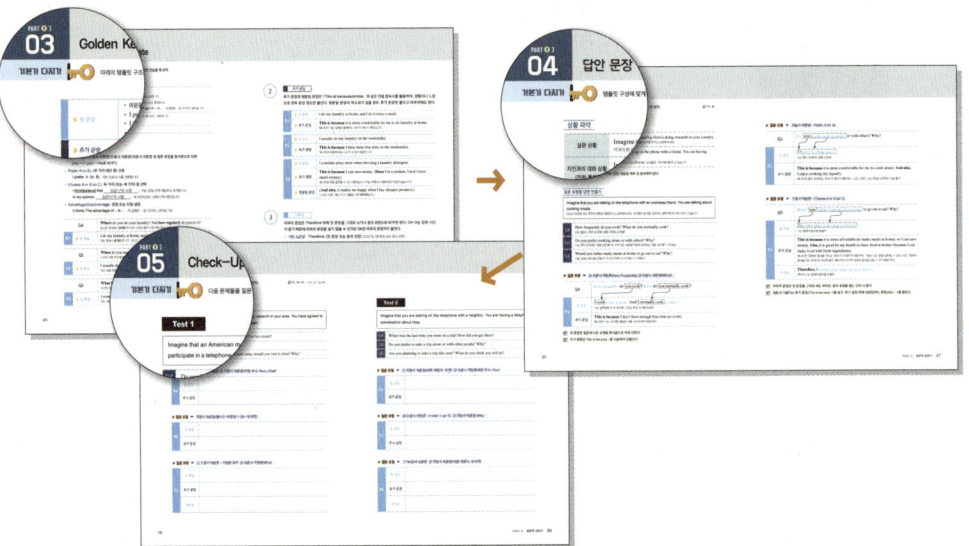

스파르타 TOEIC SPEAKING

❸ 고득점 공략하기
고득점을 받기 위해 활용할 수 있는 다양한 문장들을 익혀서 답변 훈련을 한 후, 빈출 어휘와 표현을 학습한다. Practice Test를 풀고 SELF-CHECK LIST를 통해 스스로 점검한 뒤 부족한 점을 보완한다.

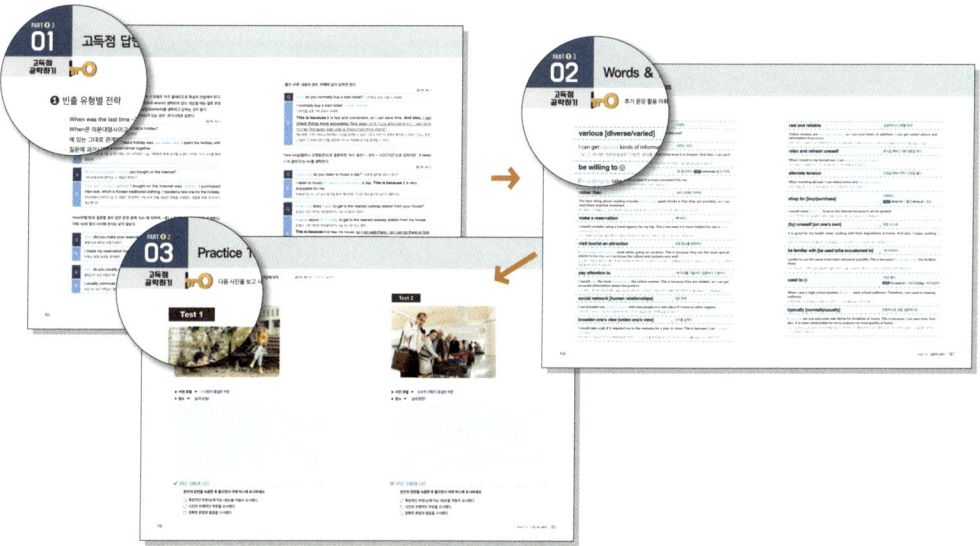

❹ Actual Test
각 파트를 학습한 후, 앞서 배운 전략과 표현을 토대로 실전 모의 테스트를 풀며 실전 감각을 기른다.

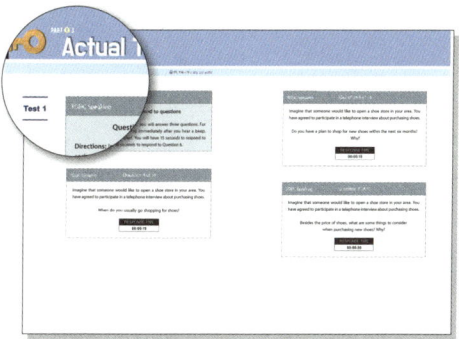

❺ Final Test
학습한 내용을 토대로, 최신 기출 변형 문제를 통해 최종 점검을 한다.

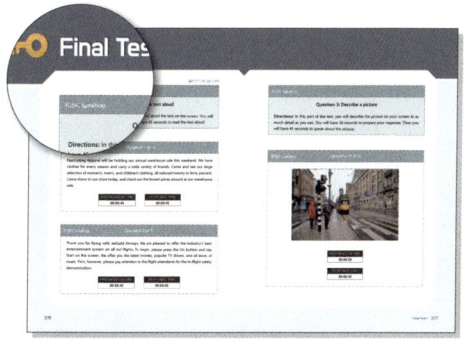

※ 부가 서비스 MP3 음원 + 온라인 실전 모의고사(http://books.english.co.kr에서 교재 인증 후 응시 가능)

TOEIC SPEAKING 시험 정보

1. 구성

- 문항 수: 총 11문항
- 시험 시간: 약 20분

파트	번호	문제 유형	준비 시간	답변 시간	배점
PART 1	Q1-2	Read a text aloud 지문 크게 읽기	각 45초	각 45초	0~3
PART 2	Q3	Describe a picture 사진 묘사하기	30초	45초	0~3
PART 3	Q4-6	Respond to questions 질문에 답하기	없음	15/15/30초	0~3
PART 4	Q7-9	Respond to questions using information provided 표 보고 질문에 답하기	없음 (지문 읽는 시간 30초)	15/15/30초	0~3
PART 5	Q10	Propose a solution 해결책 제안하기	30초	60초	0~5
PART 6	Q11	Express an opinion 의견 제시하기	15초	60초	0~5

2. 평가 기준

파트	번호	평가 기준
PART 1	Q1-2	발음, 억양과 강세
PART 2	Q3	발음, 억양과 강세, 문법, 어휘, 일관성
PART 3	Q4-6	발음, 억양과 강세, 문법, 어휘, 일관성, 내용의 관련성, 내용의 완성도
PART 4	Q7-9	발음, 억양과 강세, 문법, 어휘, 일관성, 내용의 관련성, 내용의 완성도
PART 5	Q10	발음, 억양과 강세, 문법, 어휘, 일관성, 내용의 관련성, 내용의 완성도
PART 6	Q11	발음, 억양과 강세, 문법, 어휘, 일관성, 내용의 관련성, 내용의 완성도

3. 점수별 등급

레벨	환산 점수	레벨	환산 점수
8	190-200	5	110-120
7	160-180	4	80-100
6	130-150	0-3	70점 이하

※ 총 200점 만점으로 환산하여 표기함.

4. FAQ

Q 시험 접수는 어떻게 하나요?
A 홈페이지(www.toeicspeaking.co.kr) 또는 TOEIC위원회 공식 모바일 애플리케이션을 통해 접수할 수 있습니다.

Q 시험 방식은 어떻게 되나요?
A 컴퓨터를 이용하여 답변을 음성 녹음하는 CBT(Computer-Based Test)방식으로 진행되며, 필기는 허용되지 않습니다.

Q 시험 응시료는 얼마인가요?
A 응시료는 부가세 10%를 포함해 77,000원이며, 인터넷 접수 시 신용카드나 실시간 계좌이체를 통해 결제할 수 있습니다.

Q 유효한 신분증은 무엇인가요?
A 대학생 및 일반인의 경우 주민등록증, 운전면허증, 여권, 공무원증 등이 유효하며 기간 만료 전의 주민등록증 발급신청 확인서가 대체 신분증으로 인정됩니다. 초·중고생의 경우 학생증, 여권, 청소년증이 규정 신분증이며 홈페이지에서 다운로드 가능한 신분확인증명서가 대체 신분증으로 인정됩니다. 규정 신분증을 지참하지 않으면 시험에 응시할 수 없으므로 주의해야 합니다.

Q 입실 시간을 지키지 못할 경우에 어떻게 하나요?
A 입실 시간에서 10분이 경과되면 입실이 불가하여 시험에 응시할 수 없습니다. 입실 시간을 미리 확인하고 시험 시간 전까지 고사장에 도착해야 합니다.

Q 성적 확인은 어떻게 하나요?
A 시험 성적은 응시일 기준으로 약 5일 후에 홈페이지(www.toeicspeaking.co.kr)를 통해 확인할 수 있습니다. 성적표 수령 방법은 온라인 발급 또는 우편 수령이며, 온라인 발급은 성적 발표 후 즉시 가능하고 우편 수령은 성적 발표 후 7~10일 이내에 가능합니다.

PART 1

Questions 1-2

Read a text aloud
지문 크게 읽기

기본 정보

1 문제

In this part of the test, you will read aloud the text on the screen. You will have 45 seconds to prepare. Then you will have 45 seconds to read the text aloud.

2 문항 수

Q1-2 (준비 시간 45초 / 답변 시간 45초)

3 특징

❶ 지시문은 음성과 문자로 제시됨.
❷ 문제(지문)가 화면에 제시되고, 준비 시간 45초 동안 지문을 읽어볼 수 있음.
❸ 끊어 읽기, 억양 및 강세, 발음 등이 틀리지 않고 잘 전달되도록 읽어야 함.

4 평가 기준

발음(Pronunciation), 강세(Stress), 억양(Intonation)

5 채점 기준 (3점 만점)

배점	채점 기준
3	알아듣기 매우 쉽고 내용이 정확히 전달된다. 끊어 읽기, 억양 및 강세, 발음이 정확하다.
2	끊어 읽기, 억양 및 강세, 발음이 전반적으로 정확하다. 타 언어의 영향을 약간 받는다.
1	끊어 읽기, 억양 및 강세, 발음이 정확하지 않다. 타 언어의 영향을 상당히 받는다.
0	무응답이거나 전혀 알아들을 수 없다.

PART 1
02 시험 진행 순서

미리 보기

Screen 1

TOEIC Speaking
Questions 1-2: Read a text aloud **Directions:** In this part of the test, you will read aloud the text on the screen. You will have 45 seconds to prepare. Then you will have 45 seconds to read the text aloud.

📢 지시문이 음성과 함께 화면에 제시된다.

Screen 2

TOEIC Speaking　　　　Question 1 of 11
Welcome to the walking tour of Jacksonville. The downtown area is famous for its historic landmarks. Today, we will be visiting several sites to learn about their historic significance and cultural value. Please keep in mind that we will spend only around fifteen minutes at each site. **PREPARATION TIME** **00:00:45**

📢 1번 문제가 화면에 나온다. 'Begin preparing now.'라는 음성이 나오고 '삐' 소리 후 45초의 준비 시간이 주어진다.

Screen 3

TOEIC Speaking　　　　Question 1 of 11
Welcome to the walking tour of Jacksonville. The downtown area is famous for its historic landmarks. Today, we will be visiting several sites to learn about their historic significance and cultural value. Please keep in mind that we will spend only around fifteen minutes at each site. **RESPONSE TIME** **00:00:45**

📢 'Begin reading aloud now.'라는 음성이 나오고 '삐' 소리 후 45초의 답변 시간이 주어진다.

Screen 4

TOEIC Speaking	Question 2 of 11

Thank you for joining us at the Mayson Industries press briefing. As a senior member of the board, I am honored to introduce Catherine Miller, the incoming vice president of sales. Ms. Miller joins the company after a long career in finance, banking, and investing. I'd like to invite her to the podium, and she'll speak on the future of the company.

PREPARATION TIME
00:00:45

◀ 2번 문제가 화면에 나온다. 'Begin preparing now.'라는 음성이 나오고 '삐' 소리 후 45초의 준비 시간이 주어진다.

Screen 5

TOEIC Speaking	Question 2 of 11

Thank you for joining us at the Mayson Industries press briefing. As a senior member of the board, I am honored to introduce Catherine Miller, the incoming vice president of sales. Ms. Miller joins the company after a long career in finance, banking, and investing. I'd like to invite her to the podium, and she'll speak on the future of the company.

RESPONSE TIME
00:00:45

◀ 'Begin reading aloud now.'라는 음성이 나오고 '삐' 소리 후 45초의 답변 시간이 주어진다.

PART 1

01 유형 파악

기본기 다지기 다음 지문을 끊어 읽기, 강세 및 억양에 주의하여 읽어 보자. 🎧 P1_14

Q1 🎤
Welcome to the walking tour of Jacksonville. The downtown area is famous for its historic landmarks. Today, we will be visiting several sites to learn about their historic significance and cultural value. Please keep in mind that we will spend only around fifteen minutes at each site.

Q2 🎤
Thank you for joining us at the Mayson Industries press briefing. As a senior member of the board, I am honored to introduce Catherine Miller, the incoming vice president of sales. Ms. Miller joins the company after a long career in finance, banking, and investing. I'd like to invite her to the podium, and she'll speak on the future of the company.

Model Answer 1

Welcome / to the walking tour of Jacksonville↘. // The downtown area is famous for its historic landmarks↘. // Today, / we will be visiting several sites / to learn about their historic significance/ and cultural value↘. // Please keep in mind / that we will spend only around fifteen minutes / at each site↘. //

Jacksonville의 도보 관광에 오신 것을 환영합니다. 도심 지역은 역사적인 명소로 유명합니다. 오늘, 우리는 그들의 역사적 의미와 문화적 가치에 대해 배우기 위하여 몇몇 장소들을 방문할 것입니다. 우리는 각 장소에서 15분 정도만 머물 것임을 명심하세요.

Model Answer 2

Thank you / for joining us at the Mayson Industries press briefing↘. // As a senior member of the board, / I am honored to introduce Catherine Miller, / the incoming vice president of sales↘. // Ms. Miller joins the company after a long career / in finance↗, banking↗, and investing↘. // I'd like to invite her to the podium, / and she'll speak on the future of the company↘. //

Mayson Industries 기자 회견에 우리와 함께해주셔서 감사합니다. 이사회의 선임으로서, 새로운 영업부 부사장인 Catherine Miller를 소개하게 되어서 영광입니다. Miller 씨는 재무, 금융 그리고 투자 분야에서 오랜 경력을 쌓은 후에 회사에 합류했습니다. 저는 그녀를 연단으로 초대하려고 하며, 그녀는 회사의 미래에 대해 연설할 것입니다.

↗ : 올려 읽기   ↘ : 내려 읽기   / : 끊어 읽기   // : 한 문장이 끝나는 부분
파란색 부분: 강조해서 읽기

기본 전략

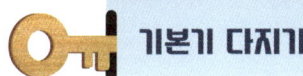

❶ 준비 사항 및 답변 전략

1) 준비 시간을 잘 활용한다.
준비 시간 45초 동안 끊어 읽기, 억양 및 강세, 발음에 주의하여 지문을 처음부터 끝까지 미리 발음해본다. 시간이 남으면 발음이 어려운 어휘와 고유 명사들을 한 번씩 더 발음한다.

2) 주의할 단어의 발음을 미리 연습한다.
고유 명사나 숫자 등의 특징적인 단어는 잘 구분될 수 있도록 강하게 발음하고, 이름 앞뒤는 약간 끊어서 읽어야 한다.

3) 지문 내용을 미리 파악한다.
지문 내용이 억양 및 강세에 있어 핵심 요소이기 때문에 지문 유형과 내용에 맞게 느낌을 잘 살려 읽는 것이 중요하다.
(지문 유형: 광고, 소개, 공지, 안내, 보도, 자동응답 메시지)

4) 문장 중간을 끊을 때에는(/) 끊고 올려 읽는다(↗).
- 중간에 끊는 부분: 콤마(,), 콜론(:)이나 세미콜론(;) 뒤, 전치사나 접속사 앞
- 콜론(:)이나 세미콜론(;)의 경우 일직선(올리지도 않고 내리지도 않는 것)으로 읽어도 좋다.
- 전치사 앞 문장이 짧을 경우 끊지 않아도 되지만, 접속사 앞은 반드시 끊어 읽을 것.
- 등위 접속사(and, or, but) 앞은 반드시 끊어서 올려 읽고, 뒤는 내려 읽어야 한다. 억양에서 가장 중요한 부분이므로 특별히 유의할 것!

5) 문장이 끝나는 부분에서는(//) 끊고 내려 읽는다(↘).
- 문장이 끝나는 부호: 물음표(?), 느낌표(!), 마침표(.)
- 물음표(?)의 경우, 조동사나 be동사로 시작하는 의문문은 끝을 올리고 의문사로 시작하는 의문문은 끝을 내린다.
- 느낌표(!)의 경우, 끝을 내려 읽어도 되지만 해당 문장에 따라 느낌을 살려서 일직선으로 읽어도 좋다.
- 마침표(.)에서는 반드시 끊고 내려 읽는다.

❷ 끊어 읽기

1) 콤마(,)/마침표(.)/물음표(?)/느낌표(!) '뒤'

ex For a full schedule of upcoming events / that the show will be covering, / visit our Web site. //
공연에서 다룰 이번 행사의 모든 일정을 보려면 우리 웹 사이트에 방문하세요.

2) 전치사/접속사 '앞'

전치사 앞은 끊어 읽지만, 문장이 짧을 경우 끊지 않고 읽어도 된다. 접속사 앞은 반드시 끊어 읽는다.

ex You can get everything you need / <u>at</u> Water Park Resort! //
Water Park Resort에서 당신이 필요한 모든 것을 얻을 수 있습니다!

ex We will spend 20 minutes on this bridge / <u>and</u> move into San Diego, / <u>where</u> you can enjoy Pinewood Park. //
우리는 이 다리 위에서 20분간 머물다가 Pinewood Park를 즐길 수 있는 San Diego로 이동할 것입니다.

3) 긴 주어 '뒤'

ex <u>Beautiful spring-like weather</u> / will continue for most of today / with a high of twenty-five degrees. //
오늘 대부분의 시간 동안 최고 기온 25도의 봄과 같은 좋은 날씨가 유지될 것입니다.

4) 긴 목적어 '앞'

ex Our store / will stay open late / so that customers can take advantage of / <u>this week's super special savings offer</u>. //
우리 상점은 고객들이 금주의 엄청난 특별 할인 행사를 이용할 수 있도록 늦은 시간까지 열려 있을 것입니다.

5) 관계사/준동사 '앞'

준동사(to ⓥ - to부정사 / ⓥing - 현재분사 / ⓥed - 과거분사: 분사의 경우 뒤에서 앞의 명사를 수식할 때) 앞은 끊어도 되지만, 문장이 짧을 경우 끊지 않고 읽어도 된다.

ex We would like to offer everyone on the connecting flight / a gift certificate / <u>that</u> can be used / at all of the Duty Free stores / at the airport. //
우리는 연결편 비행기의 모든 승객들에게 공항 내 모든 면세점에서 사용할 수 있는 상품권을 제공하려고 합니다.

❸ 억양 및 강세

1) Be동사 의문문이나 조동사 의문문은 끝을 올린다.
   - ex Are you looking for a weekend getaway↗? 주말에 여행할 곳을 찾고 있나요?
   - ex Do you like traveling abroad↗? 해외 여행을 좋아하나요?

2) 평서문, 감탄문, 명령문, 의문사 의문문(Wh~?: 의문사에 강세)은 끝을 내린다.
   - ex What is your favorite subject↘? 제일 좋아하는 과목이 뭐예요?
   - ex Let's go to Sara Cranston for the traffic report↘!
     이어서 Sara Cranston의 교통 정보가 방송됩니다!

3) 병렬 구조(등위 접속사로 연결된 구조)에서는 등위 접속사 앞의 단어 및 구문은 하나씩 끊어 올리고, 마지막 단어 및 구문은 내려 읽는다.
   - ex I like to watch soccer↗, basketball↗, and baseball↘.
     저는 축구, 농구 그리고 야구 관람하는 것을 좋아합니다.

4) 주절-부사절(접속사가 이끄는 절)에서, 부사절이 먼저 쓰인 경우 부사절은 끝을 올려 읽고 주절은 내려 읽는다. 주절이 먼저 나온 경우에는, 접속사 앞인 주절은 끝을 올려 읽고 부사절은 내려 읽는다.
   - ex When I was a child↗, I was very cute↘.
     I was very cute↗ when I was a child↘.
     나는 아이였을 때 정말 귀여웠어요.

5) 고유 명사, 외래어, 숫자 등 특징적인 단어는 강하게 발음한다.
   - ex You are listening to the Number One Hit↘! 여러분은 Number One Hit를 듣고 계십니다!

> **주의 사항**

1 문제에서 제시된 단어는 쓰인 대로 읽는다. Part 1에서는 축약되거나 생략된 단어 및 구문을 지문에 쓰인 상태 그대로 발음해야 한다.

   ex We've, We'd, You're, They'll, There's, Here's 등

2 약자는 길게 풀어서 발음하지 않는다. 단, 명칭의 경우 제시된 형태 그대로 발음하거나 철자를 풀어서 발음해도 된다.

   ex Ave. → Avenue / St. → Street(도로명), Saint(이름) / Blvd. → Boulevard
   L.A. → Los Angeles / FL → Florida

3 미국식, 영국식, 호주식 발음 또는 그 외에 혼합된 발음 중 어떻게 발음해도 무방하지만, 원어민 기준으로 외국어 발음이 많이 섞이면 알아듣기 힘들다고 판단되어 감점될 수 있다.

4 특수 기호는 틀리지 않도록 명확히 발음해야 한다.

   ex * → star / # → pound / @ → at
   www.jetplane7.com → www dot jetplane seven dot com
   $27.15 → twenty-seven dollars and fifteen cents 또는 twenty-seven↗fifteen↘

5 2음절 이상의 긴 단어는 강세를 살려서 발음해야 한다. 강세는 조금 세고 길게 발음하면 좋다. 특히, '-tion/-sion'을 포함한 단어는 강세를 살려야 하는데, '-tion/-sion' 바로 앞 모음에 강세가 있다.

   ex atténtion, internátional, concéssion 등

❹ 관사 및 주의 발음

Part 1은 문제 지문을 보고 그대로 읽기 때문에 문장을 만들어 답변하는 다른 파트에 비해 쉬워 보이지만, 관사 같은 특정 단어를 잘못 발음하거나 알아듣기 힘들게 발음할 경우 감점 요인이 된다.

관사	부정관사(a/an)	① 처음 나온 것, 막연한 것	② 하나(= one)	③ ~마다, ~당(= per)
	정관사(the)	① 앞에 나온 것, 아는 것	② 특정한 것, 지정된 것, 한정된 것	

▶ 모음 [a, e, i, o, u] 발음 앞에서

　　ex an/the employee　　　　　　ex an/the umbrella
　　　　　[ði]　　　　　　　　　　　　　　[ði]

모음 발음으로 시작하는 단어 앞에서는 부정관사 a가 아닌 an을 쓰고, 정관사 the를 '더[ðə]'로 발음하지 않고, '디[ði]'로 발음한다.
자음(모음이 아닌 철자들) 발음으로 시작하는 단어 앞에서는 부정관사 a를 쓰고, 정관사 the를 '더[ðə]'로 발음한다.

다음 예외의 경우에 주의할 것!

[예외 1] ▶ 모음 ➜ 자음 발음

　　ex a/the European country　　　　ex a/the university/unit
　　　　[ðə] [j]　　　　　　　　　　　　　　[ðə][j]　　[j]

단어 첫 철자가 모음이지만 '유[j]'는 자음 발음이므로 부정관사 a를 쓰고, 정관사 the를 '더[ðə]'로 발음한다.

[예외 2] ▶ 자음 ➜ 모음 발음

　　ex ① an/the XTD series　　　　ex ② an/the hour
　　　　　[ði][e]　　　　　　　　　　　　　　[ði][묵음]

① XTD의 'X(엑스)'는 철자가 자음이지만, '에[e]'로 시작되는 모음 발음이므로 부정관사 a가 아닌 an을 쓰고, 정관사 the를 '디[ði]'로 발음한다.

② hour의 'h-'는 철자는 자음이지만 묵음이고, 그 뒤 '-our'이 모음 발음으로 시작하므로 부정관사 a가 아닌 an을 쓰고 정관사 the를 '디[ði]'로 발음한다.

PART 1
03 Check-Up Test

기본기 다지기  다음 지문을 끊어 읽기, 억양, 강세에 주의하여 읽어 보자. 🎧 P1_20~23 / 모범 답안 p.262

Test 1

Q1 ▶ 광고

Olsen's has opened a new location in the Houston area↘. // If you are in the neighborhood, / drop by / and experience authentic deli sandwiches↗, kosher favorites↗, and our fantastic service↘. // In addition, / we are offering delivery services in the area / starting this week↘. // So come by / and see what Olsen's offers↘. //

Q2 ▶ 소개

Thank you / for attending the annual shareholders' meeting of Best Electronics↘. // Today, / the board will be discussing new ventures for the new year↘. // Best Electronics will enter the Internet security↗, robotics↗ and mining industries↘ / in the coming year↘. // Following the presentation, / the board will answer questions from shareholders↘. //

Test 2

Q1 ▶ 보도

Good morning / and welcome to your local evening news report↘. // This weekend is the annual National Day parade↘. // Carson Street↗, First Avenue↗, and Broadway↘ / will be closed for the parade in the downtown area↘. // If you need to get somewhere on these roads, / please park elsewhere / and walk to your destination↘. // The parade will run from 10 A.M. to 2 P.M.↘ //

Q2 ▶ 안내

Welcome / to the Exciting Historic Tour↘. // Next, / we will continue our tour with a visit to a farm↘. // During the tour, / we'll explore how people lived hundreds of years ago↘. // We will see how people worked↗, lived↗, and entertained themselves↘ / in earlier times↘. // The farm / we will be visiting / was established three hundred years ago↘. //

Test 3

Q1 ▶ 자동응답 메시지

You've reached Grand City Bus Tours. As our offices are now closed, we are unable to take your call. Please leave a message, and one of our representatives will call you back the next business day. Please include your name, contact information, and the reason for your call. Thank you.

Q2 ▶ 보도

Here is your local news. The Bay City Concert tonight has been canceled due to the bad weather. However, the concert series will continue next weekend as planned. There will be a variety of musicians performing jazz, rock, and other popular music. Besides the performances, there will be lots of food trucks to eat at. So, come down to Bay City and have fun!

Test 4

Q1 ▶ 소개

Tomorrow on the show, we will be interviewing Jennifer Rivera, the director of the hit film *Magic Lane*. The movie has received excellent reviews from critics, journalists, and the public. Ms. Rivera will be hosting a special screening of *Magic Lane* at the Great Wall Theater on Saturday.

Q2 ▶ 공지

Attention, moviegoers at the Town Center Cinemas. This is an announcement informing you that the theater's main concession stand is closed due to renovations. Please use the other three concession stands located on the third, fourth, and fifth floor. We truly apologize for this inconvenience.

PART 1
01 고득점 답변 훈련

고득점 공략하기 고득점을 위해서는 지문 내용에 맞게 느낌을 살려 읽는 것이 중요하다. 지문 유형별 읽기 전략을 익혀 두고 적용하는 연습을 해 보자.

❶ 광고

🎧 P1_24

> Olsen's has opened a new location in the Houston area↘. // If you are in the neighborhood, / drop by / and experience authentic deli sandwiches↗, kosher favorites↗, and our fantastic service↘. // In addition, / we are offering delivery services in the area / starting this week↘. // So come by / and see what Olsen's offers↘. //

Olsen's가 Houston 지역에 새로운 지점을 개점했습니다. 근처에 계신다면, 들러서 정통 조제 식품 샌드위치와 정갈한 인기 요리와 환상적인 서비스를 경험하시기 바랍니다. 게다가, 우리는 이번 주부터 이 지역에 배달 서비스를 제공합니다. 그러니 오셔서 Olsen's가 무엇을 제공하는지 확인하시기 바랍니다.

지문	역할
Olsen's has opened a new location in the Houston area↘. //	▶ 관심 유도
If you are in the neighborhood, / drop by / and experience authentic deli sandwiches↗, kosher favorites↗, and our fantastic service↘. //	▶ 행사, 제품 및 혜택 소개
In addition, / we are offering delivery services in the area / starting this week↘. //	▶ 추가 정보
So come by / and see what Olsen's offers↘. //	▶ 당부 및 끝인사

☑ 광고문은 제품, 서비스 및 행사를 알리는 지문이므로 상점명, 제품명, 행사 내용을 강조해서 읽으면 좋다.

❷ 소개

🎧 P1_25

> Thank you / for attending the annual shareholders' meeting of Best Electronics↘. // Today, / the board will be discussing new ventures for the new year↘. // Best Electronics will enter the Internet security↗, robotics↗ and mining industries↘ / in the coming year↘. // Following the presentation, / the board will answer questions from shareholders↘. //

Best Electronics의 연례 주주 회의에 참석해주셔서 감사합니다. 오늘 이사회가 신년의 새로운 사업들을 의논할 것입니다. Best Electronics는 내년에 인터넷 보안, 로봇 및 채광 산업에 진출할 것입니다. 발표 후에, 이사회는 주주들의 질문에 응답할 것입니다.

Thank you / for attending the annual shareholders' meeting of Best Electronics↘. //	▶ 프로그램 및 인물 소개
Today, / the board will be discussing new ventures for the new year↘. // Best Electronics will enter the Internet security↗, robotics↗ and mining industries↘ / in the coming year↘. //	▶ 소개 대상의 내용 및 특징
Following the presentation, / the board will answer questions from shareholders↘. //	▶ 추가 내용 및 소개 대상 환영

☑ 소개문은 프로그램이나 인물을 소개하는 지문이므로 사람 이름, 지명 등을 강하고 정확하게 발음하고 밝은 어조로 친근하게 읽으면 좋다.

❸ 공지 / 안내 / 보도

🎧 P1_26

> Attention, moviegoers at the Town Center Cinemas↘. // This is an announcement informing you / that the theater's main concession stand is closed / due to renovations↘. // Please use the other three concession stands located / on the third↗, fourth↗, and fifth floor↘. // We truly apologize for this inconvenience↘. //

Town Center Cinemas의 영화 팬 여러분, 주목하세요. 이 안내는 극장의 주요 매점이 내부 수리로 인하여 폐쇄된다는 것을 여러분들에게 알리기 위한 것입니다. 3층, 4층 그리고 5층에 위치한 다른 3개의 매점을 이용하시기 바랍니다. 불편을 드려 진심으로 죄송합니다.

Attention, moviegoers at the Town Center Cinemas↘. //	▶ 관심 유도
This is an announcement informing you / that the theater's main concession stand is closed / due to renovations↘. //	▶ 공지 및 안내 사항
Please use the other three concession stands located / on the third↗, fourth↗, and fifth floor↘. //	▶ 당부 사항
We truly apologize for this inconvenience↘. //	▶ 사과 및 끝인사

☑ 공지/안내/보도문은 정보를 전달하는 지문이므로 장소·날짜·시간 변경 사항, 주의 사항 등을 강하고 정확하게 발음하며 아나운서처럼 전달하는 느낌으로 읽으면 좋다.

❹ 자동응답 메시지

🎧 P1_27

You've reached Grand City Bus Tours↘. // As our offices are now closed, / we are unable to take your call↘. // Please leave a message, / and one of our representatives will call you back / the next business day↘. // Please include your name↗, contact information↗, and the reason for your call↘. // Thank you↘. //

Grand City Bus Tours로 연결하셨습니다. 현재 사무실이 문을 닫았으므로, 당신의 전화에 응답할 수 없습니다. 메시지를 남겨 주시면 우리의 직원 중 한 명이 다음 영업일에 당신에게 다시 전화를 드리겠습니다. 성함, 연락처 그리고 전화한 이유를 포함해서 남겨 주세요. 감사합니다.

You've reached Grand City Bus Tours↘. //	▶ 회사 및 기관 소개
As our offices are now closed, / we are unable to take your call↘. //	▶ 안내 내용
Please leave a message, / and one of our representatives will call you back / the next business day↘. //	▶ 당부 사항
Please include your name↗, contact information↗, and the reason for your call↘. // Thank you↘. //	▶ 추가 당부 및 끝인사

☑ 자동응답 메시지는 회사나 서비스 기관의 소개, 운영 시간, 서비스 종류 및 연결 정보 등을 전달하는 지문이므로 회사명, 기관명 및 서비스 내용 등을 강하고 정확하게 발음하며 안내하는 느낌으로 읽으면 좋다. 특히, 연결 번호나 내선 번호, 사람 이름 등을 정확한 발음으로 전달해야 한다.

PART 1 02 Words & Expressions

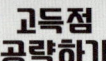
 지문 유형별 핵심 어휘 및 구문

광고

drop by [come by/stop by/visit] — 들르다

If you are in the neighborhood, drop by and experience authentic deli sandwiches, kosher favorites, and our fantastic service.
근처에 계신다면, 들러서 정통 조제 식품 샌드위치와 정갈한 인기 요리와 환상적인 서비스를 경험하시기 바랍니다.

a (wide) variety of [a (wide) range of/ a (wide/large) selection of] — (매우) 다양한

We have clothes for every season and carry a wide variety of brands.
우리는 사계절의 옷이 있고 매우 다양한 브랜드를 취급하고 있습니다.

be tired of [be sick of] — ~에 싫증나다, 지겹다

Are you tired of expensive rates and poor service?
당신은 비싼 요금과 안 좋은 서비스에 지쳤나요?

take advantage of — ~을 활용하다, 이용하다

For the next three weeks, customers can take advantage of some amazing deals and promotional events.
앞으로 3주 동안, 고객들은 놀라운 가격과 홍보 행사를 이용할 수 있습니다.

소개

present — 발표하다, 제시하다
참고 present ⓝ 선물 ⓐ 현재의, 참석한

I will present new programs, devices, and other technological solutions that you can use in business.
저는 여러분이 업무에서 사용할 수 있는 새로운 프로그램, 장치 그리고 다른 기술 솔루션을 발표할 것입니다.

CEO [Chief Executive Officer] — 대표 이사
참고 executive 이사, 중역[director]

Susan Conley, a marketing firm CEO, will talk about the latest trends in advertisements in her keynote speech.
마케팅 회사 CEO인 Susan Conley 씨는 그녀의 기조 연설에서 최신 광고 트렌드에 대하여 연설할 것입니다.

career — 경력, 직업

Today, she will join us for an interview about her career and achievements in journalism.
그녀는 오늘 언론 분야의 경력과 성과물들에 대한 인터뷰를 위해 우리와 함께할 것입니다.

press conference [press briefing] — 기자 회견

Thank you for joining us at this press conference.
이번 기자 회견에 우리와 함께해주셔서 감사합니다.

※ 빨간색 부분은 강조해서 읽기!

공지 / 안내

apologize | 사과하다

We truly apologize for this inconvenience.
불편을 드려 진심으로 죄송합니다.

flight attendant | (항공) 승무원 참고 parking attendant 주차 요원

Please pay attention to the flight attendants for the in-flight safety demonstration.
기내 안전 설명을 위해 승무원들에게 주의를 기울이기 바랍니다.

보도

detour | 우회로 참고 alternate route 다른 도로 / alternative 대안(의)

Work is expected to last all week, so commuters will need to take detours around the construction zone.
작업은 일주일 내내 지속될 예정이니 통근자들은 공사 지역 주변의 우회로를 이용해야 할 것입니다.

temperature | 온도, 기온

Temperatures will drop below zero again, and we'll see some snow storms early next week.
기온은 다시 영하로 떨어질 것이며, 다음 주 초에는 얼마간의 폭설이 내릴 것입니다.

자동응답 메시지

representative | 직원, 대표

Please leave a message, and one of our representatives will call you back the next business day.
메시지를 남겨 주시면 우리의 직원 중 한 명이 다음 영업일에 당신에게 다시 전화를 드리겠습니다.

reach [contact/get in touch with] | 연락하다 참고 keep in touch with ~와 연락을 유지하다

If you know the extension of the department you would like to reach, you may enter it now.
당신이 연락하려는 부서의 내선 번호를 안다면, 지금 입력하시기 바랍니다.

참고 / 주의해야 할 빈출 어휘

exclusive	ⓐ 예외적인, 독점적인, 특별한[extraordinary / particular]
various	ⓐ 다양한[varied / diverse / a variety of]
refreshments	ⓝ 음식물, 다과 / refresh ⓥ 기분 전환하다
mechanical	ⓐ 기계적인 / machine ⓝ 기계
fossil	ⓝ 화석 / dinosaurs ⓝ 공룡
monument	ⓝ 기념물, 기념비
routine	ⓝ 일상적인 일, 규칙적인 일
north	ⓝ 북쪽 / northern ⓐ 북쪽의
south	ⓝ 남쪽 / southern ⓐ 남쪽의
참고 빈출 국가명	Asia / Africa / America / Vietnam / Philippine

PART 1
03 Practice Test

고득점 공략하기  다음 지문을 유형별로 읽는 연습을 해 보자. 🎧 P1_30~35 / 모범 답안 p.265

Test 1

Q1 ▶ 공지

Thanks for choosing the Santa Ana Cinemas. Before the movie begins, please switch off all cell phones, tablets, and other electronic devices. If you must use your device, please do so outside the theater. Thank you for your cooperation. Enjoy your movie.

Q2 ▶ 보도

Welcome back to the Channel 6 Morning News. Our guest today is Lucas Anderson, a city planner. We will be interviewing him on the new city plans to develop a commercial zone in the southern outskirts of the city. Some key advantages of the development are reducing traffic, redeveloping unused lots, and encouraging economic growth. Viewers are encouraged to call in and ask any questions for Mr. Anderson.

✓ SELF-CHECK LIST

본인의 답변을 녹음한 후 들으면서 아래 박스에 표시하세요.

- ☐ 단어를 틀리지 않게 발음해서 읽었다.
- ☐ 끊어 읽기 및 억양을 틀리지 않게 구사했다.
- ☐ 숫자 및 고유명사를 포함해 강조해야 하는 부분을 강하게 발음했다.

Test 2

Q1 ▶ 소개

Good afternoon, and thank you for joining me for my presentation on using the latest technology in the workplace. I will present new programs, devices, and other technological solutions that you can use in business. As technology changes quickly, workers need to keep up with new developments to succeed at work.

Q2 ▶ 안내

Welcome to the third annual Business Convention. The themes for this year's convention are online marketing, new technologies, and customer outreach. Susan Conley, a marketing firm CEO, will talk about the latest trends in advertisements in her keynote speech. I hope you will meet new people and learn new strategies that you can take back to your companies during the convention.

☑ SELF-CHECK LIST

본인의 답변을 녹음한 후 들으면서 아래 박스에 표시하세요.

- ☐ 단어를 틀리지 않게 발음해서 읽었다.
- ☐ 끊어 읽기 및 억양을 틀리지 않게 구사했다.
- ☐ 숫자 및 고유명사를 포함해 강조해야 하는 부분을 강하게 발음했다.

Test 3

Q1 ▶ 자동응답 메시지

Thank you for calling FSG Internet Services. If you know the extension of the department you would like to reach, you may enter it now. If not, press one for customer service. Press two to manage your account, or press three for installation services. If you need assistance, please press # or stay on the line for the operator. Thank you.

Q2 ▶ 보도

New Jersey Radio News is proud to report that our lead reporter, Elena Adams, has won the International Journalism Award. Ms. Adams joined our team four years ago, bringing her extensive experience, investigative background, and leadership. Today, she will join us for an interview about her career and achievements in journalism.

☑ SELF-CHECK LIST

본인의 답변을 녹음한 후 들으면서 아래 박스에 표시하세요.

- ☐ 단어를 틀리지 않게 발음해서 읽었다.
- ☐ 끊어 읽기 및 억양을 틀리지 않게 구사했다.
- ☐ 숫자 및 고유명사를 포함해 강조해야 하는 부분을 강하게 발음했다.

Test 4

Q1 ▶ 보도

This is your Radio 5 evening traffic update. Construction will begin on Highway 7 for repairs tomorrow morning. Work is expected to last all week, so commuters will need to take detours around the construction zone. We recommend that drivers use alternate routes, such as Route 4, Main Street, or Park Avenue instead.

Q2 ▶ 광고

Are you tired of expensive rates and poor service? Switch to High-Speed Telecom for your Internet and cell phone services. We offer competitive pricing for private, commercial, and industrial customers. Drop by our store today to find out more about our special promotional rates. Don't hesitate – start saving now!

☑ SELF-CHECK LIST

본인의 답변을 녹음한 후 들으면서 아래 박스에 표시하세요.

☐ 단어를 틀리지 않게 발음해서 읽었다.
☐ 끊어 읽기 및 억양을 틀리지 않게 구사했다.
☐ 숫자 및 고유명사를 포함해 강조해야 하는 부분을 강하게 발음했다.

Test 5

Q1 ▶ 안내

Welcome to *Auto Talk*, the best podcast for automobile news and maintenance advice. Today, we'll talk about basic maintenance that you can do at home. You'll learn the best way to care for your engine, transmission, and tires. By following our tips, you'll be able to save a lot of money on car maintenance.

Q2 ▶ 소개

Good morning. Now I'd like to introduce our new communications director, John Saymour. Mr. Saymour has worked in television and newspapers. At his new position, Mr. Saymour will focus on marketing, public relations, and coordinating events. Let's welcome Mr. Saymour to the stage.

☑ SELF-CHECK LIST

본인의 답변을 녹음한 후 들으면서 아래 박스에 표시하세요.

- ☐ 단어를 틀리지 않게 발음해서 읽었다.
- ☐ 끊어 읽기 및 억양을 틀리지 않게 구사했다.
- ☐ 숫자 및 고유명사를 포함해 강조해야 하는 부분을 강하게 발음했다.

Test 6

Q1 ▶ 소개

Thank you for joining us at this press conference. As city manager, I want to introduce the new school superintendent, Dr. Angelina Green. As superintendent, Dr. Green will be responsible for maintaining school standards, balancing education budgets, and negotiating with the teacher's union. Dr. Green has extensive experience from a life-long career in education.

Q2 ▶ 광고

Home Improvement Warehouse will be starting its annual holiday sales this coming weekend. For the next three weeks, all customers can take advantage of some amazing deals and promotional events on all lawn mowers, plumbing equipment, and lumber. Stop by our store or visit our Web site at www.hiwarehouse.com for more details.

☑ SELF-CHECK LIST

본인의 답변을 녹음한 후 들으면서 아래 박스에 표시하세요.

☐ 단어를 틀리지 않게 발음해서 읽었다.
☐ 끊어 읽기 및 억양을 틀리지 않게 구사했다.
☐ 숫자 및 고유명사를 포함해 강조해야 하는 부분을 강하게 발음했다.

PART 1
Actual Test

Test 1

TOEIC Speaking

Questions 1-2: Read a text aloud

Directions: In this part of the test, you will read aloud the text on the screen. You will have 45 seconds to prepare. Then you will have 45 seconds to read the text aloud.

TOEIC Speaking — Question 1 of 11

Welcome to Mountain Regional Park. This park was created about thirty years ago to protect the unique wildlife in this area. As part of our conservation program, we also hold workshops for local residents. People can come to the park to learn about botany, zoology, and wildlife preservation. For more information about the workshops, please visit our Web site or call the main office.

PREPARATION TIME	RESPONSE TIME
00:00:45	00:00:45

TOEIC Speaking — Question 2 of 11

This is Melinda Jones with the 8 O'clock Weather Report. We previously reported that a rainstorm was expected tonight. However, prevailing winds have pushed the storm out towards the east. We do expect some lower temperatures, showers, and thunderstorms this weekend. Temperatures will drop below zero again, and we'll see some snowstorms early next week.

PREPARATION TIME	RESPONSE TIME
00:00:45	00:00:45

Test 2

TOEIC Speaking

Questions 1-2: Read a text aloud

Directions: In this part of the test, you will read aloud the text on the screen. You will have 45 seconds to prepare. Then you will have 45 seconds to read the text aloud.

TOEIC Speaking — Question 1 of 11

In science news, students from National University have created a new type of bacteria. The bacteria was developed by a research team led by Dr. Norman Zeller, a leading researcher in genetics. The new bacteria is expected to have a significant impact on technology, industry, and the environment.

PREPARATION TIME	RESPONSE TIME
00:00:45	00:00:45

TOEIC Speaking — Question 2 of 11

Thank you for choosing Kansas City Tours as your guide to Kansas City. Before we finish the tour, I would like to tell you about our new services. We are pleased to offer you ticketing for local events, vacation packages, and downtown shuttle services. If you require more information on our ticketing services, please visit our Web site or call our offices.

PREPARATION TIME	RESPONSE TIME
00:00:45	00:00:45

PART 2

Question 3

Describe a picture
사진 묘사하기

기본 정보

1 문제

In this part of the test, you will describe the picture on your screen in as much detail as you can. You will have 30 seconds to prepare your response. Then you will have 45 seconds to speak about the picture.

2 문항 수

Q3 (준비 시간 30초 / 답변 시간 45초)

3 특징

❶ 지시문은 음성과 문자로 제시됨.
❷ 준비 시간 30초가 주어짐.
❸ 사진의 전반적인 내용과 특징적인 내용을 다 묘사하는 것이 좋음.

4 평가 기준

발음(Pronunciation), 강세(Stress), 억양(Intonation), 문법(Grammar), 어휘(Vocabulary), 일관성(Cohesion)

5 채점 기준 (3점 만점)

배점	채점 기준
3	사진의 전반적인 내용과 특징적인 내용을 적절하게 묘사한다. 내용이 이해하기 쉽고 지속적이며, 일관성이 있다.
2	사진과 연관성 있게 응답하지만 의미가 모호한 부분이 곳곳에 있어서 이해하는 데 다소 어려움이 있다. 어휘와 구문 사용이 한정되어 전반적인 전달력에 문제가 있다.
1	사진과 연관성이 있지만 내용 전달에 한계가 있다. 사진과 관련성이 매우 부족하거나 어휘와 구문을 이해하기 매우 어렵다.
0	무응답이거나 사진과 관련성이 전혀 없다.

PART 2

02 시험 진행 순서

미리 보기

Screen 1

TOEIC Speaking

Question 3: Describe a picture

Directions: In this part of the test, you will describe the picture on your screen in as much detail as you can. You will have 30 seconds to prepare your response. Then you will have 45 seconds to speak about the picture.

📢 지시문이 음성과 함께 화면에 제시된다.

Screen 2

📢 사진이 화면에 나온다. 'Begin preparing now.'라는 음성이 나오고 '삐' 소리 후 30초의 준비 시간이 주어진다.

Screen 3

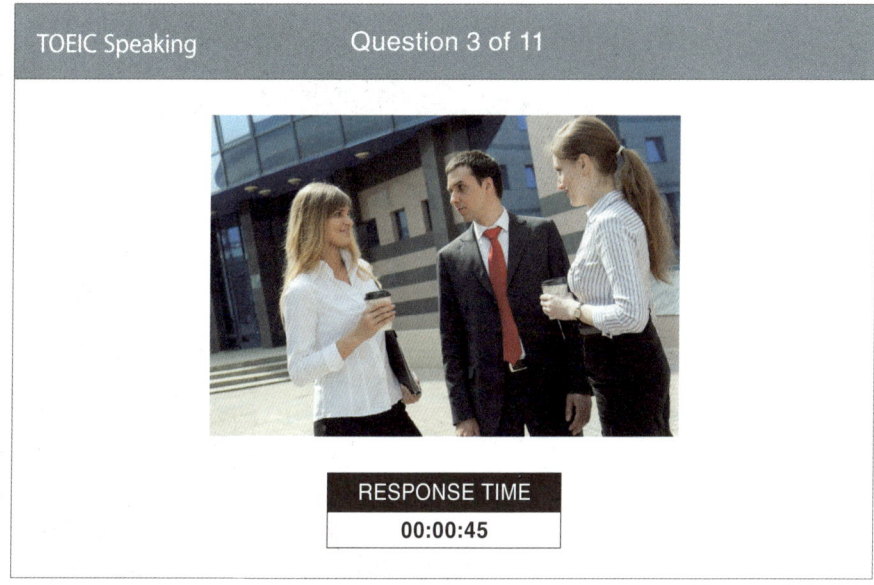

◀ 'Begin speaking now.'라는 음성이 나오고 '삐' 소리 후 45초의 답변 시간이 주어진다.

PART 2
01 유형 파악

기본기 다지기  다음 사진을 보고 알맞게 묘사해 보자.　　　🎧 P2_42

Model Answer		
	▶ 장소	**This picture was taken** <u>outdoors</u>[at a building]. 이 사진은 실외에서[건물에서] 찍혔습니다.
	▶ 중심 대상	**The first thing I see (in this picture) is** three people (standing in front of a building). On the right side of the picture, there is a woman wearing a striped shirt, and she is holding a beverage. Next to her, <u>there is a man wearing a black suit (and a red tie)</u>[a man is wearing a black suit (and a red tie)], and he is looking at the woman next to him. On the left side (of the picture), <u>I can see a woman wearing a white shirt</u>[a woman is wearing a white shirt], and she is holding a drink (in one hand) and a black folder (in the other hand). **I think** they are discussing something.[**I think** they are colleagues.] (이 사진에서) 첫 번째로 보이는 것은 (건물 앞에 서 있는) 세 명의 사람들입니다. 사진의 오른쪽에, 줄무늬 셔츠를 입은 한 여자가 있고 그녀는 음료수를 들고 있습니다. 그녀 옆에, 검은색 정장(과 빨간색 넥타이)을 입은 한 남자가 있고[한 남자가 검은색 정장(과 빨간색 넥타이)을 입고 있고] 그는 옆에 있는 여자를 보고 있습니다. (사진의) 왼쪽에, 흰색 셔츠를 입은 한 여자가 보이고[한 여자가 흰색 셔츠를 입고 있고] 그녀는 (한 손으로) 음료수를 들고 있고 (다른 한 손에는) 검은색 폴더를 들고 있습니다. 저는 그들이 무언가를 의논하는 중이라고 생각합니다.[저는 그들이 직장 동료라고 생각합니다.]
	▶ 배경	**In the background of the picture**[Around them], there is a blue building (with many windows). (I can also see some stairs in front of the building.) 사진의 뒷배경에[그들 주위에], (창문이 많은) 파란색 건물이 있습니다. (또한 그 건물 앞에 계단이 보입니다.)
	▶ 마무리	**Generally, it seems like** they are serious. 전반적으로, 그들은 진지한 것 같습니다.

( ): 추가 구문
[ ]: 대체 구문

PART 2
02 기본 전략

기본기 다지기

❶ 사진 파악하기

1) 30초의 준비 시간 동안 사진을 보면서 구도를 파악하자.

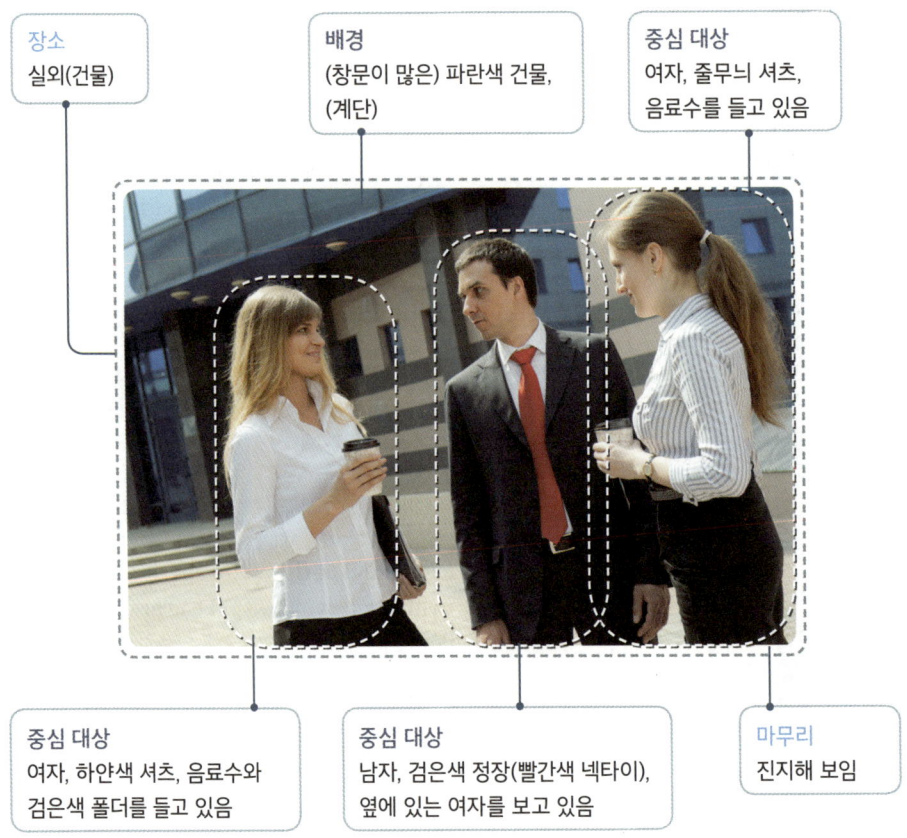

2) 사진을 바탕으로 아래 구성에 맞는 표현을 떠올려 보자.

▶ 장소	outdoors[at a building]
▶ 중심 대상	a woman, a striped shirt, hold a beverage a man, a black suit (and a red tie), look at the woman next to him a woman, a white shirt, hold a drink and a black folder
▶ 배경	a blue building (with many windows), (stairs)
▶ 마무리	serious

❷ 묘사 순서 정하기

1) 사진을 보고 떠올린 표현을 바탕으로, 아래 순서에 맞춰 묘사한다.

① 위치 묘사 (장소) ➡ ② 특징적인 부분 묘사 (중심 대상)
➡ ③ 배경 묘사 (배경) ➡ ④ 자신의 감상 및 의견 (마무리)

2) 많이 쓰는 어휘 및 구문들을 익힌 후 연습한다. 특히, 장소별 어휘들을 바로 떠올릴 수 있도록 충분히 연습할 것.

* 위치 묘사 표현

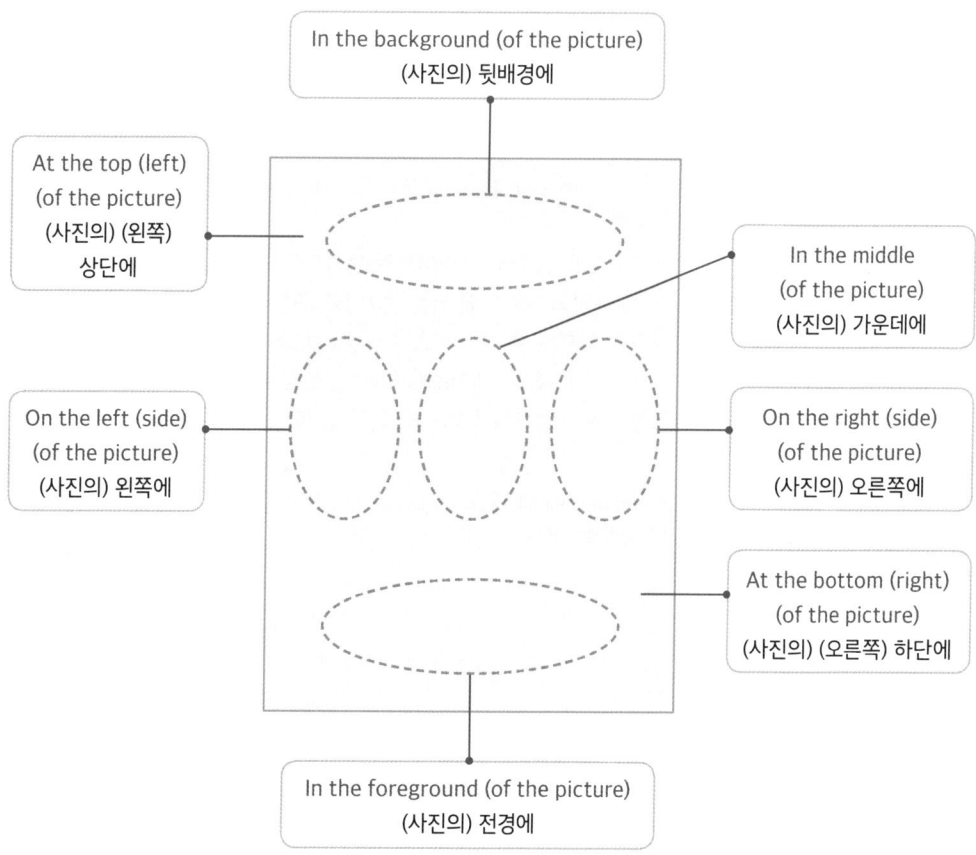

PART 2
03 Golden Key Template

기본기 다지기  아래의 템플릿 구조를 익히고 항목별 답변 연습을 해 보자.

▶ 장소	This picture was taken ~. 이 사진은 ~에서 찍혔습니다.	
▶ 중심 대상	The first thing I see (in this picture) is ~. (이 사진에서) 첫 번째로 보이는 것은 ~. On the left[right] side (of the picture), there is/are ~ [I can see ~ /a man is ~ / a woman is ~]. (사진의) 왼[오른]쪽에는, ~이 있습니다[~이 보입니다 /한 남자가 ~ /한 여자가 ~]. Next to[Behind/In front of] him[her/them], there is/are ~ [I can see ~ / a man is ~ /a woman is ~]. 그[그녀/그들] 옆에는[뒤에는/앞에는], ~이 있습니다[~이 보입니다 / 한 남자가 ~ /한 여자가 ~]. I think ~. 저는 ~라고 생각합니다.	
▶ 배경	In the background of the picture[Around them], there is/are ~ [I can see ~]. 사진의 뒷배경에[그들 주위에], ~이 있습니다[~이 보입니다].	
▶ 마무리	Generally, it seems like ~. 전반적으로, ~한 것 같습니다.	

1 장소

Part 2에서는 사진의 동작이나 상태를 묘사하는 것이므로 현재(진행)시제를 사용하지만, 위의 표현처럼 사진은 '과거에 찍힌 것'이기 때문에 과거 시제를 쓰는 것에 유의한다. 'This picture was taken ~' 뒤에 구체적인 장소를 넣고, 만약 적절한 어휘가 생각나지 않거나, 장소를 표현하기 애매한 경우에는 outdoors (실외에서)/indoors(실내에서)를 쓴다. 이때, outdoors/indoors는 부사이므로 앞에 전치사를 쓰면 안 된다. 모든 일반적인 장소는 앞에 전치사 in/at을 쓴다. 단, 도로, 길거리, 계단 등은 on을 쓴다.

▶ 장소	**This picture was taken** outdoors[at a building]. 이 사진은 실외에서[건물에서] 찍혔습니다.

2 중심 대상

가까이 있거나 눈에 띄는 대상은 포괄적으로 설명(전체 묘사)하고, 방향(위치)을 지정한 후 특징적인 부분 (눈에 띄는 대상)은 구체적으로 묘사한다. (사람이 많은 경우, 눈에 띄는 사람들을 묶어 공통된 사항을 묘사할 것.) 자신의 생각을 한두 문장 정도 넣어 중심 대상 묘사를 마무리한다.

The first thing I see (in this picture) is / three people.
some people.
a lot of people.

a) 'The first thing I see (in this picture) is' 뒤에 사진에 나와 있는 모든 사람 (또는 가장 눈에 띄는 사람들)을 먼저 말한다. 3~4명의 사람들은 숫자로 구체적으로 말하고, 4~5명 정도의 사람들은 some으로, 셀 수 없을 정도로 많은 사람들은 a lot of 또는 many를 쓴다. 그 뒤에 공통된 행동을 현재분사(Ⓥing)로 쓰면 좋지만, 표현하기 애매한 경우에는 생략해도 된다.

'The first thing I see (in this picture) is'에서 'I see' 앞에는 목적격 관계대명사(that)이 생략되어 있다.
⇒ The first thing (that) I see (in this picture) is ~.

> 중심 대상 | **The first thing I see (in this picture) is** three people (standing in front of a building).
(이 사진에서) 첫 번째로 보이는 것은 (건물 앞에 서 있는) 세 명의 사람들입니다.

b) 중심 대상 묘사에서는 특징적인 부분(눈에 띄는 대상)들을 반드시 설명할 것. 세 그룹 정도 설명하는 것이 가장 좋고, 방향(위치)을 지정한 후 구체적으로 묘사한다.

> 중심 대상 | On the right side of the picture, there is a woman wearing a striped shirt, and she is holding a beverage.
사진의 오른쪽에, 줄무늬 셔츠를 입은 한 여자가 있고 그녀는 음료수를 들고 있습니다.

어떤 대상을 묘사한 후에는 그 대상을 기준으로 방향을 지정하여 다른 대상을 묘사한다. 그 다음에, 그 대상을 중심으로 의상(헤어스타일)과 행동을 묘사하는 것이 가장 좋고, 둘 중 하나만 묘사해도 좋다.

> 중심 대상 | Next to her, there is a man wearing a black suit (and a red tie)[a man is wearing a black suit (and a red tie)], and he is looking at the woman next to him. On the left side (of the picture), I can see a woman wearing a white shirt[a woman is wearing a white shirt], and she is holding a drink (in one hand) and a black folder (in the other hand).
그녀 옆에, 검은색 정장(과 빨간색 넥타이)을 입은 한 남자가 있고[한 남자가 검은색 정장(과 빨간색 넥타이)을 입고 있고] 그는 옆에 있는 여자를 보고 있습니다. (사진의) 왼쪽에, 흰색 셔츠를 입은 한 여자가 보이고[한 여자가 흰색 셔츠를 입고 있고] 그녀는 (한 손으로) 음료수를 들고 있고 (다른 한 손에는) 검은색 폴더를 들고 있습니다.

> **I think** that 자신의 생각 [행동/관계].

c) 자신의 생각을 나타내는 문장(I think ~)은 배경 전에 한두 문장 정도 넣는 것이 가장 좋다. 대상의 '행동'을 자신의 생각으로 표현하면 좋지만, 어휘가 생각나지 않거나 표현하기 애매한 경우에는 '관계(colleagues/friends/neighbors/a family)'에 대해 말해도 좋다.

> 중심 대상 | **I think** they are discussing something.[**I think** they are colleagues.]
> 저는 그들이 무언가를 의논하는 중이라고 생각합니다.[저는 그들이 직장 동료라고 생각합니다.]

3 배경

> Around **them**[목적격],
> In the background (of the picture),   there is/are ~. = I can see ~.
> In the foreground (of the picture),

배경 문장을 전개할 때, 방향(위치)을 지정하는 표현으로 'Around them[목적격], In the background (of the picture), In the foreground (of the picture),'를 쓰면 된다.

방향(위치)을 지정한 후, 'there is/are ~' 또는 'I can see ~'를 써서 대략적으로 보이는 사물들을 표현하면 된다. 사진 속 주변 배경은 멀리 떨어져 있거나 잘 안 보이는 것들이 많으므로 'I can see ~'를 쓰는 것이 의미상 더 좋다. 배경 묘사를 추가할 때, 'I can also see ~'를 써서 한 문장을 더 넣어도 좋고, 배경의 여러 사물들을 다 나열하고 등위접속사 and 뒤에 하나를 더 붙여서 끝내도 좋다.

> 배경 | **In the background of the picture[Around them],** there is a blue building (with many windows). (I can also see some stairs in front of the building.)
> 사진의 뒷배경에[그들 주위에], (창문이 많은) 파란색 건물이 있습니다. (또한 그 건물 앞에 계단이 보입니다.)

☑ 배경 묘사는 마지막에 전체를 대략적으로 묘사하는 역할을 하기 때문에 답변 구성에서 가장 중요한 부분 중 하나이므로 꼭 넣을 것.

4

Generally, it seems like ⎛ they are having a good time ⎞ (at the + 장소).
　　　　　　　　　　　　⎜ they are not having a great time ⎟
　　　　　　　　　　　　⎜ they are (very) serious　　　　　 ⎟
　　　　　　　　　　　　⎝ it is (not) busy/peaceful/quiet/crowded ⎠

마무리 문장은 'it seems like ~'를 써서 전체 분위기를 나타낸다. 또한, 문장 끝에 장소를 언급하면 더 구체적인 느낌을 줄 수 있다. 전체 분위기를 나타내는 문장은 위에 나열되어 있는 문장들 중 하나를 쓰면 된다.

'it seems like ~'는 뒤에 종속 접속사 that이 생략되어 쓰인 구문이다.
⇒ Generally, it seems like (that) ~.

> 마무리　　**Generally, it seems like they are serious.**
　　　　　　전반적으로, 그들은 진지한 것 같습니다.

PART 2
04 답안 문장 만들기

기본기 다지기  아래 사진을 보고 템플릿을 바탕으로 답안 문장 만드는 연습을 해 보자. 🎧 P2_50

▶ 사진 유형 ▶ 소수의 사람이 중심인 사진
▶ 장소 ▶ 실외(공원)

	▶ 장소	**This picture was taken** ~. (사진이 찍힌 장소)
	▶ 중심 대상	**The first thing I see (in this picture) is** ~. (중심 대상 묘사) On the <u>left[right]</u> side (of the picture), <u>there is/are</u> ~ [I can see ~ /a man is ~ / a woman is ~]. <u>Next to[Behind/In front of] him[her/them],</u> <u>there is/are</u> ~ [I can see ~ / a man is ~ /a woman is ~]. **I think** ~.
	▶ 배경	**In the background of the picture[Around them],** <u>there is/are</u> ~ [I can see ~]. (주변 및 배경 묘사)
	▶ 마무리	**Generally, it seems like** ~. (느낌 및 분위기)

☑ 위의 4가지 답변 구성 요소에 맞춰 일관성 있게 답변하는 연습을 한다.
☑ 초반에 방향(위치)을 지정한 문장은 의상(헤어스타일)과 행동을 모두 묘사하는 것이 좋고, 그 이후부터는 둘 중 하나만 묘사해도 된다. 중심 대상 묘사가 가장 중요하므로 '문제(사진) 유형별'로 관련 표현을 최대한 많이 익힐 것!

	장소	**This picture was taken** <u>outdoors</u>[at a park]. 이 사진은 실외에서[공원에서] 찍혔습니다.
	중심 대상	**The first thing I see (in this picture) is** four people. On the left side of the picture, there is a man wearing a gray shirt, and he is holding <u>a can</u>[something (to drink)]. Next to him, <u>there is a woman wearing a white shirt</u>[a woman is wearing a white shirt] and she is sitting on the bench. Next to her, a boy wearing a red shirt is looking at something. On the right side (of the picture), <u>I can see a man wearing a blue short-sleeved shirt</u>[a man is wearing a blue short-sleeved shirt] and he is talking to the boy. **I think** parents are explaining something to their son.[**I think** they are a family.] (이 사진에서) 첫 번째로 보이는 것은 네 명의 사람들입니다. 사진의 왼쪽에, 회색 셔츠를 입은 한 남자가 있고, 그는 캔[(마실) 무언가]을 들고 있습니다. 그 옆에, 흰색 셔츠를 한 입은 여자가 있고[한 여자가 흰색 셔츠를 입고 있고] 그녀는 벤치에 앉아 있습니다. 그녀 옆에, 빨간 셔츠를 입은 한 소년이 무언가를 보고 있습니다. (사진의) 오른쪽에, 파란색 반팔 셔츠를 입은 한 남자가 보이고[한 남자가 파란색 반팔 셔츠를 입고 있고] 그는 그 소년에게 이야기하고 있습니다. 저는 부모님이 그들의 아들에게 무언가를 설명하고 있다고 생각합니다.[저는 그들이 가족이라고 생각합니다.]
	배경	**In the background of the picture,** I can see a lake and many trees. 사진의 뒷배경에, 호수와 많은 나무들이 보입니다.
	마무리	**Generally, it seems like** they are having a good time. 전반적으로, 그들은 좋은 시간을 보내고 있는 것 같습니다.

참고

[장소] This picture was taken <u>outdoors[indoors]</u>. 이 사진은 실외에서[실내에서] 찍혔습니다.
<u>in an outdoor market[in an indoor library]</u>. 야외 시장에서[실내 도서관에서] 찍혔습니다.

[유사 표현] This is a picture taken <u>outdoors[indoors]</u>.
이것은 실외에서[실내에서] 찍힌 사진입니다.

This is a picture of an outdoor market.
이것은 야외 시장에서 찍힌 사진입니다.

In this picture, there are many people in an outdoor market.
이 사진에서, 야외 시장에 많은 사람들이 있습니다.

[마무리] **Generally, it seems like** it is not very busy at the grocery store.
전반적으로, 식료품점은 별로 붐비지 않는 것 같습니다.

[유사 표현] **Generally, it looks like** it is not so crowded at the supermarket.
전반적으로, 슈퍼마켓은 별로 붐비지 않는 것 같습니다.

PART 2
05 Check-Up Test

기본기 다지기  다음 문제를 보고 사진 유형별로 묘사해 보자.   🎧 P2_52~55 / 모범 답안 p.271

Test 1

▶ 사진 유형 ▶ 1~3인이 중심인 사진

▶ 장소	This picture was taken _____
▶ 중심 대상	The first thing I see (in this picture) is _____ _____ _____ _____ I think _____
▶ 배경	In the background of the picture[In the back/Around them], there is/are [I can see] _____
▶ 마무리	Generally, it seems like _____

52

Test 2

▶ 사진 유형 ▶ 1~3인이 중심인 사진

▶ 장소	This picture was taken _____
▶ 중심 대상	The first thing I see (in this picture) is _____ _____ _____ _____ I think _____
▶ 배경	In the background of the picture[In the back/Around them], there is/are [I can see] _____
▶ 마무리	Generally, it seems like _____

PART 2 | 사진 묘사하기 53

Test 3

▶ 사진 유형 ▶ 소수의 사람이 중심인 사진

장소	This picture was taken _____
중심 대상	The first thing I see (in this picture) is _____ _____ _____ _____ I think _____
배경	In the background of the picture[In the back/Around them], there is/are [I can see] _____
마무리	Generally, it seems like _____

Test 4

▶ 사진 유형 ▶ 여러 사람이 중심인 사진

장소	This picture was taken _____
중심 대상	The first thing I see (in this picture) is _____ _____ _____ _____ I think _____
배경	In the background of the picture[In the back/Around them], there is/are [I can see] _____
마무리	Generally, it seems like _____

PART 2
01 사진 유형별 훈련

고득점 공략하기

❶ 사진 묘사

1) 인물을 묘사할 때, 행동 중심으로 묘사하는 것이 좋다. 의상과 헤어스타일도 가능하면 묘사할 것.

2) 사진의 모든 부분을 보이는 대로 묘사해야 하고 배경 묘사 전에 자신의 생각을 나타내는 문장 (I think ~)을 한두 문장 정도 넣는다. 마무리 문장은 'it seems like ~ '를 써서 전체 분위기를 나타낸다.

3) 사진의 특징적인 부분(눈에 띄는 대상)들을 포함하여 전반적으로 묘사하면 만점을 주는 것이 기본 원칙이다. 배경 문장은 전체를 대략적으로 묘사하는 역할을 하기 때문에 가능하면 꼭 넣을 것.

4) 복잡하지 않게 묘사하는 것이 유리하다. 사진과 전개 구성에 맞춰 끊지 않고 말하는 것이 중요하다.

❷ 사진 유형별 접근 전략

1) 1~3인이 중심인 사진 → 한 사람씩 자세히 설명할 것.

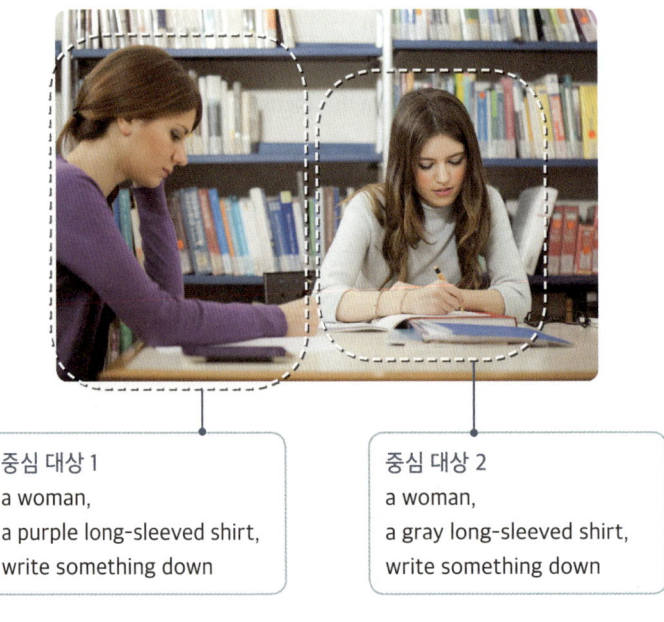

중심 대상 1
a woman,
a purple long-sleeved shirt,
write something down

중심 대상 2
a woman,
a gray long-sleeved shirt,
write something down

2) 소수의 사람(4~6명)이 중심인 사진 → 눈에 띄는 인물(들)을 자세히 설명하고 필요시 그룹별로 묶어서 설명할 것.

중심 대상 1
three people,
one of them, a man, hold a plate,
a woman, wear a beige top,
hold a glass

중심 대상 2
two children,
one of them, a boy, hold a plate,
the other, a girl, pick up something to eat

중심 대상 3
a man, a blue shirt
hold a glass

3) 여러 사람이 중심인 사진 → 눈에 띄는 인물 및 그룹을 2~3개 선택해서 자세히 설명하고 나머지는 묶어 설명할 것.

중심 대상 1
two people, stand on the street,
talk to each other,
one of them, wear glasses,
the other, wear a blue shirt

중심 대상 2
some taxis and vehicles in a line,
a man, stand next to a taxi,
hold some paper bags

중심 대상 3
two people,
ride a motorbike,
wear helmets

4) 사람이 없고 건물과 자연 환경만 있는 사진 → 눈에 띄는 부분을 자세히 설명할 것.
(최근에는 잘 출제되지 않는다.)

❸ 사진 묘사 고득점 표현

Part 2 문장들은 다른 파트에 비해 짧기 때문에 문법적인 오류가 없어야 한다. 다음 표현 및 구문들을 익혀서 문제 유형에 따라 응용하고 적용할 수 있도록 연습한다.

1) 중심 대상 묘사

1. 의상이나 행동 중 하나만 묘사할 경우

On the right (side) (of the picture), a man is looking into the microscope.
(사진의) 오른쪽에, 한 남자가 현미경을 들여다 보고 있습니다.

On the right (side) (of the picture), there is a man (looking into the microscope).
(사진의) 오른쪽에, (현미경을 들여다 보는) 한 남자가 있습니다.

A man (on the right) is looking into the microscope.
(오른쪽에 있는) 한 남자가 현미경을 들여다 보고 있습니다.

2. 의상과 행동을 모두 묘사할 경우

On the right (side) (of the picture), a man is <u>wearing a white shirt</u>, and he is <u>looking into the microscope</u>.
(사진의) 오른쪽에, 한 남자가 흰색 셔츠를 입고 있고, 그는 현미경을 들여다 보고 있습니다.

On the right (side) (of the picture), there is a man (<u>wearing a white shirt</u>), and he is <u>looking into the microscope</u>.
(사진의) 오른쪽에, (흰색 셔츠를 입은) 한 남자가 있고, 그는 현미경을 들여다 보고 있습니다.

On the right (side) (of the picture), a man (<u>wearing a white shirt</u>) is <u>looking into the microscope</u>.
(사진의) 오른쪽에, (흰색 셔츠를 입은) 한 남자가 현미경을 들여다 보고 있습니다.

> 참고 중심 대상 묘사에서 'There is/are ~' 구문을 써야 하는 상황이 많다. 'There is/are ~' 구문은 아래와 같이 도치된 구문이므로 주의해야 한다. 이 구문 대신 '주어 + 동사(A man/woman is ~ / I can see ~)' 구문을 써도 된다.

2) 중요 표현 정리 I

1. 의상이나 특정 물건을 신체에 입고 있거나 걸치고 있을 때는 wear를 쓴다. wear은 '(옷 등을) 입고 있는 상태'를 나타내고, put on은 '(옷 등을) 입는 동작'을 나타내므로 구분해서 사용해야 한다. (Part 2에서 put on은 거의 쓰지 않는다.)

2. 색상을 나타내는 형용사가 명사를 수식할 경우 그 앞에서 꾸미고, 다른 형용사와 함께 명사를 수식할 경우에는 가장 앞에서 수식한다.

    ex a black and white shirt / a white long-sleeved shirt 흑백 셔츠 / 흰색 긴팔 셔츠

3. 앞에서 설명한 사람을 기준으로 방향(위치)을 정할 때는 다음 표현을 활용한다.

    $\left(\begin{array}{l} \text{Next to[Beside]} \\ \text{In front of} \\ \text{Behind} \end{array} \right)$ + 목적격 인칭대명사(him, her, them...)

    ex On the right side of the picture, there is a woman wearing a white shirt, and she is holding sandals. Next to her, there is a man wearing a blue short-sleeved shirt, and he is carrying a black bag.
    사진의 오른쪽에, 흰색 셔츠를 입은 한 여자가 있고 그녀는 샌들을 들고 있습니다. 그녀 옆에, 파란색 반팔 셔츠를 입은 한 남자가 있고 그는 검은색 가방을 메고 있습니다.

4. 의상 다음에 행동을 설명하는 것이 좋지만, 행동을 설명하기 모호할 때는 의상 외에 착용하고 있는 것을 설명해도 된다.

    ex On the right side of the picture, there is a woman wearing a red shirt, and she has blonde hair[she has an ID card around her neck/she has sunglasses on her head].
    사진의 오른쪽에, 빨간색 셔츠를 입은 한 여자가 있고 그녀는 금발 머리입니다[그녀는 목에 ID 카드를 걸고 있습니다/그녀는 머리에 선글라스를 쓰고 있습니다].

5. 머리 색을 표현할 경우: S + has/have + 색상 + hair

    ex A woman has blonde hair.
    여자는 금발 머리입니다.

6. 의상이나 특정 물건을 입고 있거나 걸치고 있는 경우: S + has/have + O + (prep) + ⓝ(구)

> **ex** A man has an ID card around his neck. 남자가 목에 ID 카드를 걸고 있습니다.
> A man has sunglasses on his head. 남자가 머리 위에 선글라스를 쓰고 있습니다.

> **참고** has/have는 현재진행형(be +ⓥing)으로 쓰지 않는다.
> 단, 'They are having a good time.'처럼 have가 spend(~을 보내다)의 의미로 쓰일 경우 예외적으로 현재진행형을 쓸 수 있다.

3) 중요 표현 정리 II

1. 여러 사람을 묶어서 표현할 경우

① On the left side of the picture, there are two people. One of them is sitting, and the other[the other person] is standing.
사진의 왼쪽에, 두 명의 사람들이 있습니다. 그들 중 한 명은 앉아 있고 다른 사람은 서 있습니다.

② On the left side of the picture, there are three people. One of them is sitting, and the others[the other people] are standing.
사진의 왼쪽에, 세 명의 사람들이 있습니다. 그들 중 한 명은 앉아 있고 다른 사람들은 서 있습니다.

③ On the left side of the picture, there are four people. Two of them are wearing red shirts, and the others[the other people] are wearing black suits.
사진의 왼쪽에, 네 명의 사람들이 있습니다. 그들 중 두 명은 빨간색 셔츠를 입고 있고 다른 사람들은 검은색 정장을 입고 있습니다.

2. Part 2에서 가장 많이 쓰는 구문

대부분의 경우, 명사가 사람일 때는 현재분사로 꾸며주고, 사물일 때는 과거분사로 꾸며준다.

① There is/are[I can see] + 사람 + ⓥing(현재분사: ~하는) ~
② There is/are[I can see] + 사물 + ⓥed(과거분사: ~되는) ~

There is[I can see] a woman picking out some fruit.
과일을 고르는 한 여자가 있습니다[보입니다].

There are[I can see] many products displayed on the shelves.
선반에 진열된 많은 제품들이 있습니다[보입니다].

3. 어휘가 생각나지 않을 경우

구체적으로 특정 단어가 생각나지 않을 경우 더 큰 범위의 단어로 묘사할 수 있다.

ex burger truck < food court < food stand < (outdoor) restaurant

사물인 경우에 가장 큰 범위의 단어로 something을 쓸 수 있다.

ex She is eating something[some fruit]. 그녀는 무언가를[과일을] 먹고 있습니다.

PART 2
02 Words & Expressions

고득점 공략하기  장소별 어휘 및 구문

---

* 자주 사용되는 의상 표현

a top	상의	a hat[cap]	모자
a shirt	셔츠	pants	바지
a dress	원피스	shorts	반바지
a skirt	치마	jeans	청바지
a coat	코트	traditional clothes	전통 의상
a jacket	재킷, 외투	sunglasses	선글라스
a vest	조끼	glasses	안경 (참고 glass 유리잔)

---

library, office, classroom — 도서관, 사무실, 교실

a librarian	사서
a desk lamp	탁상용 스탠드
an overhead projector	영사기
on the bookshelves	책장에
be having a meeting	회의 중이다
be giving a presentation	발표 중이다
be sitting opposite each other	마주보고 앉아 있다
be having a video conference	화상 회의를 하고 있다
be leaning back in the chair	의자 뒤로 기대고 있다
be writing something down	무언가를 받아 적고 있다
be taking[making] notes	노트에 무언가를 적고 있다
be writing something on the board	칠판에 무언가를 적고 있다
be setting up some equipment	장비를 설치하고 있다
be checking out some books	책들을 대출하고 있다
be returning some books	책들을 반납하고 있다
be putting away some books	책들을 치우고 있다
be browsing in a bookstore	서점을 둘러보고 있다

park	공원
be relaxing on the grass	잔디에서 쉬고 있다
be sitting around the fountain	분수 주위에 앉아 있다
be having a picnic	소풍을 즐기고 있다
be jogging around the path	길을 따라 조깅하고 있다
be walking a dog in the park	공원에서 개를 산책시키고 있다
be holding a leash	(개의) 목줄을 잡고 있다
be strolling along the path	길을 따라 산책하고 있다
be taking a walk	산책하고 있다
be feeding some birds	새들에게 먹이를 주고 있다
placed on a bench	벤치에 놓인
parked in a row	일렬로 주차된

café, restaurant	카페, 식당
chopsticks	젓가락
be pouring some juice into a cup	컵에 주스를 따르고 있다
be setting a table	식탁을 차리고 있다
be clearing off a table	식탁을 치우고 있다
A waiter is serving food.	종업원이 음식을 나르고 있다.
Customers are ordering food.	손님들이 음식을 주문하고 있다.
A woman is chopping up some vegetables.	여자가 야채를 썰고 있다.
A woman is cooking some food on a grill.	여자가 그릴에 음식을 조리하고 있다.

supermarket, traditional market — 슈퍼마켓, 재래시장

a scale	저울	a flea market	벼룩시장
a shopping cart	쇼핑 카트	a supermarket	슈퍼마켓
an aisle	통로, 복도	a grocery store	식료품점
a vendor	상인	on sale	세일 중인
a food stand	음식 가판대, 노점	browse	둘러보다
a traditional market	재래시장	haggle	흥정하다

be weighing some items on a scale	저울에 상품들의 무게를 달고 있다
be pushing a shopping cart	쇼핑 카트를 밀고 있다
be reaching for an item on the shelf	선반에 있는 상품에 손을 뻗고 있다
be talking to a vendor	상인과 이야기 중이다
be looking at some items	상품들을 살펴보고 있다
be carrying a shopping bag	쇼핑백을 들고 있다
be paying for groceries	식료품 값을 지불하고 있다
be shopping at an outdoor fruit stand	과일 노점에서 쇼핑 중이다

store, shopping mall — 상점, 쇼핑몰

a souvenir	기념품	a stand	진열대
on display	진열되어 있는	a rack	매대, 선반

displayed by size	사이즈별로 진열된
be looking at oneself in the mirror	거울 속의 자신을 보고 있다
be trying on a jacket	재킷을 입어 보고 있다
be putting on a jacket	재킷을 입고 있는 중이다
be wearing a jacket	재킷을 입고 있다(재킷을 입은 상태이다)
be having a sale	세일하고 있다

traffic, train station, bus stop — 교통, 기차역, 버스 정류장

a traffic sign	교통 표지판	traffic lights	신호등	an intersection	교차로, 사거리
a sidewalk	보도, 인도	be getting on	~에 타고 있다	a crosswalk	횡단보도
a bus stop	버스 정류장	be getting off	~에서 내리고 있다	a train station	기차역

be waiting for a bus		버스를 기다리고 있다	
be waiting in a line at the bus stop		버스 정류장에서 줄을 서서 기다리고 있다	
be waiting at a red light		빨간 불에서 기다리고 있다	
be crossing the street		길을 건너고 있다	
parked along the street		길을 따라 주차된	
The traffic is heavy.		교통이 혼잡하다.	

beach 해변

a palm tree	야자수	strong waves	거친 파도
a swimsuit	수영복	be bathing	목욕하고 있다

be floating on the water	물 위에 떠 있다
be lying under the parasols	파라솔 아래에 누워 있다
be getting a tan in the beach chair	해변용 의자에서 선탠을 하고 있다
be bathing in the sun	일광욕을 하고 있다
be swimming in the ocean	바다에서 수영하고 있다

stadium, art gallery, concert hall 경기장, 미술관, 콘서트 홀

a scoreboard	득점판	an outdoor concert	야외 콘서트
a masterpiece	걸작	a classical concert	클래식 콘서트
a painting	(물감이 쓰인) 그림	a conductor	지휘자
a drawing	(물감이 쓰이지 않은) 그림	a curator	(박물관, 미술관 등의) 전시 책임자
a choir	합창단	the audience	관람객, 청중

be <u>hitting[throwing]</u> a ball	공을 치고[던지고] 있다
be catching a ball	공을 잡고 있다
be cheering at the stadium	경기장에서 환호하고 있다
be looking at paintings	그림을 보고 있다
A curator is explaining the painting.	큐레이터가 그림을 설명하고 있다.
be playing musical instruments	악기를 연주하고 있다
be performing on stage	무대에서 공연하고 있다
The audience is applauding.	청중들이 박수갈채를 보내고 있다.

business, work		사업, 직장	
a business[name] card	명함	a boss	상사
focus on	~에 초점을 맞추다, 집중하다	a manager	관리자, 상사
concentrate on	~에 집중하다	a supervisor	감독관, 상사

be shaking hands	악수하고 있다
be plugging something into a socket	콘센트에 무언가를 꽂고 있다
be typing something on the keyboard	키보드로 무언가를 타이핑하고 있다
be resting one's head on one's hand	턱을 고고 있다
be working on a project[document]	프로젝트[문서] 작업을 하고 있다
be arranging documents	서류를 정리하고 있다
be examining documents	서류를 검토하고 있다
be stacking documents on the desk	책상에 서류를 쌓고 있다
be exchanging business cards	명함을 교환하고 있다
be talking on the phone	통화 중이다
be making copies	복사하고 있다

construction site		공사장	
a carpenter	목수	a crane	크레인

be hammering a nail	망치로 못을 박고 있다
be under construction	공사 중이다
be working with a tool	도구를 가지고 작업하고 있다
be pushing a wheelbarrow	(외바퀴) 손수레를 밀고 있다
be laying bricks	벽돌을 쌓고 있다
be looking at blueprints	청사진을 보고 있다
be unloading building materials	건축 자재들을 내리고 있다
be wearing a safety vest and a hard hat	안전 조끼와 안전모를 쓰고 있다
There are some traffic cones around the site.	현장 주변에 원뿔형 교통 표지가 있다.

port				항구		
a paddle	노	a cruise ship	유람선	a sailboat	요트

be racing on the water — 물 위를 빠르게 지나가고 있다
be rowing the boat — 배를 젓고 있다
be leaving from the dock — 출항 중이다
Boats are tied to the wharf. — 배들이 부두에 정박해 있다.
Some boats are lined up in rows. — 몇 척의 배가 줄지어 있다.
A sailboat is floating near the dock. — 요트가 부두 근처에 떠 있다.
Some boats have been pulled up at a port. — 몇 척의 배가 항구에 정박해 있다.
There are some boats near the port. — 항구 주변에 몇 척의 배가 있다.

playground, amusement park				운동장, 놀이공원	
a ride	놀이기구	a slide	미끄럼틀	a roller coaster	롤러코스터
a see-saw	시소	a Ferris wheel	관람차	a swing	그네
a merry-go-round	회전목마	a jungle gym	정글짐		

be hanging out at the amusement park — 놀이공원에서 놀고 있다
be sliding down the slide — 미끄럼틀을 타고 있다
be playing in the sand — 모래사장에서 놀고 있다

house				집	
a fireplace	벽난로	a cupboard	찬장	a rocking chair	흔들의자
a study	서재	a sofa[couch]	소파	a hammock	해먹
a living room	거실	a flower bed	화단	a bedroom	침실
a front yard	앞마당	a kitchen	부엌	a garden	정원

be hanging on the wall — 벽에 걸려 있다
be putting a painting in the frame — 액자에 그림을 끼우고 있다
be painting the wall — 벽에 페인트칠하고 있다
be mowing the lawn — 잔디를 깎고 있다
be trimming the branches — 나뭇가지를 다듬고 있다
be watering the plants — 식물에 물을 주고 있다
parked in the garage — 차고에 주차된

PART 2
03 Practice Test

 다음 사진을 보고 사진 유형 및 장소별로 연습해 보자.   🎧 P2_68~73 / 모범 답안 p.277

Test 1

▶ 사진 유형 ▶ 1~3인이 중심인 사진
▶ 장소 ▶ 실외(공원)

✅ SELF-CHECK LIST

본인의 답변을 녹음한 후 들으면서 아래 박스에 표시하세요.

☐ 특징적인 부분(눈에 띄는 대상)을 적절히 묘사했다.
☐ 사진의 전체적인 부분을 묘사했다.
☐ 정확한 문법과 발음을 구사했다.

Test 2

- ▶ **사진 유형** ▶▶ 소수의 사람이 중심인 사진
- ▶ **장소** ▶▶ 실내(공항)

☑ SELF-CHECK LIST

본인의 답변을 녹음한 후 들으면서 아래 박스에 표시하세요.

- ☐ 특징적인 부분(눈에 띄는 대상)을 적절히 묘사했다.
- ☐ 사진의 전체적인 부분을 묘사했다.
- ☐ 정확한 문법과 발음을 구사했다.

Test 3

▶ 사진 유형 ▶ 1~3인이 중심인 사진
▶ 장소 ▶ 실외(시장)

✓ SELF-CHECK LIST

본인의 답변을 녹음한 후 들으면서 아래 박스에 표시하세요.

☐ 특징적인 부분(눈에 띄는 대상)을 적절히 묘사했다.
☐ 사진의 전체적인 부분을 묘사했다.
☐ 정확한 문법과 발음을 구사했다.

Test 4

- ▶ **사진 유형** ▶▶ 여러 사람이 중심인 사진
- ▶ **장소** ▶▶ 실외(도로)

☑ SELF-CHECK LIST

본인의 답변을 녹음한 후 들으면서 아래 박스에 표시하세요.

- ☐ 특징적인 부분(눈에 띄는 대상)을 적절히 묘사했다.
- ☐ 사진의 전체적인 부분을 묘사했다.
- ☐ 정확한 문법과 발음을 구사했다.

Test 5

▶ **사진 유형** ▶ 여러 사람이 중심인 사진
▶ **장소** ▶ 실외(공원)

☑ SELF-CHECK LIST

본인의 답변을 녹음한 후 들으면서 아래 박스에 표시하세요.

☐ 특징적인 부분(눈에 띄는 대상)을 적절히 묘사했다.
☐ 사진의 전체적인 부분을 묘사했다.
☐ 정확한 문법과 발음을 구사했다.

Test 6

▶ **사진 유형** ▶▶ 여러 사람이 중심인 사진
▶ **장소** ▶▶ 실내(교실)

☑ SELF-CHECK LIST

본인의 답변을 녹음한 후 들으면서 아래 박스에 표시하세요.

☐ 특징적인 부분(눈에 띄는 대상)을 적절히 묘사했다.
☐ 사진의 전체적인 부분을 묘사했다.
☐ 정확한 문법과 발음을 구사했다.

Actual Test

Test 1

TOEIC Speaking

Question 3: Describe a picture

Directions: In this part of the test, you will describe the picture on your screen in as much detail as you can. You will have 30 seconds to prepare your response. Then you will have 45 seconds to speak about the picture.

TOEIC Speaking   Question 3 of 11

PREPARATION TIME
00:00:30

RESPONSE TIME
00:00:45

Test 2

TOEIC Speaking

Question 3: Describe a picture

Directions: In this part of the test, you will describe the picture on your screen in as much detail as you can. You will have 30 seconds to prepare your response. Then you will have 45 seconds to speak about the picture.

TOEIC Speaking   Question 3 of 11

PREPARATION TIME
00:00:30

RESPONSE TIME
00:00:45

PART 3

Questions 4-6

Respond to questions
질문에 답하기

기본 정보

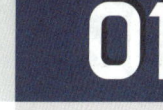

 미리 보기

1 문제

In this part of the test, you will answer three questions. For each question, begin responding immediately after you hear a beep. No preparation time is provided. You will have 15 seconds to respond to Questions 4 and 5 and 30 seconds to respond to Question 6.

2 문항 수

Q4-6 (준비 시간 없음 / 답변 시간 Q4&5: 15초, Q6: 30초)

3 특징

❶ 지시문 및 질문은 음성과 문자로 동시에 제공됨.
❷ 상황 설정 내레이션(Narration)이 먼저 나오고 질문이 시작됨. 상황 설정 내레이션은 설문 상황과 지인과의 대화 상황(전화 통화)으로 두 가지이며, 제시되는 국가에 따라 성우의 억양이 달라짐.
❸ 답변 준비 시간 없음.

4 평가 기준

발음(Pronunciation), 강세(Stress), 억양(Intonation), 문법(Grammar), 어휘(Vocabulary), 일관성(Cohesion), 내용의 관련성(Relevance of Content), 내용의 완성도(Completeness of Content)

5 채점 기준 (3점 만점)

배점	채점 기준
3	의사 전달이 명확하고 질문 내용에 적절하게 응답한다. 이해하기 매우 쉽고 내용이 지속적이며 일관성이 있다.
2	질문 내용과 연관성 있게 응답하지만 의미가 모호한 부분이 곳곳에 있어서 이해하기 다소 어렵다. 전달력과 전반적인 일관성에 문제가 있다.
1	질문 내용에 적절하게 응답하지 못한다. 질문 내용과 관련성이 매우 부족하거나 이해하기 어렵다.
0	무응답이거나 질문 내용과 관련성이 전혀 없다.

PART 3
02 시험 진행 순서

미리 보기

Screen 1

TOEIC Speaking
Questions 4-6: Respond to questions **Directions:** In this part of the test, you will answer three questions. For each question, begin responding immediately after you hear a beep. No preparation time is provided. You will have 15 seconds to respond to Questions 4 and 5 and 30 seconds to respond to Question 6.

📢 지시문이 음성과 함께 화면에 제시된다.

Screen 2

TOEIC Speaking
Imagine that a British marketing firm is doing research in your country. You have agreed to participate in a telephone interview about laundry.

📢 상황 설정 내레이션(Narration)이 음성과 함께 화면에 제시된다.

Screen 3

TOEIC Speaking	Question 4 of 11
Imagine that a British marketing firm is doing research in your country. You have agreed to participate in a telephone interview about laundry. Where do you do your laundry? And how regularly do you do it? **RESPONSE TIME** **00:00:15**	

📢 4번 질문이 음성과 함께 화면에 제시된다. '삐' 소리 후 15초의 답변 시간이 주어진다.

Screen 4

| TOEIC Speaking | Question 5 of 11 |

Imagine that a British marketing firm is doing research in your country. You have agreed to participate in a telephone interview about laundry.

When do you usually do your laundry?

RESPONSE TIME
00:00:15

📢 5번 질문이 음성과 함께 화면에 제시된다. '삐' 소리 후 15초의 답변 시간이 주어진다.

Screen 5

| TOEIC Speaking | Question 6 of 11 |

Imagine that a British marketing firm is doing research in your country. You have agreed to participate in a telephone interview about laundry.

What factors do you consider most when choosing a laundry detergent?

RESPONSE TIME
00:00:30

📢 6번 질문이 음성과 함께 화면에 제시된다. '삐' 소리 후 30초의 답변 시간이 주어진다.

PART 3
01 유형 파악

기본기 다지기  다음 내용을 듣고 각 질문에 알맞게 답변해 보자.   🎧 P3_80

▶ Narration

Imagine that a British marketing firm is doing research in your country. You have agreed to participate in a telephone interview about laundry.

Q4 Where do you do your laundry? And how regularly do you do it?

Q5 When do you usually do your laundry?

Q6 What factors do you consider most when choosing a laundry detergent?

⬇

R4

R5

R6

Model Answer

R4

> 첫 문장

I do my laundry at home, and I do it twice a week.
저는 집에서 빨래를 합니다. 그리고 그것을 일주일에 두 번 합니다.

> 추가 문장

This is because it is more comfortable for me to do laundry at home.
왜냐하면 저는 집에서 빨래하는 것이 더 편하기 때문입니다.

R5

> 첫 문장

I usually do my laundry on the weekend(s).
저는 보통 주말에 빨래를 합니다.

> 추가 문장

This is because I have more free time on the weekend(s).
왜냐하면 주말에 여유 시간이 더 많기 때문입니다.

R6

> 첫 문장

I consider price most when choosing a laundry detergent.
저는 세탁 세제를 선택할 때 가격을 가장 고려합니다.

> 추가 문장

This is because I can save money. (**Since** I'm a student, I don't have much money.)
(**And also,** it makes me happy when I buy cheaper products.)
왜냐하면 돈을 절약할 수 있기 때문입니다. (저는 학생이기 때문에 돈이 많이 없습니다.)
(그리고 또한, 저는 더 싼 제품을 사면 행복해집니다.)

> 마무리

Therefore, I think about[consider] price[cost] most (when choosing a laundry detergent).
따라서 저는 (세탁 세제를 선택할 때) 가격을 가장 생각합니다[고려합니다].

( ): 추가 구문
[ ]: 대체 구문

PART 03
02 기본 전략

기본기 다지기

❶ 소재 및 질문 파악하기

1) 화면에 제시된 정보를 통해 상황 및 소재를 파악한다.

> Imagine that a British marketing firm is doing research in your country. You have agreed to participate in a telephone interview about laundry.
> 영국의 한 마케팅 회사가 당신의 나라에서 설문조사를 한다고 상상해 보세요. 당신은 세탁에 대한 전화 인터뷰 참여에 동의했습니다.

상황 설정 내레이션이 음성과 함께 화면에 제시될 때, 전화 설문인지 지인과의 대화 상황인지 파악한다. 문장 마지막 부분의 about 이하를 보고 소재를 파악한 후, 나올 질문을 예상하고 답변을 준비한다. (처음부터 글을 읽으면 음성을 따라 글을 전부 읽게 되므로, 끝에서부터 읽어 올라가는 것도 요령)

2) 질문의 의문사를 통해 묻는 내용을 파악한다.

Q4	Where do you do your laundry? And how regularly do you do it? 당신은 어디에서 빨래를 하나요? 그리고 얼마나 정기적으로 하나요?
Q5	When do you usually do your laundry? 당신은 보통 언제 빨래를 하나요?
Q6	What factors do you consider most when choosing a laundry detergent? 당신은 세탁 세제를 선택할 때 어떤 것을 가장 많이 고려하나요?

▶ **질문 유형**
- 기본 의문문: Be동사 의문문/조동사 의문문/의문사 의문문
- Prefer A (or B): (두 가지 대안 중) 선호 (선택지가 없는 경우도 있음)
- Choose A or B (or C): 두 가지 (또는 세 가지) 중 선택 (선택지가 없는 경우도 있음)
- Advantage/Disadvantage: 장점 또는 단점 설명

위 질문 유형은 첫 문장과 마무리 답변을 전개해 나가는 데 중요하므로 충분히 연습할 것. 준비 시간이 따로 없으므로 '삐' 소리가 나면 신속하게 답변을 시작하는 것이 중요하다.

자신의 의견이나 실제 경험을 말하는 것이 좋지만, 답변 시간 동안 끊지 않고 답해야 하기 때문에 말하기 쉬운 내용으로 답변을 전개하는 것이 유리하다. 이때, 가상의 답변을 만들어도 무방하다. (선택지가 있는 경우: 먼저 나온 것, 긍정적인 것이 유리!)

3) 질문 문장을 평서문으로 바꿔서 순발력 있게 답한다. (you → I / your → my)

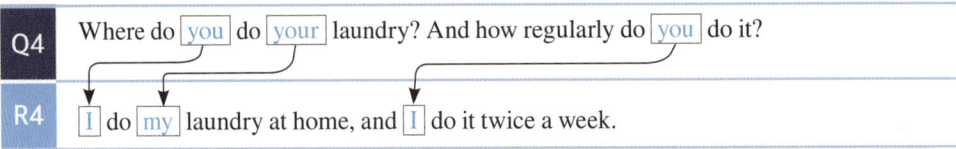

❷ 문항별 답변 전략

Q4		Where do you do your laundry? And how regularly do you do it? 당신은 어디에서 빨래를 하나요? 그리고 얼마나 정기적으로 하나요?
R4	▶ 첫 문장	I do my laundry at home, and I do it twice a week. 저는 집에서 빨래를 합니다. 그리고 그것을 일주일에 두 번 합니다.
	▶ 추가 문장	This is because it is more comfortable for me to do laundry at home. 왜냐하면 저는 집에서 빨래하는 것이 더 편하기 때문입니다.
Q5		When do you usually do your laundry? 당신은 보통 언제 빨래를 하나요?
R5	▶ 첫 문장	I usually do my laundry on the weekend(s). 저는 보통 주말에 빨래를 합니다.
	▶ 추가 문장	This is because I have more free time on the weekend(s). 왜냐하면 주말에 여유 시간이 더 많기 때문입니다.

- 4, 5번은 질문을 듣고 15초 동안 답변하는 문제로, 첫 문장과 추가 문장으로 답변한다. 한 가지 정보를 묻거나, and로 연결된 두 개의 질문으로 두 가지 정보를 묻는다. 질문이 두 개인 경우, 반드시 두 개의 질문에 대한 답을 해야 하고, 답변이 길면 추가 문장을 붙이지 않아도 된다.

Q6		What factors do you consider most when choosing a laundry detergent? 당신은 세탁 세제를 선택할 때 어떤 것을 가장 많이 고려하나요?
R6	▶ 첫 문장	I consider price most when choosing a laundry detergent. 저는 세탁 세제를 선택할 때 가격을 가장 고려합니다.
	▶ 추가 문장	This is because I can save money. (Since I'm a student, I don't have much money.) (And also, it makes me happy when I buy cheaper products.) 왜냐하면 돈을 절약할 수 있기 때문입니다. (저는 학생이기 때문에 돈이 많이 없습니다.) (그리고 또한, 저는 더 싼 제품을 사면 행복해집니다.)
	▶ 마무리	Therefore, I think about[consider] price[cost] most (when choosing a laundry detergent). 따라서 저는 (세탁 세제를 선택할 때) 가격을 가장 생각합니다[고려합니다].

- 6번은 질문을 듣고 30초 동안 답변하는 문제로, 첫 문장, 추가 문장 그리고 마무리까지 붙여야 좋은 점수를 받을 수 있다. 추가 문장의 내용이 풍부할 경우, 마무리 문장은 넣지 않아도 무방하다. 주로 이유, 선호 사항, 장단점 등 구체적인 의견을 묻는다.

PART ❶ 3
03 Golden Key Template

기본기 다지기  아래의 템플릿 구조를 익히고 문항별로 답변 연습을 해 보자.

첫 문장	• 의문문 → 평서문 • I prefer A to B 저는 B보다 A를 선호합니다. • I <u>think[believe]</u> that ~ 저는 ~라고 생각합니다. • (I think that) The advantage of ~ is ... ~의 장점은 …입니다(라고 생각합니다).
추가 문장	This is because ~ / Since ~ 왜냐하면 ~ 때문입니다. (And also, ~) (그리고 또한, ~)
마무리	Therefore, ~ 그러므로, ~

1 첫 문장

- **기본 의문문**: Be동사 의문문/조동사 의문문/의문사 의문문 등 질문 문장을 평서문으로 전환
  you → I / your → my로 바꾸기
- **Prefer A (or B)**: (두 가지 대안 중) 선호
  I prefer A (to B). 저는 (B보다) A를 선호합니다.
- **Choose A or B (or C)**: 두 가지 (또는 세 가지) 중 선택
  I <u>think[believe]</u> that ___입장/선택 사항___ . 저는 (입장/선택 사항)라고 생각합니다.
  In my opinion, ___입장/선택 사항___ . 제 의견으로는, (입장/선택 사항)입니다.
- **Advantage/Disadvantage**: 장점 또는 단점 설명
  (I think) The advantage of ~ is ... ~의 장점은 …입니다(라고 생각합니다).

Q4	**Where** do you do your laundry? And **how regularly** do you do it? 당신은 어디에서 빨래를 하나요? 그리고 얼마나 정기적으로 하나요?
R4 ▶ 첫 문장	I do my laundry at home, and I do it twice a week. 저는 집에서 빨래를 합니다. 그리고 그것을 일주일에 두 번 합니다.

Q5	**When** do you usually do your laundry? 당신은 보통 언제 빨래를 하나요?
R5 ▶ 첫 문장	I usually do my laundry on the weekend(s). 저는 보통 주말에 빨래를 합니다.

Q6	**What factors** do you consider most when choosing a laundry detergent? 당신은 세탁 세제를 선택할 때 어떤 것을 가장 많이 고려하나요?
R6 ▶ 첫 문장	I consider price most when choosing a laundry detergent. 저는 세탁 세제를 선택할 때 가격을 가장 고려합니다.

2 추가 문장

추가 문장과 뒷받침 문장은 '(This is) because/and/so...'와 같은 연결 접속사를 활용하며, 경험이나 느낌으로 한두 문장 정도만 붙인다. 뒷받침 문장이 떠오르지 않을 경우, 추가 문장만 붙이고 마무리해도 된다.

R4	▶ 첫 문장	I do my laundry at home, and I do it twice a week.
	▶ 추가 문장	**This is because** it is more comfortable for me to do laundry at home. 왜냐하면 저는 집에서 빨래하는 것이 더 편하기 때문입니다.

R5	▶ 첫 문장	I usually do my laundry on the weekend(s).
	▶ 추가 문장	**This is because** I have more free time on the weekend(s). 왜냐하면 주말에 여유 시간이 더 많기 때문입니다.

R6	▶ 첫 문장	I consider price most when choosing a laundry detergent.
	▶ 추가 문장	**This is because** I can save money. (**Since** I'm a student, I don't have much money.) 왜냐하면 돈을 절약할 수 있기 때문입니다. (저는 학생이기 때문에 돈이 많이 없습니다.)
	▶ 뒷받침 문장	(**And also,** it makes me happy when I buy cheaper products.) (그리고 또한, 저는 더 싼 제품을 사면 행복해집니다.)

3 마무리

마무리 문장은 Therefore 뒤에 첫 문장을 그대로 쓰거나 동의 표현으로 바꾸면 된다. Q4~5는 답변 시간이 짧기 때문에 마무리 문장을 넣기 힘들 수 있지만 Q6은 마무리 문장까지 붙인다.

- 기본 의문문 : Therefore, (첫 문장 또는 동의 표현) 그러므로, (첫 문장 또는 동의 표현)
- Prefer A (or B) : Therefore, I prefer A (to B). 그러므로, 저는 (B보다) A를 선호합니다.
- Choose A or B (or C)
    Therefore, I think[believe] that <u>입장/선택 사항</u>. 그러므로, 저는 (입장/선택 사항)라고 생각합니다.
- Advantage/Disadvantage
    Therefore, (I believe that) the advantage of ~ is ... 그러므로, ~의 장점은 …입니다(라고 생각합니다).
    Therefore, (I believe that) this is the advantage of ~. 그러므로, 이것이 ~의 장점입니다(라고 생각합니다).

R6	▶ 마무리	**Therefore,** I <u>think about[consider]</u> <u>price[cost]</u> most (when choosing a laundry detergent). 따라서 저는 (세탁 세제를 선택할 때) 가격을 가장 생각합니다[고려합니다].

PART 3
04 답안 문장 만들기

기본기 다지기  템플릿 구성에 맞게 답안 문장 만드는 연습을 해 보자. 🎧 P3_86

상황 파악

설문 상황	Imagine that an American marketing firm is doing research in your country. 미국의 한 마케팅 회사가 당신의 나라에서 설문조사를 한다고 상상해 보세요.
지인과의 대화 상황 (전화 통화)	Imagine that you are talking on the phone with a friend. You are having a conversation about ~. 당신이 친구와 전화로 대화한다고 상상해 보세요. 당신들은 ~에 대해 대화하고 있습니다.

☑ 끝 부분의 소재(내용)에 유의하여, 질문 내용을 예측 및 준비해야 한다.

질문 유형별 답변 만들기

> Imagine that you are talking on the telephone with an overseas friend. You are talking about cooking meals.
> 당신이 외국에 있는 친구와 전화한다고 상상해 보세요. 당신들은 음식을 요리하는 것에 대하여 이야기하고 있습니다.

Q4 How frequently do you cook? What do you normally cook?
너는 얼마나 자주 요리해? 보통 무엇을 요리해?

Q5 Do you prefer cooking alone or with others? Why?
너는 혼자 요리하는 것을 선호해? 아니면 다른 사람들과 함께 요리하는 것을 선호해? 그 이유는?

Q6 Would you rather make meals at home or go out to eat? Why?
너는 집에서 음식을 만들어? 아니면 밖에 나가서 먹어? 그 이유는?

▶ **질문 유형** ▶ ① 의문사 의문문(How frequently) ② 의문사 의문문(What)

Q4	How frequently do you cook? What do you normally cook?	
R4	첫 문장	I cook twice a week. And I normally cook noodles. 나는 일주일에 두 번 요리해. 그리고 주로 국수를 요리해.
	추가 문장	**This is because** I don't have enough free time (to cook). 왜냐하면 나는 (요리할) 충분한 여유 시간이 없기 때문이야.

☑ 첫 문장은 질문에 나온 표현을 평서문으로 바꿔 만든다.
☑ 추가 문장은 This is because ~를 이용해서 덧붙인다.

▶ **질문 유형** ▶ 조동사 의문문 - Prefer A (or B)

	Q5	Do you prefer cooking alone or with others? Why?
R5	첫 문장	I prefer cooking alone. 나는 혼자 요리하는 것을 선호해.
	추가 문장	**This is because** it is more comfortable for me (to cook alone). **And also,** I enjoy cooking (by myself). 왜냐하면 (혼자 요리하는 것이) 더 편하기 때문이야. 그리고 또한, 나는 (직접) 요리하는 것을 즐겨.

▶ **질문 유형** ▶ 조동사 의문문 - Choose A or B (or C)

	Q6	Would you rather make meals at home or go out to eat? Why?
R6	첫 문장	I would rather make meals at home. 나는 집에서 음식을 만들어.
	추가 문장	**This is because** it is more affordable (to make meals at home), so I can save money. **Also,** it is good for my health (to have food at home) (because I can make food with fresh ingredients). 왜냐하면 (집에서 음식을 만드는 것이) 더 저렴하기 때문이야. 그래서 나는 돈을 절약할 수 있어. 또한, (집에서 음식을 먹는 것이) 내 건강에 좋아. (왜냐하면 신선한 재료로 음식을 만들 수 있기 때문이야.)
	마무리	**Therefore,** I would rather make meals at home. 따라서 나는 집에서 음식을 만들어.

☑ 마무리 문장은 첫 문장을 그대로 써도 되지만, 동의 표현을 넣는 것이 더 좋다.
☑ 질문과 어울리는 추가 문장(This is because ~)을 넣고, 추가 문장 뒤에 뒷받침하는 문장(Also, ~)을 붙인다.

PART 3
05 Check-Up Test

기본기 다지기 다음 문제들을 질문 유형별로 연습해 보자. 🎧 P3_88~91 / 모범 답안 p.285

Test 1

Imagine that an American marketing firm is doing research in your area. You have agreed to participate in a telephone interview about ice cream.

Q4	Do you like ice cream? How often do you buy ice cream?
Q5	What kind of ice cream do you like?
Q6	If a new ice cream shop opened in your area, would you visit it often? Why?

▶ 질문 유형 ▶ ① 조동사 의문문 ② 의문사 의문문(의문 부사: How often)

| R4 | 첫 문장 | |
| | 추가 문장 | |

▶ 질문 유형 ▶ 의문사 의문문(명사구<의문ⓐ + ⓝ>: 목적격)

| R5 | 첫 문장 | |
| | 추가 문장 | |

▶ 질문 유형 ▶ ① 조동사 의문문 - 가정법 과거 ② 의문사 의문문(Why)

R6	첫 문장	
	추가 문장	
	마무리	

Test 2

Imagine that you are talking on the telephone with a neighbor. You are having a telephone conversation about trips.

Q4	When was the last time you went on a trip? How did you get there?
Q5	Do you prefer to take a trip alone or with other people? Why?
Q6	Are you planning to take a trip this year? What do you think you will do?

▶ 질문 유형 ▶ ① 의문사 의문문(의문 대명사: 주격) ② 의문사 의문문(의문 부사: How)

R4	첫 문장	
	추가 문장	

▶ 질문 유형 ▶ ① 조동사 의문문 - Prefer A (or B) ② 의문사 의문문(Why)

R5	첫 문장	
	추가 문장	

▶ 질문 유형 ▶ ① Be동사 의문문 ② 의문사 의문문(의문 대명사: 목적격)

R6	첫 문장	
	추가 문장	
	마무리	

Test 3

Imagine that someone wants to open a computer store in your area. You have agreed to participate in a telephone interview about shopping for computers.

Q4	How regularly do you shop for computers? Where do you usually buy computers?
Q5	When buying computers, do you prefer a particular brand? Why or why not?
Q6	Which of the following would you consider the most when shopping for a new computer? Why? - Recommendations - Reviews - Descriptions

▶ 질문 유형 ▶ ① 의문사 의문문(의문 부사: How regularly) ② 의문사 의문문(의문 부사: Where)

R4	첫 문장	
	추가 문장	

▶ 질문 유형 ▶ ① 조동사 의문문 - Prefer A (or B) ② 의문사 의문문(Why)

R5	첫 문장	
	추가 문장	

▶ 질문 유형 ▶ ① 의문사 의문문(의문 대명사: 목적격) Choose A or B (or C) ② 의문사 의문문(Why)

R6	첫 문장	
	추가 문장	
	마무리	

Test 4

Imagine that a local bus company is conducting a survey in your area. You have agreed to participate in a telephone interview about the bus services.

Q4	How frequently do you take the bus? Where do you usually go?
Q5	What are the advantages of using the bus compared to other transportation?
Q6	Would it be beneficial to have more bus services in your neighborhood? Why or why not?

▶ 질문 유형 ▶▶ ① 의문사 의문문(의문 부사: How frequently) ② 의문사 의문문(의문 부사: Where)

R4	첫 문장	
	추가 문장	

▶ 질문 유형 ▶▶ 의문사 의문문(의문 대명사: 주격) Advantage/Disadvantage

R5	첫 문장	
	추가 문장	

▶ 질문 유형 ▶▶ ① 조동사 의문문 ② 의문사 의문문(Why)

R6	첫 문장	
	추가 문장	
	마무리	

PART 3
01 고득점 답변 훈련

고득점 공략하기

❶ 빈출 유형별 전략

- When was the last time ~? / What was the last ~? 유형은 자주 출제되므로 확실히 연습해야 한다. When은 의문대명사이고, the last time 뒤에 관계부사 when이 생략되어 있다. 대답할 때는 질문 문장에 있는 그대로 관계부사(when)나 목적격 관계대명사(which)를 생략하고 답하는 것이 좋다.
- 질문에 과거시제 동사가 있거나 과거형 조동사(did)가 있는 경우, 과거시제로 답한다.

🎧 P3_92_1

Q	When was the last time you had a holiday? 마지막으로 휴가를 보냈던 때는 언제였어?
R	The last time (when) I had a holiday was two weeks ago. I spent the holiday with my family. We enjoyed dinner together. 마지막으로 휴가를 보냈던 때는 2주 전이었어. 나는 가족들과 함께 휴가를 보냈어. 우리는 저녁 식사를 함께 즐겼어.

Q	What was the last product you bought on the Internet? 인터넷에서 마지막으로 산 제품은 뭐였어?
R	The last product (which) I bought on the Internet was clothes. I purchased *Han-bok*, which is Korean traditional clothing. I needed a new one for the holiday. 인터넷에서 마지막으로 산 제품은 옷이었어. 나는 한국 전통 의상인 한복을 구매했어. 명절을 위해 새 한복이 필요했거든.

- How(어떻게)로 질문할 경우 답변 문장 끝에 'by(~에 의하여, ~로) + ⓝ(구)'를 써서 문장을 전개한다. 이때, by와 명사 사이에 관사는 넣지 않는다.

🎧 P3_92_2

Q	How did you make your reservation for your hotel stay? 호텔 숙박 예약은 어떻게 했어?
R	I made my reservation for my hotel stay by phone. 전화로 호텔 숙박을 예약했어.

Q	How do you usually commute to work? 출퇴근은 주로 어떻게 해?
R	I usually commute to work by bus[by subway]. 주로 버스로[지하철로] 출퇴근해.

- '물건 구매' 내용의 경우, 아래와 같이 답하면 된다.

🎧 P3_93_1

Q **How** do you normally buy a train ticket? 기차표는 보통 어떻게 구매해?

R I normally buy a train ticket on the Internet.
기차표를 보통 인터넷에서 구매해.

This is because it is fast and convenient, so I can save time. **And also,** I can check things more accurately.[**And also,** (it is more affordable so) I can save money (because they offer a discounted price there).]
왜냐하면 그것이 빠르고 편리해서 시간을 절약할 수 있어. 그리고 또한, 더 정확히 확인할 수 있어.[그리고 또한, (그들이 그곳에서 할인가를 제공하니까) (더 저렴해서) 돈을 절약할 수 있어.]

- How long(얼마나 오랫동안)으로 질문하면 'for(~동안) + 숫자 + 시간[기간]'으로 답하지만, 'It takes (~이 걸리다)'는 for를 생략한다.

🎧 P3_93_2

Q **How long** do you listen to music a day? 하루에 음악을 얼마나 들어?

R I listen to music for (about) three hours a day. **This is because** it is very enjoyable for me.
하루에 (약) 세 시간 동안 음악을 들어. 왜냐하면 그것은 매우 즐거운 일이기 때문이야.

Q **How long** does it take to get to the nearest subway station from your house?
집에서 가장 가까운 지하철역까지 가는 데 얼마나 걸려?

R It takes about 15 minutes to get to the nearest subway station from my house.
집에서 가장 가까운 지하철역까지 가는 데 15분 정도 걸려.

This is because it is near my house, so I can walk there. / so I can go there on foot.
so I take the bus there. / so I go there by bus.
왜냐하면 우리 집에서 가깝기 때문이야. 그래서 나는 거기까지 걸어서 갈 수 있어.
그래서 나는 거기까지 버스를 타고 가.

- 의문사 which 뒤에 do you think가 삽입되어 있는 의문문은 답변할 때 do you think를 I think (that)으로 바꿔서 답한다. 마무리 문장은 첫 문장의 동의 표현을 쓰는 것이 좋으므로 think 대신 believe를 쓴다.

🎧 P3_93_3

Q **Which do you think** is better, owning a car or renting one?
차를 소유하는 것과 렌트하는 것 중, 어느 것이 더 낫다고 생각해?

R I think (that) owning a car is better. 차를 소유하는 것이 더 낫다고 생각해.

What is/are ~ ? = Describe ~

의문사 의문문(What is/are ~)은 명령문(Describe ~)으로 바꿔서 나올 수 있다.

🎧 P3_94_1

Q
What is one good thing about reading e-books rather than paper books?
종이책보다 전자책을 읽는 것의 한 가지 장점은 무엇인가요?

= Describe one good thing about reading e-books rather than paper books.
종이책보다 전자책을 읽는 것의 한 가지 장점을 설명하세요.

R
One good thing (about reading e-books rather than paper books) is that (it is more comfortable, so) I can read them anytime anywhere. **And also,** I can save time.
(종이책보다 전자책을 읽는 것의) 한 가지 장점은 (더 편해서) 제가 언제 어디서든지 그것들을 읽을 수 있다는 것입니다. 그리고 또한, 시간을 절약할 수 있습니다.

> 참고

위와 같은 질문 유형(What is/are ~?)은 다음 세 가지 형태로 답할 수 있다.

ex Q: What is the best thing about reading e-books? 전자책을 읽는 것의 가장 좋은 점은 무엇인가요?
R: ① ⓝ(구) is the best thing about reading e-books. 전자책을 읽는 것의 가장 좋은 점은 ~입니다.
② The best thing about reading e-books is ⓝ(구).
③ The best thing about reading e-books is that S + V ~.

복수로 질문해도 단수로 답하는 것이 유리하다.

ex Q: What are the most important qualities of a good suit?
좋은 정장의 가장 중요한 특징들은 무엇인가요?

R: The most important quality of a good suit is that it should have a good design, so I can enjoy wearing it.
좋은 정장의 가장 중요한 특징은 디자인이 뛰어나서 즐겨 입을 수 있다는 것입니다.

Advantage/Disadvantage 유형

1. Advantage(장점) 유형

🎧 P3_94_2

Q
What are some advantages of making phone calls rather than sending e-mails?
메일을 보내는 것보다 전화하는 것의 장점들은 무엇인가요?

> **R**
>
> The advantage (of making phone calls rather than sending e-mails) is that it is more comfortable. **This is because** I can explain things more easily.[**This is because** sending e-mails is not comfortable compared to making phone calls.] (**And also,** when making phone calls, I can save time.)
> (메일을 보내는 것보다 전화하는 것의) 장점은 더 편하다는 것입니다. 왜냐하면 제가 더 쉽게 설명할 수 있기 때문입니다.[왜냐하면 메일을 보내는 것이 전화하는 것에 비해 편하지 않기 때문입니다.] (그리고 또한, 전화할 때 시간을 절약할 수 있습니다.)
>
> **Therefore,** making phone calls is more comfortable. 따라서 전화하는 것이 더 편합니다.
> /**Therefore,** this is the advantage (of making phone calls rather than sending e-mails). 따라서 이것이 (메일을 보내는 것보다 전화하는 것의) 장점입니다.

2. Disadvantage(단점) 유형　　　🎧 P3_95

> **Q**
>
> What are the disadvantages of making phone calls rather than sending e-mails?
> 메일을 보내는 것보다 전화하는 것의 단점들은 무엇인가요?

> **R**
>
> The disadvantage (of making phone calls rather than sending e-mails) is that it is not comfortable. **This is because** I cannot explain things easily.[**This is because** sending e-mails is more comfortable than making phone calls.] (**And also,** when making phone calls, it takes more money[it can disturb other people].)
> (메일을 보내는 것보다 전화하는 것의) 단점은 편하지 않다는 것입니다. 왜냐하면 제가 쉽게 설명할 수 없기 때문입니다.[왜냐하면 메일을 보내는 것이 전화하는 것보다 더 편하기 때문입니다.] (그리고 또한, 전화할 때 돈이 더 듭니다[다른 사람들을 방해할 수 있습니다].)
>
> **Therefore,** making phone calls is not comfortable. 따라서 전화하는 것은 편하지 않습니다.
> /**Therefore,** this is the disadvantage (of making phone calls rather than sending e-mails). 따라서 이것이 (메일을 보내는 것보다 전화하는 것의) 단점입니다.

- ☑ Advantage/Disadvantage 유형은 자주 출제되므로, 항상 두 가지 경우를 같이 연습해야 한다. Disadvantage 질문은 Advantage 질문의 추가 문장에서 more 대신 not을 쓰면 된다.

- ☑ Advantage/Disadvantage 유형에서, 추가 문장이 생각나지 않으면 비교 대상을 주어(여기서는 sending e-mails)로 쓰고, 주장한 문장(여기서는 it[making phone calls] is not comfortable)을 반대로 해서 붙여도 된다.
  ⇒ This is because sending e-mails is more comfortable than making phone calls.

- ☑ 위 질문 유형의 경우 advantage 대신 positive effect(긍정적인 효과)/benefits(이점, 장점, 혜택)로, disadvantage 대신 negative effect(부정적인 효과)/drawback(단점) 등의 동의어로 출제되기도 한다.

3. 첫 문장과 마무리 문장

- **첫 문장**: 4-6번에 적용

    (I think that) The advantage of making phone calls rather than sending e-mails is that it is more comfortable (so I can explain things more accurately).
    메일을 보내는 것보다 전화하는 것의 장점은 더 편하다는 것입니다. (그래서 저는 더 정확하게 설명할 수 있습니다.)

- **마무리 문장**: 6번에 적용

    ① Therefore, I believe this is the advantage of making phone calls rather than sending e-mails.
    따라서 이것이 메일을 보내는 것보다 전화하는 것의 장점이라고 생각합니다.

    ② Therefore, I believe the advantage of making phone calls rather than sending e-mails is that it is more comfortable.
    따라서 메일을 보내는 것보다 전화하는 것의 장점은 더 편한 것이라고 생각합니다.

    ③ Therefore, I believe making phone calls rather than sending e-mails is more comfortable.
    따라서 메일을 보내는 것보다 전화하는 것이 더 편하다고 생각합니다.

    > **참고** 질문 문장 What are some advantages of making phone calls rather than sending e-mails?처럼 '전치사 (of) + ⓥing(동명사: ~하는 것)' 구조가 들어가 있는 답변을 it으로 시작하면 자연스럽게 making phone calls을 가리킨다. 따라서 마무리 문장을 첫 문장과 같은 맥락으로 표현하려면 it 자리에 그것이 지칭하는 making phone calls를 써서 답하면 된다.
    >
    > **ex** Making phone calls (rather than sending e-mails) is more comfortable.
    > = It is more comfortable. (메일을 보내는 것보다) 전화하는 것이 더 편합니다.

※ 추가 문장이 다른 질문의 추가 문장과 유사하거나, 뒤에 나오는 뒷받침 문장과 유사할 경우

🎧 P3_97

Q4	Do you usually wear a watch? Why or why not? 당신은 주로 손목시계를 차나요? 그 이유는 무엇인가요?
R4	Yes, I usually wear a watch because it is more comfortable (for me) to check the time. 네, 저는 주로 손목시계를 찹니다. 왜냐하면 시간을 확인하기 더 편하기 때문입니다.
Q5	If you were buying a new watch, what characteristics would you look for? 새 손목시계를 산다면, 당신은 어떤 특징들을 살필 것입니까?
R5	<u>If I were buying a new watch, I would look for the price.</u> **This is because** <u>I can save money.</u>[If I were buying a new watch, I would look for the design. **This is because** I can enjoy wearing it.] 새 손목시계를 산다면, 저는 가격을 살필 것입니다. 왜냐하면 돈을 절약할 수 있기 때문입니다.[새 손목시계를 산다면, 저는 디자인을 살필 것입니다. 왜냐하면 즐겨 찰 수 있기 때문입니다.]
Q6	Do you think a watch is a nice gift? Why or why not? 당신은 손목시계가 좋은 선물이라고 생각하나요? 그 이유는 무엇인가요?
R6	(Yes,) I think a watch is a nice gift. **This is because** it is helpful to check the time. **And also,** people can enjoy wearing it (anytime anywhere). **Therefore,** I believe a watch is a nice gift. (네,) 손목시계는 좋은 선물이라고 생각합니다. 왜냐하면 시간을 확인하는 데 도움이 되기 때문입니다. 그리고 또한, 사람들은 (언제 어디서든지) 그것을 즐겨 찰 수 있습니다. 따라서 손목시계는 좋은 선물이라고 생각합니다.

☑ 다음 예문에서 동사 use는 물건/제품 관련 내용에서 추가 문장 전개 시 활용하기에 유용하다.
  부사 anytime과 anywhere 역시 문장 뒤에 쓰기에 유용하므로 자주 활용할 것.
  ex The person can enjoy wearing it. ⇒ The person can enjoy wearing it <u>anytime anywhere</u>.
       = The person can enjoy <u>using</u> it. ⇒ The person can enjoy <u>using</u> it <u>anytime anywhere</u>.

☑ Part 3에서 뒷받침 문장을 덧붙일 때, 앞에 나온 추가 문장과 같지는 않지만 내용이 유사할 경우 And also를 써서 새로운 문장을 추가한다.

❷ 유형별 첫 문장

① Be동사 의문문/조동사 의문문

be동사와 조동사로 시작하는 의문문은 답변할 때, 질문의 주어와 동사 순서만 바꾸면 된다. Yes/No (또는 대용 표현)를 자연스럽게 앞에 써도 된다. 이때, 몇 가지 단어(주어, 소유격 인칭대명사, 동사의 수, 시제 등)를 알맞게 바꿔야 한다.

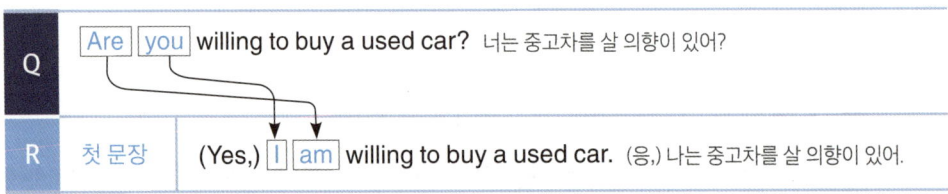

- 의문문/부정문을 만드는 조동사(do/does/did)는 평서문으로 전환할 때 제거되지만, 그 외의 조동사들은 그대로 써서 답할 것.

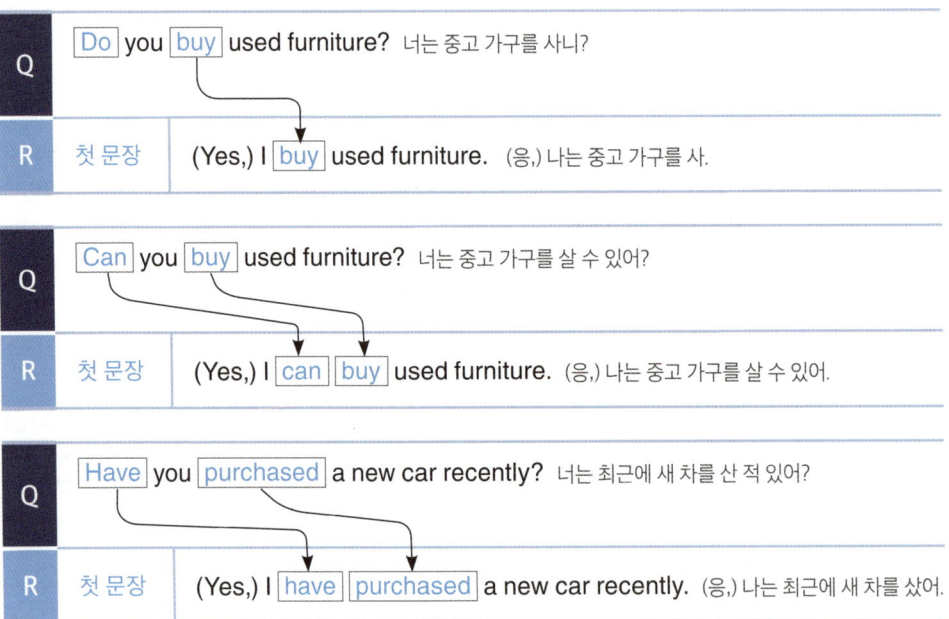

② 의문사 의문문

의문사에 해당하는 내용을 반드시 넣고, 의문사에 따라 주격/목적격을 잘 구분하여 알맞은 자리에 내용을 넣어 답변한다. 의문 부사는 답변 시 해당 내용을 문장 끝 부사 자리에 넣을 것. (의문사 의문문은 Yes/No로 대답 X)

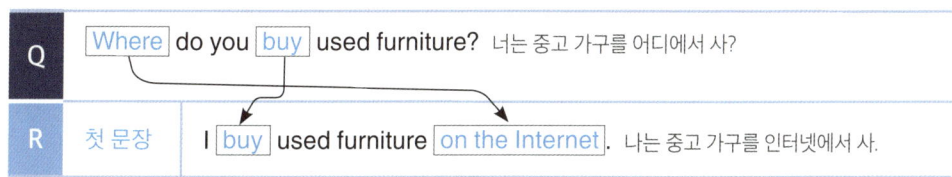

의문사 의문문에서 주격은 의문사 뒤에 be동사/일반 동사가 붙어 있고, 목적격은 의문사 뒤에 조동사 (do/does/did)가 붙어 있다.

- 의문사(주격) + be동사/일반 동사 ~?

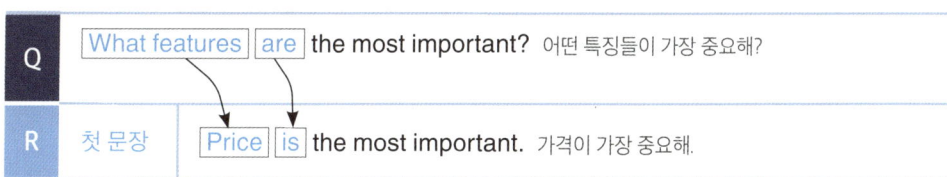

☑ 질문에 대한 답을 주어 자리에 넣고 동사의 수를 맞춘다.

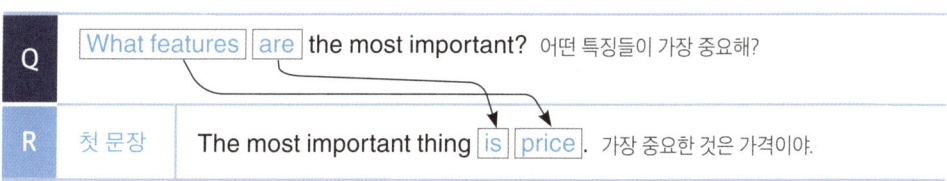

☑ '의문사(주격) + be동사 ~?'의 경우 해당 내용을 주어 자리에 넣어서 답해도 되고, 뒤집어서 주격 보어로 답해도 된다. 이때, 질문이 형용사(여기서는 the most important)로 끝나면 답변 시 어울리는 명사(thing 등)을 붙여 주어로 쓰면 된다.

- 의문사(목적격) + do/does/did/조동사 + S + V ~?

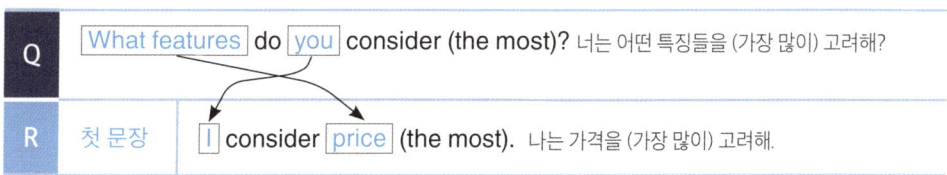

☑ (the) most, (the) best와 같은 부사들은 문장 끝에 붙일 것.

❸ 소재(내용)별 추가 문장

소재(내용) ① 생활(거주/여가/시설/물건 구매) ② 정보(조언/의견) ③ 일/직업/경력
④ 장소/거리(교통수단) ⑤ 인터넷 ⑥ 교육/훈련 ⑦ 방해/손상

1. ① 생활(거주/여가/시설/물건 구매) ② 정보(조언/의견) ③ 일/직업/경력
   ④ 장소/거리(교통수단) ⑤ 인터넷 ⑥ 교육/훈련 ⑦ 방해/손상

   It is good[better ↔ bad] (for me[my health]).
   그것은 (나에게[나의 건강에]) 좋습니다[더 좋습니다 ↔ 나쁩니다].

   It is (more/very ↔ not) helpful (for me).
   그것은 (나에게) (더/매우) 도움이 됩니다 (↔ 도움이 되지 않습니다).

   It is easier (for me). 그것은 (나에게) 더 쉽습니다.

   It's my favorite (food/place).[I personally like + ⓝ(구)/ⓥing/to ⓥ.]
   그것은 내가 가장 좋아하는 것(음식/장소)입니다.[나는 개인적으로 ~을 좋아합니다.]

2. ① 생활(거주/여가/시설/물건 구매) ⑤ 인터넷

   It is more affordable[cheaper] (for me).
   그것은 (나에게) 더 저렴합니다[더 쌉니다].

   It is more economical[profitable]. 그것은 더 경제적입니다[이득이 됩니다].

   I needed a new one. 나는 새로운 것이 필요했습니다.

3. ① 생활(거주/여가/시설/물건 구매) ② 정보(조언/의견) ③ 일/직업/경력
   ④ 장소/거리(교통수단) ⑤ 인터넷

   It is more convenient (for me).[It should be more convenient.]
   그것은 (나에게) 더 편리합니다.[그것은 더 편리해야 합니다.]

   It is more comfortable (for me).[It should be more comfortable.]
   그것은 (나에게) 더 편합니다.[그것은 더 편해야 합니다.]

   It is faster and more convenient. 그것은 더 빠르고 더 편리합니다.

   It is portable. 그것은 휴대 가능합니다.

4. ① 생활(거주/여가/시설/물건 구매) ② 정보(조언/의견) ③ 일/직업/경력
   ④ 장소/거리(교통수단) ⑤ 인터넷

   I can use ~ (anytime) (anywhere). 나는 (언제든) (어디서든) ~을 사용할 수 있습니다.

   I can save[manage ↔ waste] money[time]. 나는 돈[시간]을 절약[관리 ↔ 낭비]할 수 있습니다.

I (don't) have enough (free) time.
나는 충분한 (여유) 시간을 갖고 있습니다(갖고 있지 않습니다).

It takes[↔ doesn't take] a lot of money[time].
그것은 많은 돈[시간]이 듭니다[↔ 들지 않습니다].

5. ④ 장소/거리(교통수단)

It is close to[near] my house. ↔ It is far (away) from my house.
그것은 나의 집에 가까이 있습니다. ↔ 그것은 나의 집에서 멀리 있습니다.

(Therefore,) I can go (there) more easily.
(따라서) 나는 (거기에) 더 쉽게 갈 수 있습니다.

6. ② 정보(조언/의견) ③ 일/직업/경력 ⑤ 인터넷

I can get more[useful/accurate] information.
나는 더 많은[유용한/정확한] 정보를 얻을 수 있습니다.

I can get various kinds of information.
나는 다양한 정보를 얻을 수 있습니다.

I can get useful tips and advice.
나는 유용한 팁과 조언을 얻을 수 있습니다.

It is more reliable.
그것은 더 신뢰할 만합니다.

7. ① 생활(거주/여가) ② 정보(조언/의견) ③ 일/직업/경력
   ⑤ 인터넷 ⑥ 교육/훈련

> I (can/cannot/don't) know (about) + ⓝ(구) (very well).　~을 (잘) 압니다(모릅니다).
> I (can/cannot/don't) know what[how] + to ⓥ.　무엇을[어떻게] ~해야 하는지 압니다(모릅니다).
> **ex** They don't know the value of money very well.　그들은 돈의 가치를 잘 모릅니다.

I can learn more things.
나는 더 많은 것들을 배울 수 있습니다.

I can widen[broaden] my view.
나는 시야를 넓힐 수 있습니다.

I (can) know the culture and customs very well.
나는 문화와 관습을 잘 압니다(알 수 있습니다).

I (can) have good relationships (with other people).
나는 (다른 사람들과) 좋은 관계를 갖습니다(가질 수 있습니다).

8. ① 생활(거주/여가/시설) ⑥ 교육/훈련

> I (can) enjoy + (ⓥing/ⓝ구) 나는 ~을 즐깁니다(즐길 수 있습니다).
> **ex** I enjoy (eating) Korean food. 나는 한국 음식을 (먹는 것을) 즐깁니다.

I can relieve my stress.
나는 스트레스를 해소할 수 있습니다.

I can refresh myself.
나는 기분 전환할 수 있습니다.

(Therefore,) I can have a good time.
(따라서) 나는 좋은 시간을 보낼 수 있습니다.

I can increase my stamina and build up muscles.
나는 체력을 키우고 근육을 만들 수 있습니다.

It is (more) interesting[exciting] (for me).
그것은 (나에게) (더) 재미있습니다[흥미롭습니다].

It is (more) enjoyable (for me).
그것은 (나에게) (더) 즐겁습니다.

It is (more) fun (for me).
그것은 (나에게) (더) 재미있습니다.

9. ⑦ 방해/손상

It can disturb[bother/distract] other people.
그것은 다른 사람들을 방해할 수 있습니다.

It can be spoiled. 그것은 손상될 수 있습니다.

❹ 추가 문장 응용하기

*기본 아이디어

1. 이유/원인	This is because + 추가 문장. And[So], ~. (And also, + 추가 문장.) 참고 추가 문장, because[if/when...] ~. = This is because[If/When...] ~, 추가 문장.
2. 구체적 내용	그때 ~했다/누구와 ~했다/보통 (누구와) ~한다

- 첫 문장 뒤에 추가 문장을 연결할 때에는 이유/원인 또는 구체적인 내용을 넣으면 내용에 맞게 전개할 수 있다.

1. 이유/원인

일반적으로 첫 문장 뒤에 추가 문장을 연결할 때 'This is because'를 붙이고 'I can ⓥ~' 또는 'It is + ⓐ (+ for me)' 구문을 활용하면 좋다. 대명사 it은 보통 질문 문장(첫 문장 또는 바로 앞 문장) 전체를 받거나, 주요 어휘를 받으므로 대부분의 추가 문장에 어울린다.

Q	Do you usually spend your holiday at your home or somewhere else? Why? 당신은 보통 집에서 휴일을 보내나요? 아니면 그밖에 다른 곳에서 보내나요? 그 이유는 무엇인가요?	
R	첫 문장	I usually spend my holiday at my home. 저는 보통 집에서 휴일을 보냅니다.
	추가 문장	**This is because** it is more comfortable (for me), so I can have a good time. **And also,** I can save money. 왜냐하면 (저는) 그것이 더 편하기 때문입니다. 그래서 저는 좋은 시간을 보낼 수 있습니다. 그리고 또한, 저는 돈을 절약할 수 있습니다.

- ☑ 바로 앞 문장과 연결되는 내용을 붙일 때는 and 또는 so를 쓰면 자연스럽다. 바로 앞 문장과는 별개지만 첫 문장과 연결해서 전개할 경우 And also를 사용할 수 있다.

- 추가 문장을 구체적으로 전개할 때에는 다음 구문을 활용한다.

① 동명사 주어

It 자리에 동명사 ⓥing를 써서 구체적인 의미로 만들 수 있다. 동명사 뒤에 붙일 말이 생각나지 않을 때는 내용에 따라 첫 문장의 동사 이하를 그대로 붙여도 된다.

Q		Do you usually spend your holiday at your home or somewhere else? Why?
R	첫 문장	I usually spend my holiday at my home.
	추가 문장	**This is because** spending my holiday at my home is more comfortable (for me). 왜냐하면 (저는) 집에서 휴일을 보내는 것이 더 편하기 때문입니다.

② 가주어/진주어

가주어/진주어(It is + ⓐ + (for me) + to ⓥ) 구문으로 변환할 경우, It은 주어 자리에 모양만 갖춘 가주어가 되고 'for me'는 의미상의 주어(to ⓥ의 행위자)로 바뀐다.

R	첫 문장	I usually spend my holiday at my home.
	추가 문장	**This is because** it is more comfortable (for me) to spend my holiday at my home. 왜냐하면 (저는) 집에서 휴일을 보내는 것이 더 편하기 때문입니다.

③ 접속사(If, When, While...)가 이끄는 부사절

If(만일 ~라면), When(~할 때, ~한다면), While(~동안)이 들어간 부사절을 먼저 쓰고 추가 문장을 뒤에 전개할 수 있다. 물론, 부사절이 뒤로 가도 무방하다. 일반적으로 첫 문장 뒤에 접속사 because[since/as]를 써서 추가 문장을 붙이지만, 다른 접속사(If, When, While...)를 대신 써도 된다. 접속사(If, When, While...)가 이끄는 절에 붙일 말이 생각나지 않을 때는 내용에 따라 첫 문장의 동사 이하를 그대로 붙여도 된다.

R	첫 문장	I usually spend my holiday at my home.
	추가 문장	When[If] I spend my holiday at my home, it is more comfortable (for me). **And also,** I can save money. = It is more comfortable (for me) when[if] I spend my holiday at my home. **And also,** I can save money. 제가 집에서 휴일을 보내면, (저에게) 더 편합니다. 그리고 또한, 저는 돈을 절약할 수 있습니다.

④ 접속사 뒤의 '주어 + be동사' 생략

접속사 뒤의 '주어 + be동사'는 생략 가능하고 그 뒤에는 be동사 뒤의 형용사 또는 현재분사(ⓥing), 과거분사(p.p.)를 반드시 써야 한다. 특히, When과 While 뒤의 '주어 + be동사'가 생략되는 경우가 많다.

⇒ When/While + (주어 + be동사) + ⓐ/ⓥing/p.p. ~

R	첫 문장	I usually spend my holiday at my home.
	추가 문장	When (I am) spending my holiday at my home, it is more comfortable (for me). **And also,** I can save money. 제가 집에서 휴일을 보내면, (저에게) 더 편합니다. 그리고 또한, 저는 돈을 절약할 수 있습니다.

2. 구체적 내용: 그때 ~했다/ 누구와 ~했다/ 보통 (누구와) ~한다

질문 내용에 따라 추가 문장을 '구체적 내용'으로 붙여야 자연스러운 경우가 있다. 특히, 과거시제의 질문에서는 대부분 구체적이고 세부적인 내용이 추가 문장으로 어울린다.

Q	When was the last time you went to a movie theater? 당신이 마지막으로 영화관에 갔던 때는 언제였나요?	
R	첫 문장	The last time I went to a movie theater was two weeks ago. 제가 마지막으로 영화관에 갔던 때는 2주 전이었습니다.
	추가 문장	I went there with my family. We enjoyed watching a movie there. 저는 그곳에 가족과 함께 갔습니다. 우리는 그곳에서 영화 보는 것을 즐겼습니다.

Q	What was the last movie you saw in a movie theater? 당신이 마지막으로 영화관에서 봤던 영화는 무엇이었나요?	
R	첫 문장	The last movie I saw in a movie theater was *Spiderman*. 제가 마지막으로 영화관에서 봤던 영화는 '스파이더맨'이었습니다.
	추가 문장	I saw it with my family. It was very fun. 저는 그것을 가족과 함께 봤습니다. 그것은 매우 재미있었습니다.

PART 3
02 Words & Expressions

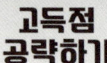 고득점 공략하기  추가 문장 활용 어휘 및 표현

| **various [diverse/varied]** | 다양한 |

I can get various kinds of information from the knowledgeable staff.
나는 그 박식한 직원으로부터 다양한 정보를 얻을 수 있습니다.

| **be willing to ⓥ** | 기꺼이 ~하다 |

I'm willing to take the train instead of an airplane. This is because it is cheaper. And also, I can pack more things in my bag.
저는 비행기 대신 기꺼이 기차를 탑니다. 왜냐하면 더 싸기 때문입니다. 그리고 또한, 제 가방에 더 많은 물건을 넣을 수 있습니다.

| **commute to** | ~로 통근하다 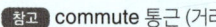 commute 통근 (거리) |

I usually commute to work by bus because it is more convenient for me.
나는 보통 버스를 타고 직장으로 통근합니다. 왜냐하면 나에게 더 편하기 때문입니다.

| **rather than** | ~보다 오히려, 차라리 |

The best thing about reading e-books rather than paper books is that they are portable, so I can read them anytime anywhere.
종이책보다 전자책을 읽는 것의 가장 좋은 점은 그것들은 휴대가 가능해서 언제 어디서든 읽을 수 있다는 것입니다.

| **make a reservation** | 예약하다 |

I would consider using a travel agency for my trip. This is because it is more helpful for me to make a reservation.
나는 여행을 위해 여행사를 이용하는 것을 고려할 것입니다. 왜냐하면 예약하는 데 더 도움이 되기 때문입니다.

| **visit tourist an attraction** | 관광 명소를 방문하다 |

I visit tourist attractions most when going on vacation. This is because they are the most special places in the city, so I can know the culture and customs very well.
나는 휴가 갔을 때 관광 명소를 가장 많이 방문합니다. 왜냐하면 그것들은 그 도시에서 가장 특별한 장소들이기 때문입니다. 그래서 나는 그 문화와 관습을 매우 잘 알 수 있습니다.

| **pay attention to** | ~에 주의를 기울이다, 집중하다, 신경쓰다 |

I would pay the most attention to the online reviews. This is because they are reliable, so I can get accurate information about the product.
나는 온라인 후기에 가장 주의를 기울일 것입니다. 왜냐하면 그것들은 신뢰할 만해서 제품에 대한 정확한 정보를 얻을 수 있기 때문입니다.

| **social network [human relationships]** | 대인 관계 |

I can broaden my social network with new people in a new place if I move to other regions.
내가 다른 지역으로 이사간다면 새로운 장소에서 새로운 사람들과 대인 관계를 넓힐 수 있습니다.

| **broaden one's view [widen one's view]** | 시야를 넓히다 |

I would take a job if it required me to live overseas for a year or more. This is because I can broaden my view.
만약 내가 그 직업으로 1년 이상 해외에 살아야 한다면 나는 그 직업을 받아들일 것입니다. 왜냐하면 내 시야를 넓힐 수 있기 때문입니다.

real and reliable — 실질적이고 신뢰할 만한

Online reviews are real and reliable, so I can trust them. In addition, I can get useful advice and information from them.
온라인 후기는 실질적이고 신뢰할 만해서 나는 그것들을 믿을 수 있습니다. 게다가, 그것들로부터 유용한 조언과 정보를 얻을 수 있습니다.

relax and refresh oneself — 휴식을 취하고 기분 전환을 하다

When I travel to my hometown, I can relax and refresh myself.
내가 고향으로 여행을 가면, 나는 휴식을 취하고 기분 전환을 할 수 있습니다.

alleviate tension — 긴장을 완화시키다, 긴장을 풀다

When traveling abroad, I can relieve stress and alleviate tension.
해외 여행을 가면, 나는 스트레스를 해소하고 긴장을 완화시킬 수 있습니다.

shop for [buy/purchase] — 구매하다

참고 shop for + 물건/shop at + 장소

I would never shop for food on the Internet because it can be spoiled.
나는 인터넷에서 음식을 절대 구매하지 않을 것입니다. 왜냐하면 상할 수 있기 때문입니다.

(by) oneself [on one's own] — 직접, 스스로

It is good for my health when cooking with fresh ingredients at home. And also, I enjoy cooking by myself.
집에서 신선한 재료로 요리를 하면 건강에 좋습니다. 그리고 또한, 나는 직접 요리하는 것을 즐깁니다.

be familiar with [be used to/be accustomed to] — ~에 익숙하다

I prefer to use the same hotel chain whenever possible. This is because I'm familiar with the facilities there.
나는 가능하면 언제든지 같은 호텔 체인점을 이용하는 것을 선호합니다. 왜냐하면 그곳의 시설들에 익숙하기 때문입니다.

used to ⓥ — ~하곤 했다

참고 be used to + ⓝ(구)/ⓥing ~에 익숙하다

When I was a high school student, I used to wear school uniforms. Therefore, I am used to wearing uniforms.
고등학생 때, 나는 교복을 입곤 했습니다. 따라서 나는 유니폼을 입는 것에 익숙합니다.

typically [normally/usually] — 전형적으로, 보통, 일반적으로

I typically eat rice and some side dishes for breakfast at home. This is because I can save time. And also, it is more comfortable for me to prepare my meal quickly at home.
나는 보통 아침 식사로 집에서 밥과 반찬을 먹습니다. 왜냐하면 시간을 절약할 수 있기 때문입니다. 그리고 또한, 집에서 식사를 빨리 준비하는 것이 나에게 더 편합니다.

focus on [concentrate on]
~에 초점을 맞추다, 집중하다

I can go back to work and focus on my work more efficiently.
나는 업무에 복귀해서 더 효율적으로 일에 집중할 수 있습니다.

physical activity
신체적 활동, 체육 (활동)

We should learn social skills such as cooperation and self-control. And also, we can learn those things in our gym classes, doing physical activities such as soccer and baseball.
우리는 협력과 자기 관리와 같은 사회적 능력을 배워야 합니다. 그리고 또한, 우리는 그러한 것들을 체육 수업에서 축구와 야구 같은 신체적 활동을 하면서 배울 수 있습니다.

take a lot of time and money
많은 시간과 돈이 들다

I have to go to another community that is far from my home because my hometown doesn't have these transportation systems. Therefore, it takes a lot of time and money for me to go there.
나는 집에서 멀리 있는 다른 지역으로 가야 합니다. 왜냐하면 나의 고향에는 이러한 교통 시설이 없기 때문입니다. 따라서 그곳에 가는 것은 많은 시간과 돈이 듭니다.

get along with [socialize with/mingle with]
~와 어울리다, 잘 지내다

It is better for me to get along with other people because it is very enjoyable.
다른 사람들과 어울리는 것이 더 좋습니다. 왜냐하면 그것은 매우 즐겁기 때문입니다.

application
적용, 응용, 애플리케이션

참고 application (form) 지원(서), 신청(서)

I think how easy it is to use is the most important thing when buying applications. It is important for me because I use applications all the time.
나는 애플리케이션을 구매할 때, '얼마나 사용하기 쉬운가'가 가장 중요하다고 생각합니다. 나는 항상 애플리케이션을 이용하기 때문에 그것은 나에게 중요합니다.

check out
대출하다, 확인하다(check), 확인하고 나오다, 계산하고 나오다

The closest bookstore to me is Mitchell's Bookstore. The last time I visited it was last week. I went there to check out new books.
나에게 가장 가까운 서점은 Mitchell's 서점입니다. 내가 마지막으로 그곳을 방문했던 때는 지난주였습니다. 나는 그곳에 새로운 책을 확인하기 위해 갔습니다.

set
정하다, 설정하다, 설치하다(install)

If I could set my working hours, I would like to begin at 10 A.M. and finish at 5 P.M. I think it is more efficient to work at that time.
만약 내가 근무 시간을 정할 수 있다면, 나는 오전 10시에 시작해서 오후 5시에 끝내고 싶습니다. 나는 그 시간에 일하는 것이 더 효율적이라고 생각합니다.

neighborhood
근처, 지역 참고 neighbor 이웃 사람

I relocated to my neighborhood three years ago, and my workplace is close to my house. It takes ten minutes to walk there.
나는 우리 동네에 3년 전에 이사 왔고 나의 직장은 집에서 가깝습니다. 그곳까지 걸어가는 데 10분이 걸립니다.

be busy + ⓥing
~하느라 바쁘다 참고 be busy with + ⓝ(구)

The last time I saw my neighbors was last week. I don't usually have a conversation with them because I am always busy working.
내가 마지막으로 이웃을 봤던 때는 지난주였습니다. 나는 보통 그들과 대화하지 않습니다. 왜냐하면 나는 일하느라 항상 바쁘기 때문입니다.

besides [in addition to/aside from]
~이외에도

Besides books, my favorite item to buy is magazines. Reading magazines is my favorite hobby.
책 이외에도, 내가 가장 좋아하는 구매 품목은 잡지입니다. 잡지를 읽는 것은 내가 가장 좋아하는 취미입니다.

besides ⓐdv 게다가 [in addition/additionally/moreover/furthermore]
beside ⓟrep ~옆에 [next to]

be likely to ⓥ
~할 것 같다, ~하는 경향이 있다, ~하기 쉽다

I am most likely to buy travel books at a bookstore. This is because I travel all the time, and I can get useful information from travel books.
나는 서점에서 여행 책을 가장 많이 사는 경향이 있습니다. 왜냐하면 나는 항상 여행을 다녀서 여행 책으로부터 유용한 정보를 얻을 수 있기 때문입니다.

spend
보내다, 소비하다

I spend about three hours on the telephone per day, and all of that is on a mobile phone. This is because I usually use my smartphone to call people.
나는 하루에 3시간 정도를 전화에 소비합니다. 그리고 그 중 모두를 휴대폰에 사용합니다. 왜냐하면 나는 보통 사람들에게 전화하기 위하여 스마트폰을 사용하기 때문입니다.

spend 용법: ① spend A(시간/돈) with B(사람) : A를 B와 소비하다
② spend A(시간/돈) on B(사물) : A를 B에 소비하다
③ spend + O(시간/돈) + (on) + ⓥing ~ : ~하는 것에 O를 소비하다

ex ① I usually spend my free time with my family.
②/③ I spend my free time (on) playing games with my smartphone.

get around
둘러 보다(look around), 돌아다니다
참고 hang out 시간을 보내다, 돌아다니다

If I were planning to take a trip with my friends, I would take taxis to get around.
만약 내가 친구들과 여행을 갈 계획이라면, 나는 돌아다니기 위해 택시를 탈 것입니다.

PART ③ 3
03 Practice Test

고득점 공략하기  다음 문제들을 소재(내용) 유형별로 연습해 보자.   🎧 P3_110~115 / 모범 답안 p.291

Test 1

Imagine that a British marketing firm is doing research in your area. You have agreed to participate in a telephone interview about buying clothes.

▶ 질문 유형 ▶ ① 의문사 의문문(의문 대명사: 주격) ② 의문사 의문문(의문 대명사: 목적격)
▶ 내용 ▶ 생활(물건 구매)

Q4	When was the last time you purchased clothes? What did you buy?
R4	

▶ 질문 유형 ▶ ① 의문사 의문문(의문 부사: Where) ② 의문사 의문문(의문 대명사: 목적격)
▶ 내용 ▶ 생활(물건 구매)

Q5	Where do you usually shop for clothes? Who do you normally go shopping for clothes with?
R5	

▶ 질문 유형 ▶ ① 의문사 의문문(의문 대명사: 목적격) Choose A or B (or C) ② 의문사 의문문(Why)
▶ 내용 ▶ 생활(물건 구매)

Q6	When shopping for clothes, which do you pay more attention to, the quality of clothes or the design of the clothes? Why?
R6	

☑ SELF-CHECK LIST

본인의 답변을 녹음한 후 들으면서 아래 박스에 표시하세요.

☐ 첫 문장을 질문 내용에 맞게 답했다.
☐ 내용에 맞는 추가 문장을 덧붙였다.
☐ 내용이 명확히 전달될 수 있도록 발음했다.

Test 2

Imagine that you are talking to a neighbor in your town. You are talking about home repairs.

▶ 질문 유형 ▶ ① 의문사 의문문(의문 부사: How long) ② 조동사 의문문(현재완료)
▶ 내용 ▶ 생활(거주/시설)

Q4	How long have you lived in this neighborhood? Have you repaired something in your house recently?
R4	

▶ 질문 유형 ▶ ① 의문사 의문문(의문 부사: Where) ② 의문사 의문문(Why)
▶ 내용 ▶ 생활(물건 구매)

Q5	I would like to make some improvements to the bathroom. Where should I go to get the necessary supplies? Why?
R5	

▶ 질문 유형 ▶ ① 조동사 의문문 ② 의문사 의문문(Why)
▶ 내용 ▶ 정보(조언/의견), 일/직업/경력 - 도움

Q6	Do you think it is a good idea to get help from specialists when fixing a house? Why or why not?
R6	

☑ SELF-CHECK LIST

본인의 답변을 녹음한 후 들으면서 아래 박스에 표시하세요.

- ☐ 첫 문장을 질문 내용에 맞게 답했다.
- ☐ 내용에 맞는 추가 문장을 덧붙였다.
- ☐ 내용이 명확히 전달될 수 있도록 발음했다.

Test 3

Imagine that a computer software developer is doing research in your area. You have agreed to participate in a telephone interview about applications on your smartphone.

▶ 질문 유형 ▶▶ 의문사 의문문(명사구<의문ⓐ+ⓝ>: 목적격)
▶ 내용 ▶▶ 생활(여가/시설/물건 구매) - 이용

Q4 What kind of applications on your smartphone do you use the most?

R4

▶ 질문 유형 ▶▶ ① 조동사 의문문 - Choose A or B (or C) ② 의문사 의문문(Why)
▶ 내용 ▶▶ 생활(여가/시설/물건 구매) - 이용

Q5 When using applications on your smartphone, do you use them for your entertainment or education? Why?

R5

▶ 질문 유형 ▶▶ ① 의문사 의문문(의문 대명사: 목적격) Choose A or B (or C) ② 의문사 의문문(Why)
▶ 내용 ▶▶ 생활(여가/시설/물건 구매) - 이용

Q6 What do you think is a more important feature when choosing an application for your smartphone, how popular it is or how easy it is to use? Why?

R6

☑ SELF-CHECK LIST

본인의 답변을 녹음한 후 들으면서 아래 박스에 표시하세요.

☐ 첫 문장을 질문 내용에 맞게 답했다.
☐ 내용에 맞는 추가 문장을 덧붙였다.
☐ 내용이 명확히 전달될 수 있도록 발음했다.

Test 4

Imagine that a swimming pool is opening in your area. You have agreed to participate in a telephone interview about using a swimming pool.

▶ **질문 유형** ▶ ① 의문사 의문문(의문 부사: What season[When]) ② 의문사 의문문(Why)
▶ **내용** ▶ 생활(여가/시설), 장소/거리(교통수단) - 이용

Q4 What season of the year are you most likely to go swimming? Why?

R4

▶ **질문 유형** ▶ ① Be동사 의문문 ② 의문사 의문문(의문 부사: How far)
▶ **내용** ▶ 생활(여가/시설), 장소/거리(교통수단) - 이용

Q5 Is there a good swimming pool in your neighborhood? How far away is it?

R5

▶ **질문 유형** ▶ ① 의문사 의문문(의문 대명사: 주격) Choose A or B (or C) ② 의문사 의문문(Why)
▶ **내용** ▶ 생활(여가/시설), 장소/거리(교통수단) - 이용

Q6 Which of the following is the most important factor in a good swimming pool? Why?
- Facility
- Distance
- Popularity

R6

☑ SELF-CHECK LIST

본인의 답변을 녹음한 후 들으면서 아래 박스에 표시하세요.

☐ 첫 문장을 질문 내용에 맞게 답했다.
☐ 내용에 맞는 추가 문장을 덧붙였다.
☐ 내용이 명확히 전달될 수 있도록 발음했다.

Test 5

Imagine that an American life magazine is writing an article about your area. You have agreed to participate in a telephone interview about using bikes.

▶ 질문 유형 ▶▶ ① 의문사 의문문(의문 부사: How often) ② 의문사 의문문(의문 부사: Why)
▶ 내용 ▶▶ 생활(여가/시설), 장소/거리(교통수단) - 이용

Q4 How often do you ride a bike? Why do you ride it?

R4

▶ 질문 유형 ▶▶ ① 조동사 의문문 ② 조동사 의문문(현재 완료)
▶ 내용 ▶▶ 생활(여가/시설), 장소/거리(교통수단) - 이용

Q5 Does your area have places where you can ride a bike? Have you visited the place to ride it?

R5

▶ 질문 유형 ▶▶ ① 의문사 의문문(의문 대명사: 주격) Advantage/Disadvantage ② 의문사 의문문(Why)
▶ 내용 ▶▶ 생활(여가/시설), 장소/거리(교통수단) - 이용

Q6 What are some advantages of using a bike rather than using a car? Why?

R6

☑ SELF-CHECK LIST

본인의 답변을 녹음한 후 들으면서 아래 박스에 표시하세요.

☐ 첫 문장을 질문 내용에 맞게 답했다.
☐ 내용에 맞는 추가 문장을 덧붙였다.
☐ 내용이 명확히 전달될 수 있도록 발음했다.

Test 6

Imagine that Career Development Center is doing research in your area. You have agreed to participate in a telephone interview about a job.

▶ 질문 유형 ▶ 의문사 의문문(의문 부사: What time[When])
▶ 내용 ▶ 생활(거주/시설), 일/직업/경력

Q4 If you could set the working hours, what time of the day would you like to begin and finish the work?

R4

▶ 질문 유형 ▶ ① 의문사 의문문(의문 부사: Where) ② 의문사 의문문(Why)
▶ 내용 ▶ 생활(거주/시설), 장소/거리(교통수단), 일/직업/경력

Q5 If you could take a job in any area, where would you like to have your workplace? Why?

R5

▶ 질문 유형 ▶ ① 의문사 의문문(의문 대명사: 주격 Describe ~[What is/are ~]) ② 의문사 의문문(Why)
▶ 내용 ▶ 생활(거주/시설), 일/직업/경력

Q6 Describe the type of job you would like to have and why you would like to have it.

R6

☑ SELF-CHECK LIST

본인의 답변을 녹음한 후 들으면서 아래 박스에 표시하세요.

- ☐ 첫 문장을 질문 내용에 맞게 답했다.
- ☐ 내용에 맞는 추가 문장을 덧붙였다.
- ☐ 내용이 명확히 전달될 수 있도록 발음했다.

PART 3 Actual Test

🎧 P3_116~118 / 모범 답안 p.297

Test 1

TOEIC Speaking

Questions 4-6: Respond to questions

Directions: In this part of the test, you will answer three questions. For each question, begin responding immediately after you hear a beep. No preparation time is provided. You will have 15 seconds to respond to Questions 4 and 5 and 30 seconds to respond to Question 6.

TOEIC Speaking — Question 4 of 11

Imagine that someone would like to open a shoe store in your area. You have agreed to participate in a telephone interview about purchasing shoes.

When do you usually go shopping for shoes?

RESPONSE TIME
00:00:15

TOEIC Speaking Question 5 of 11

Imagine that someone would like to open a shoe store in your area. You have agreed to participate in a telephone interview about purchasing shoes.

Do you have a plan to shop for new shoes within the next six months? Why?

RESPONSE TIME
00:00:15

TOEIC Speaking Question 6 of 11

Imagine that someone would like to open a shoe store in your area. You have agreed to participate in a telephone interview about purchasing shoes.

Besides the price of shoes, what are some things to consider when purchasing new shoes? Why?

RESPONSE TIME
00:00:30

Test 2

TOEIC Speaking

Questions 4-6: Respond to questions

Directions: In this part of the test, you will answer three questions. For each question, begin responding immediately after you hear a beep. No preparation time is provided. You will have 15 seconds to respond to Questions 4 and 5 and 30 seconds to respond to Question 6.

TOEIC Speaking   Question 4 of 11

Imagine that a home improvement magazine is doing research in your neighborhood. You have agreed to participate in a telephone interview about maintaining your house.

How long have you lived in your town? Do you live in a house or an apartment?

RESPONSE TIME
00:00:15

TOEIC Speaking — Question 5 of 11

Imagine that a home improvement magazine is doing research in your neighborhood. You have agreed to participate in a telephone interview about maintaining your house.

If you could fix one thing about your house in the next month, what would you like to fix? Why?

RESPONSE TIME
00:00:15

TOEIC Speaking — Question 6 of 11

Imagine that a home improvement magazine is doing research in your neighborhood. You have agreed to participate in a telephone interview about maintaining your house.

What are some disadvantages of repairing a house by hiring experts? Why?

RESPONSE TIME
00:00:30

PART 4

Questions 7-9

Respond to questions using information provided
표 보고 질문에 답하기

기본 정보

PART 4
01

 미리 보기

1 문제

In this part of the test, you will answer three questions based on the information provided. You will have 30 seconds to read the information before the questions begin. For each question, begin responding immediately after you hear a beep. No additional preparation time is provided. You will have 15 seconds to respond to Questions 7 and 8 and 30 seconds to respond to Question 9.

2 문항 수

Q7-9 (정보 읽는 시간 30초 / 답변 시간 Q7-8: 15초, Q9: 30초)

3 특징

❶ 표가 화면에 제시되고, 30초 동안 표를 읽는 시간이 주어짐.
❷ 표가 화면에 있는 상태에서 내레이션(Narration)이 나오고 질문이 시작됨.
❸ 내레이션과 모든 질문은 음성으로만 제시됨.
❹ 답변 준비 시간 없음.

4 평가 기준

발음(Pronunciation), 강세(Stress), 억양(Intonation), 문법(Grammar), 어휘(Vocabulary), 일관성(Cohesion), 내용의 관련성(Relevance of Content), 내용의 완성도(Completeness of Content)

5 채점 기준 (3점 만점)

배점	채점 기준
3	질문 내용에 적절하게 응답한다. 정보의 내용이 정확하다. 의사 전달이 효과적이며 이해하기 매우 쉽다. 내용이 지속적이고 일관성이 있다.
2	질문 내용에 적절하게 응답하지만 의미가 모호한 부분이 곳곳에 있어서 이해하기 다소 어렵다. 전달력과 전반적인 일관성에 문제가 있다.
1	질문 내용에 적절하게 응답하지 못한다. 질문 내용과 관련성이 매우 부족하거나 이해하기 어렵다.
0	무응답이거나 질문 내용과 관련성이 전혀 없다.

02 시험 진행 순서

미리 보기

Screen 1

TOEIC Speaking

Questions 7-9: Respond to questions using information provided

Directions: In this part of the test, you will answer three questions based on the information provided. You will have 30 seconds to read the information before the questions begin. For each question, begin responding immediately after you hear a beep. No additional preparation time is provided. You will have 15 seconds to respond to Questions 7 and 8 and 30 seconds to respond to Question 9.

📢 지시문이 음성과 함께 화면에 제시된다.

Screen 2

TOEIC Speaking   Questions 7-9 of 11

G&R Fitness Center
May Class Schedule

Date	Time	Class	Instructor
May 1	11:30 A.M.– 01:30 P.M.	Introduction to Spinning	Marcus Cruz
May 5	05:00 P.M.– 06:00 P.M.	Hot Yoga: What is it?	Mathias Little
May 7	04:00 P.M.– 05:30 P.M.	Maintaining a Strict Diet	Joanna Shaffer
May 14	02:30 P.M.– 03:30 P.M.	~~Weight Training~~ Canceled	Justin Henderson
May 15	06:00 P.M.– 07:00 P.M.	Choosing the Right Meal Plan	Joanna Shaffer
May 22	01:00 P.M.– 03:00 P.M.	Beginner's Pilates	Waylon Dalton

* All classes free for members

PREPARATION TIME
00:00:30

📢 시각 정보가 화면에 제시되고 'Begin preparing now.'라는 음성이 나온다. '삐' 소리 후 30초의 정보 읽는 시간이 주어진다.

Screen 3-4

TOEIC Speaking　　　　　Questions 7-8 of 11

G&R Fitness Center
May Class Schedule

Date	Time	Class	Instructor
May 1	11:30 A.M.– 01:30 P.M.	Introduction to Spinning	Marcus Cruz
May 5	05:00 P.M.– 06:00 P.M.	Hot Yoga: What is it?	Mathias Little
May 7	04:00 P.M.– 05:30 P.M.	Maintaining a Strict Diet	Joanna Shaffer
May 14	02:30 P.M.– 03:30 P.M.	~~Weight Training~~ Canceled	Justin Henderson
May 15	06:00 P.M.– 07:00 P.M.	Choosing the Right Meal Plan	Joanna Shaffer
May 22	01:00 P.M.– 03:00 P.M.	Beginner's Pilates	Waylon Dalton

* All classes free for members

RESPONSE TIME	RESPONSE TIME
00:00:15	00:00:15

📢 내레이션(Narration)과 7, 8번 질문은 음성으로만 나온다. '삐' 소리 후 각각 15초의 답변 시간이 주어진다.

Screen 5

TOEIC Speaking　　　　　Question 9 of 11

G&R Fitness Center
May Class Schedule

Date	Time	Class	Instructor
May 1	11:30 A.M.– 01:30 P.M.	Introduction to Spinning	Marcus Cruz
May 5	05:00 P.M.– 06:00 P.M.	Hot Yoga: What is it?	Mathias Little
May 7	04:00 P.M.– 05:30 P.M.	Maintaining a Strict Diet	Joanna Shaffer
May 14	02:30 P.M.– 03:30 P.M.	~~Weight Training~~ Canceled	Justin Henderson
May 15	06:00 P.M.– 07:00 P.M.	Choosing the Right Meal Plan	Joanna Shaffer
May 22	01:00 P.M.– 03:00 P.M.	Beginner's Pilates	Waylon Dalton

* All classes free for members

RESPONSE TIME
00:00:30

📢 9번 질문도 음성으로만 나온다. '삐' 소리 후 30초의 답변 시간이 주어진다.

PART 4
01 유형 파악

기본기 다지기  다음 표를 보고 각 질문에 알맞게 답변해 보자. 🎧 P4_124

G&R Fitness Center
May Class Schedule

Date	Time	Class	Instructor
May 1	11:30 A.M.– 01:30 P.M.	Introduction to Spinning	Marcus Cruz
May 5	05:00 P.M.– 06:00 P.M.	Hot Yoga: What is it?	Mathias Little
May 7	04:00 P.M.– 05:30 P.M.	Maintaining a Strict Diet	Joanna Shaffer
May 14	02:30 P.M.– 03:30 P.M.	~~Weight Training~~ Canceled	Justin Henderson
May 15	06:00 P.M.– 07:00 P.M.	Choosing the Right Meal Plan	Joanna Shaffer
May 22	01:00 P.M.– 03:00 P.M.	Beginner's Pilates	Waylon Dalton

* All classes free for members

▶ **Narration**

Hi, I'm a member of G&R Fitness Center, and I would like to attend some of the classes in May. However, I have lost my copy of the schedule. Could you answer a couple of questions?

Q7 I'm interested in the Hot Yoga class with Mathias Little. What date is the class, and at what time does it begin?

Q8 Is the Weight Training class on May 14th still available?

Q9 I've heard very good things about the nutritionist Joanna Shaffer. Can you tell me about all her classes in detail?

R7

R8

R9

Model Answer

R7

It will be (held) on May 5th from 5 P.M. to 6 P.M.[The class is on May 5th, and it begins at 5 P.M.]

그것은 5월 5일 오후 5시부터 오후 6시까지 있을[열릴] 것입니다.[그 수업은 5월 5일에 있고 오후 5시에 시작합니다.]

R8

Actually[Unfortunately], (no.) Weight Training by Justin Henderson has been canceled. (So, you cannot take the class.)

사실[안타깝게도], (아닙니다.) Justin Henderson의 웨이트 트레이닝은 취소되었습니다. (그래서 당신은 그 수업을 들을 수 없습니다.)

R9

There are two classes[sessions] (led by Joanna Shaffer).
First, (the class on) Maintaining a Strict Diet is on May 7th from 4 P.M. to 5:30 P.M.
[**The first one is** (the class on) Maintaining a Strict Diet on May 7th from 4 P.M. to 5:30 P.M.]
Second, (the class on) Choosing the Right Meal Plan is on May 15th from 6 P.M. to 7 P.M.[**The second one is** (the class on) Choosing the Right Meal Plan on May 15th from 6 P.M. to 7 P.M.]

(Joanna Shaffer에 의해 진행되는) 두 개의 수업[시간]이 있습니다.

첫째, '엄격한 식이요법 유지'(에 대한 수업)가 5월 7일 오후 4시부터 오후 5시 30분까지 있습니다.[첫 번째는 5월 7일 오후 4시부터 오후 5시 30분까지 '엄격한 식이요법 유지'(에 대한 수업)입니다.]

둘째, '올바른 식습관 선택'(에 대한 수업)은 5월 15일 오후 6시부터 오후 7시까지 있습니다.[두 번째는 5월 15일 오후 6시부터 오후 7시까지 '올바른 식습관 선택'(에 대한 수업)입니다.]

( ): 추가 구문
[ ]: 대체 구문

PART 4 02 기본 전략

기본기 다지기

❶ 표 정보 파악하기

G&R Fitness Center
May Class Schedule

Date	Time	Class	Instructor
May 1	11:30 A.M.– 01:30 P.M.	Introduction to Spinning	Marcus Cruz
May 5	05:00 P.M.– 06:00 P.M.	Hot Yoga: What is it?	Mathias Little
May 7	04:00 P.M.– 05:30 P.M.	Maintaining a Strict Diet	Joanna Shaffer
May 14	02:30 P.M.– 03:30 P.M.	~~Weight Training~~ Canceled	Justin Henderson
May 15	06:00 P.M.– 07:00 P.M.	Choosing the Right Meal Plan	Joanna Shaffer
May 22	01:00 P.M.– 03:00 P.M.	Beginner's Pilates	Waylon Dalton

* All classes free for members

(Q7: May 5 row, Q8: May 14 row, Q9: Instructor column for May 7 & May 15)

G&R 피트니스 센터
5월 강습 일정

날짜	시간	강좌	강사
5월 1일	오전 11:30 ~ 오후 1:30	스피닝 입문	Marcus Cruz
5월 5일	오후 5:00 ~ 오후 6:00	핫 요가란?	Mathias Little
5월 7일	오후 4:00 ~ 오후 5:30	엄격한 식이요법 유지	Joanna Shaffer
5월 14일	오후 2:30 ~ 오후 3:30	~~웨이트 트레이닝 취소됨~~	Justin Henderson
5월 15일	오후 6:00 ~ 오후 7:00	올바른 식습관 선택	Joanna Shaffer
5월 22일	오후 1:00 ~ 오후 3:00	입문자용 필라테스	Waylon Dalton

* 회원은 모든 수업 무료

> Hi, I'm a member of G&R Fitness Center, and I would like to attend some of the classes in May. However, I have lost my copy of the schedule. Could you answer a couple of questions?
>
> 안녕하세요. 저는 G&R 피트니스 센터의 회원으로, 5월에 있는 수업 몇 개를 듣고 싶습니다. 하지만 일정표 사본을 분실했어요. 몇 가지 질문에 응답해주시겠어요?

1) 화면에 제시된 표를 보고 정보를 파악한다.
   - 정보 읽는 시간 30초 + 내레이션(Narration) 음성 제시 시간 5~8초 ≒ 35~40초
   - 표의 종류(제목), 날짜·시간, 장소 등 세부 정보 파악 → 변경 내용(취소선 표시), 괄호 안의 내용, 하단의 정보 등을 파악 (주로 Q7→Q8→Q9순으로 정보 나열)
2) 파악한 정보를 바탕으로 질문을 예측해본다.
3) 표를 읽는 30초 동안, 특징적인 부분은 반드시 미리 발음해본다.
   - 반복해서 등장하는 단어, 연기 및 취소된 사항, 특수 기호(*)로 표시된 정보, 휴식 시간, 사람 이름 등의 고유 명사는 미리 발음해본다.
4) 날짜(년·월·일)를 전달할 때는 정확하게 발음해야 한다.
   - 정보에서 '일자'는 기수(27)로 표기되어 있지만, 답할 때에는 서수(twenty-seventh)로 발음해야 한다.

❷ 문항별 답변 전략

Q7 I'm interested in the Hot Yoga class with Mathias Little. What date is the class, and at what time does it begin? Mathias Little의 핫 요가 강좌에 관심 있습니다. 수업이 며칠이고 몇 시에 시작하나요?

R7 It will be (held) on May 5th from 5 P.M. to 6 P.M.[The class is on May 5th, and it begins at 5 P.M.] 그것은 5월 5일 오후 5시부터 오후 6시까지 있을[열릴] 것입니다.[그 수업은 5월 5일에 있고 오후 5시에 시작합니다.]

- 제시된 정보의 전반적인 내용(프로그램의 제목, 날짜·시간, 장소, 비용 등)을 묻는다. 의문사를 중심으로 질문을 들은 후 해당 정보를 답변한다.
- 답변의 단서는 주로 상단에 위치하며, 'It will be (held) ~'를 쓴 후 그 뒤에 알맞은 전치사를 붙여 답변한다.

Q8 Is the Weight Training class on May 14th still available? 5월 14일의 웨이트 트레이닝 수업을 아직 수강할 수 있나요?

R8 **Actually[Unfortunately], (no.)** Weight Training by Justin Henderson has been canceled. (So, you cannot take the class.) 사실[안타깝게도], (아닙니다.) Justin Henderson의 웨이트 트레이닝은 취소되었습니다. (그래서 당신은 그 수업을 들을 수 없습니다.)

- 7번에서 질문한 내용을 제외한 부분 및 변경 내용(연기, 취소 등)이나 특수 기호(*)로 표시된 부가 정보를 묻는다.

Q9 I've heard very good things about the nutritionist Joanna Shaffer. Can you tell me about all her classes in detail? 영양사 Joanna Shaffer에 대해 좋은 얘기를 들었습니다. 그녀의 모든 강좌에 대해 자세히 말씀해 주실래요?

R9 There are two classes[sessions] (led by Joanna Shaffer).
First, (the class on) Maintaining a Strict Diet is on May 7th from 4 P.M. to 5:30 P.M.
[**The first one is** (the class on) Maintaining a Strict Diet on May 7th from 4 P.M. to 5:30 P.M.]
Second, (the class on) Choosing the Right Meal Plan is on May 15th from 6 P.M. to 7 P.M.
[**The second one is** (the class on) Choosing the Right Meal Plan on May 15th from 6 P.M. to 7 P.M.]

(Joanna Shaffer에 의해 진행되는) 두 개의 수업[시간]이 있습니다.
첫째, '엄격한 식이요법 유지'(에 대한 수업)가 5월 7일 오후 4시부터 오후 5시 30분까지 있습니다.[첫 번째는 5월 7일 오후 4시부터 오후 5시 30분까지 '엄격한 식이요법 유지'(에 대한 수업)입니다.]
둘째, '올바른 식습관 선택'(에 대한 수업)은 5월 15일 오후 6시부터 오후 7시까지 있습니다.[두 번째는 5월 15일 오후 6시부터 오후 7시까지 '올바른 식습관 선택'(에 대한 수업)입니다.]

- 표에서 반복되는 단어(명칭, 제목 등)와 관련된 정보를 묻거나 여러 사항을 모두 설명하라는 경우가 많다. 2~3가지 항목을 끊지 않고 나열할 수 있도록 연결 구문을 익히자.

PART 4
03 답안 문장 만들기

기본기 다지기  아래 정보(표)를 보고 답안 문장 만드는 연습을 해 보자.   🎧 P4_128

정보 및 상황 파악

International Biology Conference
Saturday, Nov. 27, Convention Center
Fee: Members $20, Non-members $30

Time	Session	Instructor
09:00 A.M.–10:00 A.M.	Registration & Reception	
10:00 A.M.–11:00 A.M.	Biotechnology (Workshop)	Darrell Anderson
11:00 A.M.–Noon	Gene Splicing (Lecture)	Kelly Patel
Noon – 01:00 P.M.	Lunch Break (at Richmond restaurant)	
01:00 P.M.–02:00 P.M.	Cell Biology (Workshop)	Dean Reynolds
02:00 P.M.–03:30 P.M.	Gene Splicing (Panel Discussion)	Sarah Mills

* Booklet provided

Q7: 11:00 A.M.–Noon
Q8: Noon – 01:00 P.M.
Q9: Biotechnology (Workshop) / Cell Biology (Workshop)

국제 생물학 컨퍼런스
11월 27일, 토요일, 컨벤션 센터
회원: 20달러, 비회원: 30달러

시간	세션	강사
오전 9시 ~ 오전 10시	등록 및 접수	
오전 10시 ~ 오전 11시	생명 공학 (워크숍)	Darrell Anderson
오전 11시 ~ 정오	유전자 접합 (강연)	Kelly Patel
정오 ~ 오후 1시	점심식사 (Richmond 음식점)	
오후 1시 ~ 오후 2시	세포 생물학 (워크숍)	Dean Reynolds
오후 2시 ~ 오후 3시 30분	유전자 접합 (공개 토론회)	Sarah Mills

* 소책자 제공

▶ Narration

> Hi, I am attending the International Biology Conference this year, but I have not received the schedule yet. Can you answer a few questions for me?
> 안녕하세요, 저는 올해 국제 생물학 컨퍼런스에 참석합니다. 그런데 저는 아직 일정표를 받지 못했습니다. 몇 가지 질문에 응답해주시겠어요?

Q7 What time is the lecture, and what is the subject?
강연은 몇 시인가요? 그리고 주제는 무엇인가요?

Q8 Last year, lunch was at Gowest Café, and I enjoyed it very much. Is lunch at the Gowest Café this year as well?
작년에는 점심 식사를 Gowest 카페에서 했고 저는 매우 좋았습니다. 올해에도 점심 식사는 Gowest 카페에서 하나요?

Q9 I want to attend all the workshops this year. Can you tell me about the workshops in detail?
저는 올해 모든 워크숍에 참석하고 싶습니다. 저에게 워크숍에 대하여 자세히 말씀해 주시겠어요?

문항별 답변 만들기

Q7 What time is the lecture, and what is the subject?

R7 (The lecture on) Gene Splicing is (held) from 11:00 A.M. to noon (by Kelly Patel).
[The lecture is at 11:00 A.M., and it is about Gene Splicing.]
(Kelly Patel의) 유전자 접합(에 대한 강연)은 오전 11시부터 정오까지 있습니다.[그 강연은 오전 11시에 있고 유전자 접합에 관한 것입니다.]

☑ and로 연결된 2개의 질문에 모두 답변해야 한다. 표 안에서 해당 정보를 찾아 간단한 문장으로 답변한다.

Q8 Last year, lunch was at Gowest Café, and I enjoyed it very much. Is lunch at the Gowest Café this year as well?

R8 Unfortunately[Actually], (no.) The lunch is from noon to 1:00 P.M. at Richmond restaurant.[The lunch is at Richmond restaurant.]
안타깝게도[사실], (아닙니다.) 점심식사는 정오부터 오후 1시까지 Richmond 음식점에서 합니다.[점심식사는 Richmond 음식점에서 합니다.]

☑ 특수 기호(*)로 표시된 정보나 연기, 취소 등의 변경 내용(취소선 표시 부분)에 단서가 있다. 표에서 해당 정보를 찾아 정정하여 답변을 전개한다.

☑ '앞에 붙이는 표현'을 익혀둔 후 간단한 문장 형태로 답변한다.
⇒ 앞에 붙이는 표현: Fortunately[Unfortunately/Actually], (yes/no).

Q9 I want to attend all the workshops this year. Can you tell me about the workshops in detail?

R9 There are two workshops[sessions].
First, (the workshop on) Biotechnology is from 10:00 A.M. to 11:00 A.M. (by Darrell Anderson).[The first one is (the workshop on) Biotechnology from 10:00 A.M. to 11:00 A.M. (by Darrell Anderson).]
Second, (the workshop on) Cell Biology is from 1:00 P.M. to 2:00 P.M. (by Dean Reynolds).
[The second one is (the workshop on) Cell Biology from 1:00 P.M. to 2:00 P.M. (by Dean Reynolds).]

두 개의 워크숍[시간]이 있습니다.
첫 번째, (Darrell Anderson의) 생명 공학(에 대한 워크숍)은 오전 10시부터 오전 11시까지 있습니다.[첫 번째는 오전 10시부터 오전 11시까지 (Darrell Anderson의) 생명 공학(에 대한 워크숍)입니다.]
두 번째, (Dean Reynolds의) 세포 생물학(에 대한 워크숍)은 오후 1시부터 오후 2시까지 있습니다.[두 번째는 오후 1시부터 오후 2시까지 (Dean Reynolds의) 세포 생물학(에 대한 워크숍)입니다.]

☑ 표에서 중복되는 단어(명칭, 제목 등 - 여기서는 workshops)에 대해 설명하라는 질문이 자주 나온다.

☑ 전체 내용에 대해 설명하라는 경우 'There are ~'로 전체를 먼저 설명한 후 'First, ~[The first one is ~]', 'Second, ~ [The second one is ~]'로 세부 내용을 덧붙인다.

PART 4

Check-Up Test

기본기 다지기 — 다음 문제들을 정보(표) 유형별로 연습해 보자. 🎧 P4_130~133 / 모범 답안 p.300

Test 1

Schedule of Job Interviews
Date: September 4
Location: Duke University, Conference Room

Time	Job Candidates	Positions	Current Employment
09:00 A.M.	Ann Kelly	Study technician	Michigan University
09:30 A.M.	Mario Stevenson	Academic advisor	Boston University
10:00 A.M.	Eddie Dalton	Research specialist	McGill University
~~10:30 A.M.~~	~~Terry Cruise~~	~~Career advisor~~	~~Columbia University~~ canceled
11:00 A.M.	Valencia Perez	Teaching assistant	Minnesota University
11:30 A.M.	Evelyn Chung	Research specialist	San Diego University

▶ 정보 유형 ▶▶ 일정표

R7 _____
_____

R8 Fortunately[Unfortunately/Actually], (yes/no). _____
_____
_____

R9 There are _____
First, _____
_____
Second, _____
_____

Test 2

Itinerary for Olivia Moore

Flight Information

June 16th Flight no. AZ 5346
  Departure: Baltimore Airport, 9:00 A.M.
  Arrival: Charleston Airport, 2:00 P.M.
June 20th Flight no. AZ 3076
  Departure: Charleston Airport, 4:00 P.M.
  Arrival: Baltimore Airport, 9:00 P.M.

Hotel Information (Rodeway Hotel)

June 16th
  Check-in: 3:00 P.M.
June 20th
  Check-out: 12:00 P.M.

Day trip to Morrison Air Factory (Company driver pick up at hotel lobby)

June 19th
  Departure: Rodeway Hotel, 9:00 A.M.   Departure: Morrison Air Factory, 4:00 P.M.
  Arrival: Morrison Air Factory, 10:00 A.M.   Arrival: Rodeway Hotel, 5:00 P.M.

▶ 정보 유형 ▶ 여행 일정표

R7 _____
_____

R8 Fortunately[Unfortunately/Actually], (yes/no). _____
_____
_____

R9 There are _____
First, _____
_____
Second, _____
_____

Test 3

Antonio Mexican Restaurant
Open from Monday to Saturday, 11 A.M. to 10 P.M.

Day	Daily Specials	Price
Monday	Shrimp Quesadillas	$14
Tuesday	Fajitas (Spicy)	$13
Wednesday	Taco Salad	$9
Thursday	Tex-Mex Fajitas	$14
Friday	Traditional Mexican Favorites	$13
Saturday	Burrito Filled with Fish	$11

* Groups of more than 6 people: Call ahead for a reservation

▶ 정보 유형 ▶ 메뉴

R7 _____

R8 Fortunately[Unfortunately/Actually], (yes/no). _____

R9 There are _____

First, _____

Second, _____

Test 4

	Charles Stevens Campanile Drive, San Diego, CA Cell: 565-9687-6347 Stevens80@gmail.com
Position	Sales manager, MID-TECH Incorporated
Education	Master's degree, Business Administration, Michigan University (2005) Bachelor's degree, Economics, San Diego University (2003)
Work Experience	Sales director: Mason Factory (2010–present) Sales assistant: Johnson's Supplies (2007–2010)
Others	Fluent in Spanish Certified in programming; made several sales-associated programs

▶ 정보 유형 ▶ 이력서

R7 _____

R8 Fortunately[Unfortunately/Actually], (yes/no). _____

R9 There are _____

First, _____

Second, _____

PART 4
01 고득점 답변 훈련

고득점 공략하기  다음 표현을 익혀서 답변 문장을 쉽고 빠르게 만들어 보자.

❶ 속전속결 문장 형태

🎧 P4_134

> **Q** What time does the opening speech start?
> 개회사는 몇시에 시작하나요?
>
> | Time | Program | Presenter |
> |---|---|---|
> | 8:00 A.M.
오전 8시 | Opening speech
개회사 | Robert Johnson
Robert Johnson |
>
> ① The opening speech **is (held)[will be (held)]** at 8:00 A.M. (by Robert Johnson).
> (Robert Johnson의) 개회사는 오전 8시에 있습니다[있을 것입니다].
>
> ② The opening speech (by Robert Johnson) **is (held)[will be (held)]** at 8:00 A.M.
> (Robert Johnson의) 개회사는 오전 8시에 있습니다[있을 것입니다].
>
> ③ The time is 8:00 A.M.
> 시간은 오전 8시입니다.

- ①, ②는 '제목, 명칭'을 주어로 하고 is (held) 또는 will be (held)를 동사로 쓴다. 부가 설명(교통 수단, 행위자, 참가자 등)은 어울리는 전치사를 붙여 형용사구 또는 부사구로 연결해서 전개할 것. ③은 수식하는 구가 없는 문장 형태로, 하나의 항목을 간단히 설명할 때 쓴다.
- Part 4의 정보(표)는 대부분 미래에 일어날 일이므로 미래시제를 써도 좋고, 현재 나와 있는 내용을 설명하는 것이므로 현재시제를 써도 좋다. 단, 이력서와 같은 특정 유형은 과거시제를 써야 한다.

* **주어가 사람일 경우**

> ex At 8:00 A.M., Robert Johnson will deliver[lead/give/make] the opening speech.
> 오전 8시에, Robert Johnson이 개회사를 진행할 것입니다.

* **주어가 사람이 아닐 경우**

표에서 사람이 등장하면 아래 전치사 중 하나를 붙여서 답변할 것.

> by + 사람(행위자)
> with + 사람(참가자, 행위자)

> ex At 8:00 A.M., there will be the opening speech (delivered[led/given/made]) by Robert Johnson).
> 오전 8시에, (Robert Johnson에 의해 진행되는) 개회사가 있을 것입니다.

🎧 P4_135

Q When does he depart from Los Angeles?
그는 언제 로스앤젤레스에서 출발하나요?

Flight No.	Time
Sevenstar Airlines Flight 450 Sevenstar Airlines 450편	Depart Los Angeles 9:30 A.M. May 30 5월 30일 오전 9시 30분 Los Angeles 출발

① Departing from Los Angeles is at 9:30 A.M. on May 30th (by Sevenstar Airlines Flight 450).
Los Angeles에서 출발은 (Sevenstar Airlines 450편으로) 5월 30일 오전 9시 30분입니다.

② He will depart from Los Angeles at 9:30 A.M. on May 30th (by Sevenstar Airlines Flight 450).
그는 Los Angeles에서 (Sevenstar Airlines 450편으로) 5월 30일 오전 9시 30분에 출발할 것입니다.

* 표에서 동사가 제시될 경우

① 동사를 동명사 또는 명사로 전환한다.

　Depart Los Angeles 9:30 A.M. May 30

　→ Departing from Los Angeles is at 9:30 A.M. on May 30th.

　→ The departure from Los Angeles is at 9:30 A.M. on May 30th.

② 동사를 '조동사[can/will/must] + ⓥ'의 형태로 전환한다.

　Depart Los Angeles 9:30 A.M. May 30

　→ He will depart from Los Angeles at 9:30 A.M. on May 30th.

❷ 추가 표현 및 답변 전개 구조

1. 전체적인 내용 설명: It will be (held) + 전치사 ~

정보의 전체적인 내용(프로그램 제목·이름, 날짜·시간, 장소, 비용 등)은 'It will be (held) ~'로 나타내고 그 뒤에 알맞은 전치사를 붙여 전개한다.

It will be (held) ~ / It is (held) ~
It will take place ~ / It takes place ~

> 참고 It will begin[start] at 2 P.M. / It begins[starts] at 2 P.M.
> It will finish at 4 P.M. / It finishes at 4 P.M.
> It will last for two hours. / It lasts for two hours (from 2 P.M. to 4 P.M.)

* 자주 쓰는 전치사

> It will be (held) ① at the meeting room 503 ② on the fifth floor ③ in the city hall ④ in Seoul ⑤ at 2 P.M. ⑥ on Friday, September 17th.
> 9월 17일 금요일 오후 2시 서울 시청 5층 503호 회의실에서 열립니다.

① **at** + 특정 장소(구체적인 장소)
   ex at the meeting room 503 503호 회의실에서

② **on** + 층
   ex on the fifth floor 5층에

③ **in** + 장소
   ex in the city hall 시청에

④ **in** + 넓은 장소(시/도/주/국가)
   ex in Seoul 서울에서

⑤ **at** + 시간
   ex at 2 P.M. 오후 2시에

⑥ **on** + 요일/특정 날짜
   ex on Friday, September 17th 9월 17일 금요일에

⑦ **in** + 월/계절/연도
   ex in September / in summer / in 2018 9월에 / 여름에 / 2018년에

2. Q9 답변 전개 구조(전체 → 세부 설명) 및 추가 표현

Q9은 전체를 먼저 설명한 후 세부 내용을 묘사하는 형태가 가장 이상적인 답변 구성이다. 그러나 전체를 설명하기 모호할 경우, 바로 세부 항목을 전개해도 좋다.

* 전체 설명

There will be three lectures[classes/sessions/programs] (related to[on/about] financial issues).
(금융 문제와 관련된) 3개의 강연[수업/시간/프로그램]이 있을 것입니다.

* 세부 설명

First, (the lecture related to) Financial Capitalism will be (held)[is (held)] on March 12th.
= The first (one) is (the lecture related to) Financial Capitalism on March 12th.
첫 번째, 3월 12일에 금융 자본주의(에 관련된 강연)가 있을 것입니다[있습니다].
= 첫 번째는 3월 12일에 금융 자본주의(에 관련된 강연)입니다.

Second[Also], (the lecture related to) Financial Markets will be (held)[is (held)] on March 24th.
= The second (one)[Another (one)] is (the lecture related to) Financial Markets on March 24th.
두 번째[또한], 3월 24일에 금융 시장(에 관련된 강연)이 있을 것입니다[있습니다].
= 두 번째는[또 다른 하나는] 3월 24일에 금융 시장(에 관련된 강연)입니다.

Third[Finally/Lastly], (the lecture related to) Financial Theory will be (held)[is (held)] on April 23rd.
= The third (one)[The last (one)] is (the lecture related to) Financial Theory on April 23rd.
세 번째[마지막으로], 4월 23일에 금융 이론(에 관련된 강연)이 있을 것입니다[있습니다].
= 세 번째는[마지막은] 4월 23일에 금융 이론(에 관련된 강연)입니다.

PART 4 02 Words & Expressions

고득점 공략하기  주요 어휘 및 추가 구문

| **be held** | ~이 열리다, 개최되다 |

It will be held on May 5th from 5 P.M. to 6 P.M.
그것은 5월 5일 오후 5시부터 오후 6시까지 열릴 것입니다.

| **take place** | ~이 열리다, 개최되다 |

It will take place at the National Library.
그것은 국립 도서관에서 개최될 것입니다.

| **last** | ~이 지속되다; ⓐ 마지막의 ⓐ𝒹𝓋 마지막에 |

It will last for two hours from 10 A.M. to noon.
그것은 오전 10시부터 정오까지 2시간 동안 지속될 것입니다.

| **unfortunately [↔ fortunately]** | 안타깝게도, 불행하게도 |

Unfortunately, the fee is forty-five dollars for school coaches with school badges.
안타깝게도, 학교 배지를 가지고 있는 학교 코치들에게는 회비가 45달러입니다.

| **booklet [brochure/pamphlet]** | 소책자, 팸플릿 |

In addition, a booklet will be provided.
게다가, 소책자가 제공될 것입니다.

| **depart** | 출발하다, 떠나다
참고 depart from + 출발지
depart for + 목적지 |

He will depart from Seattle station and arrive at Portland station.
그는 Seattle 역을 출발하여 Portland 역에 도착할 것입니다.

| **make it** | 해내다, 시간 맞춰 가다, 도착하다 |

Actually, you will arrive in Baltimore at 9 P.M. So, I'm afraid that you cannot make it to the concert.
사실, 당신은 Baltimore에 오후 9시에 도착할 것입니다. 그래서 유감이지만, 당신은 콘서트에 시간 맞춰 가지 못할 것입니다.

| **apply** | 적용하다
참고 apply to ~에 적용하다, ~에 지원하다
apply for ~를 지원하다 |

In addition, a late check-out charge will be applied. 게다가, 늦게 체크아웃한 비용이 적용될 것입니다.

| **renovation** | (내부) 수리
참고 under renovation (내부) 수리 중인 |

Actually, the restaurant is temporarily under renovation. So, you cannot use it now.
사실, 그 음식점이 일시적으로 내부 수리 중입니다. 그래서 당신은 지금 그곳을 이용할 수 없습니다.

| **special [specialty]** | 특가품, 특제품; ⓐ 특별한 |

Mexican food, including a kids special, is thirty dollars with a 10 percent discount for hotel guests.
아이들을 위한 특선 요리를 포함한 멕시코 음식은 호텔 손님들에게 10 퍼센트 할인되어 30달러입니다.

| **miss** | ~을 빠지다, 놓치다, 참석하지 못하다 |

Fortunately, all the sessions finish at noon. So, you won't miss anything.
다행히도, 모든 회의는 정오에 끝납니다. 그래서 당신은 어떤 것도 놓치지 않을 것입니다.

| **graduate from** | ~를 졸업하다 |

He graduated from Boston University in 2017.
그는 2017년에 보스턴 대학교를 졸업했습니다.

| **major in** | ~을 전공하다 |

She majored in Economics for her Bachelor's degree.
그녀는 학사 학위로 경제학을 전공했습니다.

| **degree** | 학위, 정도, 온도
참고 bachelor's degree 학사 학위
master's degree 석사 학위 |

He received a master's degree in Civil Law in 2018.
그는 2018년에 민법으로 석사 학위를 받았습니다.

| **be fluent in** | ~에 유창하다 |

She can communicate in a foreign language. This is because she is fluent in Spanish.
그녀는 외국어로 의사소통할 수 있습니다. 왜냐하면 그녀는 스페인어에 유창하기 때문입니다.

| **be familiar with** | ~에 익숙하다, 잘 알고 있다
참고 be proficient with ~에 능숙하다 |

Fortunately, he is proficient with computer information systems, and he is familiar with research software.
다행히도, 그는 컴퓨터 정보 시스템에 능숙하고 검색 소프트웨어를 잘 알고 있습니다.

| **be certified in** | ~에 자격증을 가지고 있다 |

She is certified in programming, and has made several sales-associated programs.
그녀는 프로그래밍 자격증을 가지고 있고 몇 가지 영업 관련 프로그램을 제작했습니다.

| **reference** | 추천서, 참고 자료
참고 in[with] reference to ~에 관한 |

Also, a reference is available upon request.
또한, 추천서는 요청시 즉시 가능합니다.

| **on** | ① ~에 대한 ② ~ 위에 ③ ~하자마자 [upon] |

The session on International Relations will be held on October 7th at conference room C.
국제 관계에 대한 회의는 10월 7일 C 회의실에서 개최될 것입니다.

PART 4
03 Practice Test

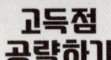  다음 문제들을 정보(표) 유형별로 연습해 보자.   🎧 P5_140~145 / 모범 답안 p.308

Test 1

Seven-Point Café
Open daily 10 A.M. – 11 P.M.
March Event Schedule

Date	Time	Event	Note
Mar. 3	3:00 P.M.–4:00 P.M.	Tea Brewing	
Mar. 10	7:00 P.M.–9:00 P.M.	Concert: Jetplane Band	Tickets required
Mar. 15	2:00 P.M.–3:00 P.M.	Book Club: *The Wild*	
Mar. 18	2:00 P.M.–4:00 P.M.	Tea Ceremony	Materials provided
Mar. 22	7:00 P.M.–9:00 P.M.	Board Game Night	Bring your own game
Mar. 25	6:00 P.M.–8:00 P.M.	Greenpeace Meetup	

R7

R8

R9

☑ SELF-CHECK LIST

본인의 답변을 녹음한 후 들으면서 아래 박스에 표시하세요.

☐ 정보(표)를 정확하게 파악하여 질문에 알맞게 답변했다.
☐ 명칭·날짜(서수) 및 전치사를 틀리지 않게 구사했다.
☐ 문법에 맞는 문장으로 답변했다.

Test 2

Seminars for Managers
Riverside Hotel
10 A.M – 1 P.M.

Date	Event	Presenter
July 2	Maintaining Calm as a Manager	Emma Tanaka
July 7	Guidelines for Project Managers	Thomas Mathews
July 13	~~Developing High Performing Teams~~ *canceled*	Frank Ray
July 18	Leadership Skills: Important Habits	Jim Whitaker
July 24	Carrots over Sticks: Effective Incentives	Beth Wang
July 30	Servant Leadership: Insights into Success	James Rogers

R7

R8

R9

☑ SELF-CHECK LIST

본인의 답변을 녹음한 후 들으면서 아래 박스에 표시하세요.

☐ 정보(표)를 정확하게 파악하여 질문에 맞게 답변했다.
☐ 명칭·날짜(서수) 및 전치사를 틀리지 않게 구사했다.
☐ 문법에 맞는 문장으로 답변했다.

Test 3

Eplus Mart
Quarterly Meeting - Monday, October 2

Time	Agenda	Presenter
09:00 A.M.–09:30 A.M.	Review of Previous Sales Activity	Kelly Beckett
09:30 A.M.–10:30 A.M.	Sales Analysis 1. Feedback: customers 2. Success stories: top sales	Jennifer Ross
10:30 A.M.–11:30 A.M.	Update: online advertisements 1. Marketing trends 2. Webpage: design and layout	Angelina Winter
11:30 A.M.–11:45 A.M.	Q&A session	

R7

R8

R9

☑ SELF-CHECK LIST

본인의 답변을 녹음한 후 들으면서 아래 박스에 표시하세요.

☐ 정보(표)를 정확하게 파악하여 질문에 알맞게 답변했다.
☐ 명칭·날짜(서수) 및 전치사를 틀리지 않게 구사했다.
☐ 문법에 맞는 문장으로 답변했다.

Test 4

Castor Company Retreat Schedule
April 17, Lake Campground

9:00 A.M.	Chartered bus pick up at company parking lot	
10:00 A.M.–11:00 A.M.	Presentation: Next Year's Plans	Louisa Castor
11:00 A.M.–Noon	Demonstration: New Product Launches	Candice Wu, HR
Noon–2:00 P.M.	Lunch	
2:00 P.M.–4:00 P.M.	Discussion: Marketing New Products	Neil Bryson, Sales
4:00 P.M.–5:00 P.M.	Team-Building Exercises	Carl Wallace, Marketing
5:00 P.M.–6:00 P.M.	Volleyball Tournament	
6:00 P.M.	Chartered bus back to offices	

R7

R8

R9

☑ SELF-CHECK LIST

본인의 답변을 녹음한 후 들으면서 아래 박스에 표시하세요.

☐ 정보(표)를 정확하게 파악하여 질문에 맞게 답변했다.
☐ 명칭·날짜(서수) 및 전치사를 틀리지 않게 구사했다.
☐ 문법에 맞는 문장으로 답변했다.

Test 5

Cooksville Community Center
Upcoming Community Events

Date	Event	Fee
August 24–28	Classical Movie Week	$11
August 30	Local Music Showcase	By donation
September 10–15	~~Cooksville Fair~~ *(canceled due to renovation)*	
October 7	Museum Day	All museum passes: $9
October 11–17	Baseball Classic	$6(All proceeds go to charity)
October 21–29	Flea Market	Free
November 3	Music Festival: Regional Pop Music	$13

R7

R8

R9

☑ SELF-CHECK LIST

본인의 답변을 녹음한 후 들으면서 아래 박스에 표시하세요.

☐ 정보(표)를 정확하게 파악하여 질문에 알맞게 답변했다.
☐ 명칭·날짜(서수) 및 전치사를 틀리지 않게 구사했다.
☐ 문법에 맞는 문장으로 답변했다.

Test 6

Adventure Biking Races
June through July, 9 A.M. – 6 P.M.

Date	Race	Trail	Length
June 6	H&M Championship	Calvinia Hills	13.2 km
June 14	Cape Challenge	Cape Winelands	16.0 km
June 21	Extreme Stage Race	Bidwell Trail	9.7 km
July 3	Train Run	Prince Albert	11.5 km
July 17	Family Biking Race	Pretoria Park	16.0 km

* Required for members: protective gear

R7

R8

R9

✔ SELF-CHECK LIST

본인의 답변을 녹음한 후 들으면서 아래 박스에 표시하세요.

☐ 정보(표)를 정확하게 파악하여 질문에 맞게 답변했다.
☐ 명칭·날짜(서수) 및 전치사를 틀리지 않게 구사했다.
☐ 문법에 맞는 문장으로 답변했다.

Test 1

TOEIC Speaking

Questions 7-9: Respond to questions using information provided

Directions: In this part of the test, you will answer three questions based on the information provided. You will have 30 seconds to read the information before the questions begin. For each question, begin responding immediately after you hear a beep. No additional preparation time is provided. You will have 15 seconds to respond to Questions 7 and 8 and 30 seconds to respond to Question 9.

TOEIC Speaking Questions 7-9 of 11

KC Body & Soul Gym
58th St, Kansas City
Winter Special Classes: January 5 – February 4
$40 per class, registered by January 2, $30

Class	Day	Time	Note
Pilates	Mondays	3:30 P.M.–4:30 P.M.	
Self-Defence	Tuesdays	6:00 P.M.–7:00 P.M.	entry level
Fightfit	Wednesdays	3:00 P.M.–4:00 P.M.	experience needed
Grappling	Thursdays	3:30 P.M.–4:30 P.M.	experience needed
Yoga	Wednesdays	4:30 P.M.–5:30 P.M.	
Martial Arts	Fridays	6:30 P.M.–7:30 P.M.	experience needed

PREPARATION TIME 00:00:30

RESPONSE TIME 00:00:15 | RESPONSE TIME 00:00:15 | RESPONSE TIME 00:00:30

Test 2

TOEIC Speaking

Questions 7-9: Respond to questions using information provided

Directions: In this part of the test, you will answer three questions based on the information provided. You will have 30 seconds to read the information before the questions begin. For each question, begin responding immediately after you hear a beep. No additional preparation time is provided. You will have 15 seconds to respond to Questions 7 and 8 and 30 seconds to respond to Question 9.

TOEIC Speaking — Questions 7-9 of 11

Staff Meeting
Michigan University, Conference Room 5B
Monday, May 15, 10:00 A.M. – 12:45 P.M.

Time	Topic	Presenter
10:00 A.M.	New Classes	Ellen Cranston

10:30 A.M.	Membership Program
	  a. Fee increase
	  b. Additional benefits
		Mike Roberts

11:00 A.M.	New Employee Training	Gina Barlow

11:30 A.M.	Changes to the Center
	  a. Locker room renovations
	  b. Tennis court construction
		Fred Coatman

12:15 P.M.	Gym Policy Changes	Kaila Colbin

PREPARATION TIME
00:00:30

RESPONSE TIME 00:00:15
RESPONSE TIME 00:00:15
RESPONSE TIME 00:00:30

PART 5

Question 10

Propose a solution
해결책 제안하기

기본 정보

미리 보기

1 문제

In this part of the test, you will be presented with a problem and asked to propose a solution. You will have 30 seconds to prepare. Then you will have 60 seconds to speak.

In your response, be sure to
- show that you recognize the problem, and
- propose a way of dealing with the problem.

2 문항 수

Q11 (준비 시간 15초 / 답변 시간 60초)

3 특징

❶ 문제(전화 메시지 또는 회의 상황)가 음성으로만 제시됨.
❷ 30초의 준비 시간이 주어짐.
❸ 전화상의 대화라는 가정 하에 답변해야 함.
❹ 문제점과 해결책을 모두 제시해야 함.

4 평가 기준

발음(Pronunciation), 강세(Stress), 억양(Intonation), 문법(Grammar), 어휘(Vocabulary), 일관성(Cohesion), 내용의 관련성(Relevance of Content), 내용의 완성도(Completeness of Content)

5 채점 기준 (5점 만점)

배점	채점 기준
5	문제 내용에 적절하게 응답한다. 이해하기 매우 쉽고 내용이 지속적이며 일관성이 있다.
4	문제 내용에 적절하게 응답하지만 전개가 완전하지 않다. 대체로 이해하기 쉽고 일관성이 있으며, 어느 정도 유창한 표현을 구사한다.
3	문제 내용에 적절하게 응답하려고 하지만 불완전하고 부정확하다. 전달력과 일관성에 문제가 있으며 의미가 모호한 부분이 곳곳에 있다.
2	내용이 매우 제한적이다. 문제 내용과 관련성이 매우 부족하거나 이해하기 매우 어렵다.
1	문제 내용과 관련성이 거의 없거나 전혀 이해할 수 없다.
0	무응답이거나 문제 내용과 관련성이 전혀 없다.

PART 5
02 시험 진행 순서

미리 보기

Screen 1

TOEIC Speaking

Question 10: Propose a solution

Directions: In this part of the test, you will be presented with a problem and asked to propose a solution. You will have 30 seconds to prepare. Then you will have 60 seconds to speak.

In your response, be sure to
- show that you recognize the problem, and
- propose a way of dealing with the problem.

◀ 지시문이 음성과 함께 화면에 제시된다.

Screen 2

TOEIC Speaking

◀ 음성으로 녹음된 전화 메시지나 회의 대화 내용이 나온다.

Screen 3

| TOEIC Speaking | Question 10 of 11 |

Respond as if you are the manager of the store.

In your response, be sure to
- show that you recognize the problem, and
- propose a way of dealing with the problem.

PREPARATION TIME
00:00:30

📢 'Begin preparing now.'라는 음성이 나오고 '삐' 소리 후 30초의 준비 시간이 주어진다.

Screen 4

| TOEIC Speaking | Question 10 of 11 |

Respond as if you are the manager of the store.

In your response, be sure to
- show that you recognize the problem, and
- propose a way of dealing with the problem.

RESPONSE TIME
00:01:00

📢 'Begin speaking now.'라는 음성이 나오고 '삐' 소리 후 1분의 답변 시간이 주어진다.

PART 5
01 유형 파악

기본기 다지기  다음 메시지를 듣고 알맞게 답변해 보자.   🎧 P5_152

Respond as if you are the manager of the store.

In your response, be sure to
- show that you recognize the problem, and
- propose a way of dealing with the problem.

Hello, this is Mary Sawyer, the manager of Human Resources. As the manager of the store, could you give me some ideas about a problem we have? We just opened a new café for our employees in the basement of the company's main building. We have a wide selection of freshly made sandwiches and wraps that people can order, and we expected many employees to come during lunch time or after work. But I don't think many employees know about this new café and want to use it. Every time I visited the place, I just found a few people. We don't have many people at the café, and we are wasting this space and our budget on this. Please call me later and let me know how we can get more employees to use this café. Again, this is Mary. Call me at extension 192. Thank you.

Model Answer

첫인사

Hello, Ms. Sawyer.[Hi, Mary.] This is Mitchell Kim **returning your call.**
I just listened to your message and understand that there is a problem.

Sawyer 씨, 안녕하세요.[Mary, 안녕하세요.] 당신의 전화에 회신하는 Mitchell Kim입니다.
저는 막 당신의 메시지를 들었고 문제가 있다는 것을 이해했습니다.

문제 인식

You said that there is a problem with our new café.
We have to attract more **employees[people]** (to the café).
(This is because) There are not many people (at the café).
(I'm sorry to hear that.)

당신은 우리의 새 카페에 문제가 있다고 말했습니다.
우리는 (카페에) 더 많은 직원들을[사람들을] 끌어들여야 합니다.
(왜냐하면) (카페에) 사람들이 많지 않기 때문입니다.
(그 얘기를 듣게 되어서 유감입니다.)

해결책

And here is my suggestion.[And here are my suggestions.]
We can make flyers and hand them out to employees.
Also, we can offer a discount coupon to employees.
Otherwise, we can put up posters in the company lounge so that people can know about **this[our new café].**
I hope this will help us solve the problem.

그래서 여기에 저의 제안(들)이 있습니다.
우리는 전단지를 만들어서 직원에게 배포해도 됩니다.
또한, 우리는 직원들에게 할인 쿠폰을 제공해도 됩니다.
그렇지 않으면, 사람들이 이것[우리의 새 카페]에 대해 알 수 있도록 회사 휴게실에 포스터를 붙여도 됩니다.
이것이 우리가 문제를 해결하는 데 도움이 되기를 바랍니다.

끝인사

Please feel free to ask if you have any questions. Thank you.

어떠한 질문이든 편하게 물어보세요. 감사합니다.

As you know, my phone number is 678-2200.
Once again, this is Mitchell Kim returning your call about the problem (with the new café).

아시다시피, 저의 전화번호는 678-2200입니다.
다시 한번, 저는 (새 카페의) 문제에 관해 회신하는 Mitchell Kim입니다.

( ): 추가 구문
[ ]: 대체 구문
음영: 만능 문장

PART 5
02 기본 전략

❶ 메시지 파악

1) 문제 상황 파악

- 화면에 나온 사진을 보고 문제 상황을 먼저 파악한다.
- 답변 전개 시 해당 유형에 맞게 '첫인사'와 '끝인사'를 구성한다.

전화 상황 전화 사진이 화면에 나오고 메시지 내용이 음성으로 나온다.
회의 상황 회의 사진이 화면에 나오고 회의 대화 내용이 음성으로 나온다.

2) 메시지 내용 파악

▶ 인사 및 자기소개 : 해결책을 요청한 상대 확인	Hello, this is Mary Sawyer, the manager of Human Resources. As the manager of the store, could you give me some ideas about a problem we have? 안녕하세요. 인사부 부장인 Mary Sawyer입니다. 매장의 매니저로서, 우리가 갖고 있는 문제에 대한 몇 가지 아이디어를 제게 제시해 주시겠어요?
▶ 문제점 및 요구사항 : 문제 인식 및 요구사항 파악(해결책 떠올리기)	We just opened a new café for our employees in the basement of the company's main building. We have a wide selection of freshly made sandwiches and wraps that people can order, and we expected many employees to come during lunch time or after work. But I don't think many employees know about this new café and want to use it. Every time I visited the place, I just found a few people. We don't have many people at the café, and we are wasting this space and our budget on this. Please call me later and let me know how we can get more employees to use this café. 우리는 본사 지하에 직원들을 위한 새 카페를 막 개점했습니다. 우리는 사람들이 주문할 수 있는 매우 다양하고 신선하게 만든 샌드위치와 랩 샌드위치가 있고 점심 시간이나 퇴근 후에 많은 직원들이 올 것이라고 기대했습니다. 하지만, 많은 직원들이 이 새 카페에 대해 모르는 데다가 이용하려는 것 같지도 않습니다. 제가 그 장소를 방문할 때마다, 사람들이 얼마 없다는 것을 발견했습니다. 카페에 사람들이 많지 않아서 우리는 이것에 공간과 예산을 낭비하고 있습니다. 나중에 저에게 전화해서 어떻게 더 많은 직원들이 이 카페를 이용하게 할 수 있을지 알려주세요.
▶ 끝인사	Again, this is Mary. Call me at extension 192. Thank you. 다시 한번, 저는 Mary입니다. 내선번호 192로 전화 주세요. 감사합니다.

- 준비 시간 30초 동안 문제점 및 요구사항을 파악한 후, 그에 대한 해결책과 관련 표현을 떠올린다.

❷ 단계별 답변 전략

▶	**첫인사** : 인사 및 자기소개	**Hello, Ms. Sawyer.[Hi, Mary.] This is** Mitchell Kim **returning your call. I just listened to your message and understand that there is a problem.** Sawyer 씨, 안녕하세요.[Mary, 안녕하세요.] 당신의 전화에 회신하는 Mitchell Kim입니다. 저는 막 당신의 메시지를 들었고 문제가 있다는 것을 이해했습니다.
▶	**문제 인식** : 문제점 언급	**You said that there is a problem with** our new café. We have to attract more **employees[people]** (to the café). **(This is because)** There are not many people (at the café). **(I'm sorry to hear that.)** 당신은 우리의 새 카페에 문제가 있다고 말했습니다. 우리는 (카페에) 더 많은 직원들을[사람들을] 끌어들여야 합니다. (왜냐하면) (카페에) 사람들이 많지 않기 때문입니다. (그 얘기를 듣게 되어서 유감입니다.)
▶	**해결책** 1. 해결책 제시 2. 효과 언급	**And here is my suggestion.[And here are my suggestions.]** We can make flyers and hand them out to employees. **Also,** we can offer a discount coupon to employees. **Otherwise,** we can put up posters in the company lounge so that people can know about this[our new café]. **I hope this will help us solve the problem.** 그래서 여기에 저의 제안(들)이 있습니다. 우리는 전단지를 만들어서 직원들에게 배포해도 됩니다. 또한, 우리는 직원들에게 할인 쿠폰을 제공해도 됩니다. 그렇지 않으면, 사람들이 이것[우리의 새 카페]에 대해 알 수 있도록 회사 휴게실에 포스터를 붙여도 됩니다. 이것이 우리가 문제를 해결하는 데 도움이 되기를 바랍니다.
▶	**끝인사**	**Please feel free to ask if you have any questions. Thank you.** 어떠한 질문이든 편하게 물어보세요. 감사합니다. **As you know, my phone number is 678-2200.** **Once again, this is** Mitchell Kim **returning your call about the problem (with the new café).** 아시다시피, 저의 전화번호는 678-2200입니다. 다시 한번, 저는 (새 카페의) 문제에 관해 회신하는 Mitchell Kim입니다.

1) 답변 구성 시 문제 인식과 해결책이 반드시 포함되어야 한다. 시간이 된다면 해결책을 말한 후 그 효과에 대해 언급하는 것이 좋다.
   - 문제 인식은 1~3문장, 해결책은 '해결책 2개 + 효과 문장 1개 이상'으로 전개한다. 해결책을 1개만 넣을 경우 그에 대한 구체적인 설명이나 효과를 넣어야 고득점을 받을 수 있다.

2) 그대로 써도 되는 구문(볼드 표기)을 익혀서 중간에 끊지 않고 답변 구조에 맞게 말하는 연습을 한다.

PART 5

03 Golden Key Template

기본기 다지기  아래의 템플릿 구조에 맞게 답변하는 연습을 해 보자.

▶ 첫인사	전화 상황	Hello[Hi], __상대방 이름__. This is __본인 이름__ returning your call. I just listened to your message and understand that there is a problem. ~ 씨, 안녕하세요. 당신의 전화에 회신하는 ~입니다. 저는 막 당신의 메시지를 들었고 문제가 있다는 것을 이해했습니다.
	회의 상황	Hello[Hi], this is __본인 이름__ calling about the agenda[issue/problem] (we discussed) at the meeting. 안녕하세요, (우리가 의논했던) 회의의 의제[문제]에 대해 전화하는 ~입니다.
▶ 문제 인식		You said that there is a problem with + ⓝ구. (문제점 세부 설명) S + V ~. (I apologize for the inconvenience. / I'm sorry to hear that.) 당신은 ~에 대해 문제가 있다고 말했습니다. (문제점 세부 설명) (불편을 드려 죄송합니다. / 그 얘기를 듣게 되어서 유감입니다.)
▶ 해결책		And here is my suggestion.[And here are my suggestions.] We can[I will] __해결책__. Or[Also/In addition/Otherwise], __추가 해결책 + 효과__. I hope this will help us solve the problem. 그래서 여기에 저의 제안(들)이 있습니다. 우리는[저는] ~해도 됩니다[할 것입니다]. 아니면[또한/게다가/그렇지 않으면], ~. 이것이 우리가 문제를 해결하는 데 도움이 되기를 바랍니다.
▶ 끝인사		Please feel free to ask if you have any questions. Thank you. 어떠한 질문이든 편하게 물어보세요. 감사합니다.
		As you know, my phone number is __전화번호__. 아시다시피, 제 전화번호는 ~입니다.
	전화 상황	Once again, this is __본인 이름__ returning your call about the problem (with + ⓝ구). 다시 한번, 저는 (~에 관한) 문제에 대해 회신하는 ~입니다.
	회의 상황	Once again, this is __본인 이름__ calling about the agenda[issue/problem] at the meeting. 다시 한번, 저는 회의의 의제[문제]에 대해 전화하는 ~입니다.

1 첫인사

전화 상황

Hello[Hi], 상대방 이름 . This is 본인 이름 returning your call.
I just listened to your message and understand that there is a problem.

회의 상황

Hello[Hi], this is 본인 이름 calling about the agenda[issue/problem] (we discussed) at the meeting.

전화 상황과 회의 상황에 어울리는 '첫인사' 표현이 다르므로 잘 구분해서 적용한다. 메시지에서 언급된 상대방 이름이 기억나지 않을 경우 생략해도 무방하다. 일반적으로 전화 상황은 메시지에 본인의 이름을 남기지만, 회의 상황은 말하지 않는다.

> 첫인사

Hello, Ms. Sawyer.[Hi, Mary.] This is Mitchell Kim **returning your call.
I just listened to your message and understand that there is a problem.**
Sawyer 씨, 안녕하세요.[Mary, 안녕하세요.] 당신의 전화에 회신하는 Mitchell Kim입니다.
저는 막 당신의 메시지를 들었고 문제가 있다는 것을 이해했습니다.

2 문제 인식

You said that there is a problem with + 구. (문제점 세부 설명) S + V ~.
(I apologize for the inconvenience. / I'm sorry to hear that.)

'You said that ~' 뒤에 문장을 붙이거나 'You said that there is a problem with ~' 뒤에 문제점을 가리키는 한 단어(명사구)를 넣어도 된다. 문제점을 말한 후 내용에 따라 'I apologize for the inconvenience.' 또는 'I'm sorry to hear that.'을 붙인다.

> 문제 인식

You said that there is a problem with our new café. We have to attract more employees[people] (to the café). (This is because) There are not many people (at the café).
(I'm sorry to hear that.)
당신은 우리의 새 카페에 문제가 있다고 말했습니다. 우리는 (카페에) 더 많은 직원들을[사람들을] 끌어들여야 합니다. (왜냐하면) (카페에) 사람들이 많지 않기 때문입니다.
(그 얘기를 듣게 되어서 유감입니다.)

③ 해결책

And here is my suggestion.[And here are my suggestions.]
We can[I will] __해결책__ .
Or[Also/In addition/Otherwise], __추가 해결책 + 효과__ .
I hope this will help us solve the problem.

'And here is my suggestion.[And here are my suggestions.]' 뒤에 해결책을 넣어 전개한다. 이때, 해결책 뒤에 그에 대한 구체적인 효과에 대한 내용이 있어야 고득점을 받을 수 있다. 해결책을 제시한 후 'I hope this will help us solve the problem.'으로 마무리한다.

해결책	**And here is my suggestion.[And here are my suggestions.]** We can make flyers and hand them out to employees. **Also,** we can offer a discount coupon to employees. **Otherwise,** we can put up posters in the company lounge so that people can know about this[our new café]. **I hope this will help us solve the problem.** 그래서 여기에 저의 제안(들)이 있습니다. 우리는 전단지를 만들어서 직원들에게 배포해도 됩니다. 또한, 우리는 직원들에게 할인 쿠폰을 제공해도 됩니다. 그렇지 않으면, 사람들이 이것[우리의 새 카페]에 대해 알 수 있도록 회사 휴게실에 포스터를 붙여도 됩니다. 이것이 우리가 문제를 해결하는 데 도움이 되기를 바랍니다.

4 　　　끝인사

Please feel free to ask if you have any questions. Thank you.
[추가] As you know, my phone number is ___전화번호___ .

　전화 상황

Once again, this is ___본인 이름___ returning your call about the problem (with + ⓝ구).

　회의 상황

Once again, this is ___본인 이름___ calling about the agenda[issue/problem] at the meeting.

시간이 남을 경우, 'As you know, my phone number is ~'을 붙여 답변한다. 이때, 전화 상황과 회의 상황에 어울리는 '끝인사' 표현이 다르므로 두 가지 경우를 구분해서 답변한다. 끝인사에는 반드시 첫인사와 동일한 답변자의 이름을 써야 한다.

끝인사	**Please feel free to ask if you have any questions. Thank you.** 어떠한 질문이든 편하게 물어보세요. 감사합니다. As you know, my phone number is 678-2200. Once again, this is Mitchell Kim returning your call about the problem (with the new café). 아시다시피, 저의 전화번호는 678-2200입니다. 다시 한번, 저는 (새 카페의) 문제에 관해 회신하는 Mitchell Kim입니다.

PART 5
04 답안 문장 만들기

기본기 다지기  아래 메시지를 듣고 템플릿 구성에 맞게 답안 문장 만드는 연습을 해 보자. 🎧 P5_160

메시지 파악하기

Hi, it's Gail Poter. I'm calling because I don't know what to do about uniforms. Two weeks ago, we ordered new uniforms from a restaurant supply store, and we just got them back today. But the thing is they misspelled our company name on the uniforms. We contacted the supply store immediately, and they said they would do the whole job again but it will take another two weeks for the new uniforms to arrive. As you know, we have been preparing for a large food and beverage exhibition this weekend, and we need the right uniforms for this event. As one of the leading catering companies, we won't make a good impression on potential customers at the show if our uniforms are wrong. We really only need ten for the show, and I'm not sure what we should do. Could you call me back right away and let me know what you think? Thanks. Once again, it's Gail at extension 196.

안녕하세요. Gail Poter입니다. 유니폼에 대해 무엇을 해야 할지 몰라서 전화 드립니다. 2주 전에 우리는 음식점 물품 공급 업체에서 새 유니폼을 주문했고 오늘 막 그것들을 받았습니다. 그러나 문제는 그들이 유니폼에 우리 회사 이름을 잘못 넣었다는 것입니다. 우리는 즉시 그 공급 업체에 연락을 했고 그들은 작업을 전부 다시 하겠다고 말했습니다. 그러나 새 유니폼이 도착하기까지 2주가 더 걸린다고 합니다. 아시다시피, 우리는 이번 주말에 있을 대규모 음식 및 음료 전시회를 준비했고 우리는 이 행사를 위해 알맞은 유니폼이 필요합니다. 일류 연회 요리 회사 중 하나로서, 만약 유니폼이 잘못 된다면 우리는 그 전시회에서 잠재 고객들에게 좋은 인상을 주지 못할 것입니다. 우리는 정말 그 전시회를 위해 10장만 필요한데 저는 우리가 무엇을 해야 할지 잘 모르겠습니다. 저에게 바로 전화해서 당신은 어떻게 생각하는지 알려주실 수 있나요? 감사합니다. 다시 한번, 저는 내선번호 196의 Gail입니다.

▶ 해결책 요청 상대	Gail Poter
▶ 문제점 및 요구사항	· They misspelled our company name on the uniforms. 주문한 유니폼에 회사 이름이 잘못 들어감. · It will take another two weeks for the new uniforms to arrive. 새 유니폼이 도착하려면 2주가 더 걸릴 예정임. · We need the right uniforms for this event. 행사를 위해 알맞은 유니폼이 필요함.

답변 구성하기

▶ **문제 상황 유형** ▶▶ 전화 상황

▶ **문제 인식** ▶▶ 실수, 오류, 고장

▶ 첫인사	전화 상황	Hello[Hi], __상대방 이름__ . This is __본인 이름__ returning your call. I just listened to your message and understand that there is a problem.
	회의 상황	Hello[Hi], this is __본인 이름__ calling about the agenda[issue/problem] (we discussed) at the meeting.
▶ 문제 인식		You said that there is a problem with + ⓝ구. (문제점 세부 설명) S + V ~. (I apologize for the inconvenience. / I'm sorry to hear that.)
▶ 해결책		And here is my suggestion.[And here are my suggestions.] We can[I will] __해결책__ . Or[Also/In addition/Otherwise], __추가 해결책 + 효과__ . I hope this will help us solve the problem.
▶ 끝인사		Please feel free to ask if you have any questions. Thank you.
		As you know, my phone number is __전화번호__ .
	전화 상황	Once again, this is __본인 이름__ returning your call about the problem (with + ⓝ구).
	회의 상황	Once again, this is __본인 이름__ calling about the agenda[issue/problem] at the meeting.

▶ 첫인사	**Hello, Mr. Poter.[Hi, Gail.] This is** Karen Jackson **returning your call.** **I just listened to your message and understand that there is a problem.** Poter 씨, 안녕하세요.[Gail, 안녕하세요.] 당신의 전화에 회신하는 Karen Jackson입니다. 저는 막 당신의 메시지를 들었고 문제가 있다는 것을 이해했습니다.
▶ 문제 인식	**You said that there is a problem** with our new uniforms. The supply store misspelled our company name on the uniforms[There were some mistakes with our new uniforms by the supply store] (and we need the right uniforms by this weekend for the exhibition[and we don't have much time]). **(I'm sorry to hear that.)** 당신은 우리의 새 유니폼에 문제가 있다고 말했습니다. 공급 업체가 유니폼에 우리 회사 이름을 잘못 넣었습니다.[공급 업체에 의해 우리의 유니폼에 몇 가지 실수가 있었습니다.] (그리고 우리는 전시회를 위해 이번 주말까지 알맞은 유니폼이 필요합니다.[그리고 우리는 시간이 많지 않습니다.]) (그 얘기를 듣게 되어서 유감입니다.)
▶ 해결책	**And here is my suggestion.[And here are my suggestions.]** I know another good company, and I can give you the contact information. They will do the work more accurately and faster. **Otherwise,** we can borrow the uniforms from our branch nearby. **[효과]** This way, we can use the uniforms for the exhibition on time[you can be satisfied]. **In addition,** we should send out an e-mail to our staff so that people can know about this. **I hope this will help us solve the problem.** 그래서 여기에 저의 제안(들)이 있습니다. 저는 다른 좋은 회사를 알고 있고, 당신에게 연락 정보를 알려줄 수 있습니다. 그들은 더 정확하고 빠르게 작업할 것입니다. 그렇지 않으면, 근처에 있는 우리 지점에서 유니폼을 빌려도 됩니다. [효과] 이렇게 하면, 우리는 전시회를 위한 유니폼을 제때에 사용할 수 있습니다.[당신이 만족할 수 있습니다.] 게다가, 사람들이 이것에 대해 알 수 있도록 우리는 직원들에게 이메일을 보내야 합니다. 이것이 우리가 문제를 해결하는 데 도움이 되기를 바랍니다.
▶ 끝인사	**Please feel free to ask if you have any questions. Thank you.** 어떠한 질문이든 편하게 물어보세요. 감사합니다. As you know, my phone number is 678-2200. Once again, this is Karen Jackson returning your call about the problem (with the new uniforms). 아시다시피, 저의 전화번호는 678-2200입니다. 다시 한번, 저는 (새 유니폼의) 문제에 관해 회신하는 Karen Jackson입니다.

참고 / '문제 인식' 유사 표현

[전화 상황] You said that there is a problem with + ⓝ구.

유사 표현: In your message, you said that ~.
메시지에서 당신은 ~라고 했습니다.

According to your message, ~.
당신의 메시지에 따르면, ~.

I got your message saying that ~.
~라는 당신의 메시지를 받았습니다.

I just got your voice mail about ~.
~에 대한 당신의 음성 메일을 막 받았습니다.

[회의 상황] You said that there is a problem with + ⓝ구.

유사 표현: At the (last) meeting, I heard that ~.
(지난) 회의에서, 저는 ~라고 들었습니다.

I'm just giving you a call so we can discuss the issues from the meeting.
회의에서 나온 문제들을 논의하려고 전화합니다.

PART 5
05 Check-Up Test

기본기 다지기  다음 문제들을 상황 유형별로 연습해 보자.   🎧 P5_164~167 / 모범 답안 p.324

Test 1

Respond as if you are the manager of the store.

In your response, be sure to
- show that you recognize the problem, and
- propose a way of dealing with the problem.

▶ 첫인사	Hello[Hi], _____. This is _____ returning your call. I just listened to your message and understand that there is a problem.
▶ 문제 인식	You said that there is a problem with _____ _____ _____ (I'm sorry to hear that.)
▶ 해결책	And here is my suggestion.[And here are my suggestions.] _____ _____ Or[Also/In addition/Otherwise], _____ _____ _____ I hope this will help us solve the problem.
▶ 끝인사	Please feel free to ask if you have any questions. Thank you. As you know, my phone number is _____ Once again, this is _____ returning your call about the problem with _____.

164

Test 2

Respond as if you work at the library.

In your response, be sure to
- show that you recognize the problem, and
- propose a way of dealing with the problem.

▶ 첫인사	Hello[Hi], this is _____ calling about the agenda we discussed at the meeting.	
▶ 문제 인식	You said that there is a problem with _____ _____ _____ (I'm sorry to hear that.)	
▶ 해결책	And here is my suggestion.[And here are my suggestions.] _____ _____ Or[Also/In addition/Otherwise], _____ _____ _____ I hope this will help us solve the problem.	
▶ 끝인사	Please feel free to ask if you have any questions. Thank you. As you know, my phone number is _____ Once again, this is _____ calling about the agenda at the meeting.	

Test 3

Respond as if you are the director of marketing.

In your response, be sure to
- show that you recognize the problem, and
- propose a way of dealing with the problem.

▶ 첫인사	Hello[Hi], _____. This is _____ returning your call.
	I just listened to your message and understand that there is a problem.
▶ 문제 인식	You said that there is a problem with _____
	_____
	_____
	(I'm sorry to hear that.)
▶ 해결책	And here is my suggestion.[And here are my suggestions.]
	_____
	_____
	Or[Also/In addition/Otherwise], _____
	_____
	_____
	I hope this will help us solve the problem.
▶ 끝인사	Please feel free to ask if you have any questions. Thank you.
	As you know, my phone number is _____
	Once again, this is _____ returning your call about the problem with _____.

Test 4

Respond as if you are a staff member at a hotel.

In your response, be sure to
- show that you recognize the problem, and
- propose a way of dealing with the problem.

▶ 첫인사	Hello[Hi], this is _____ calling about the agenda we discussed at the meeting.	
▶ 문제 인식	You said that there is a problem with _____ _____ _____ (I'm sorry to hear that.)	
▶ 해결책	And here is my suggestion.[And here are my suggestions.] _____ _____ Or[Also/In addition/Otherwise], _____ _____ _____ I hope this will help us solve the problem.	
▶ 끝인사	Please feel free to ask if you have any questions. Thank you. As you know, my phone number is _____ Once again, this is _____ calling about the agenda at the meeting.	

PART 5 | 해결책 제안하기 **167**

PART 5
01 고득점 답변 훈련

고득점 공략하기

❶ 문제 인식 및 해결책 I

문제 인식과 해결책은 고득점에 큰 영향을 미치므로, 30초의 준비 시간 동안 문제점을 파악한 후 그에 맞는 해결책을 떠올리는 것이 중요하다.

1) 문제 인식

문제 인식 (문제점) 1	• 사람이나 물건(예산, 장소)이 부족하거나 너무 많을 경우 • 두 가지 방법 (또는 그 이상) 중 어떤 것을 선택할지 묻는 경우 • 직원 회의, 교육, 훈련, 보상을 원하는 경우 • 직원이 (예약, 판매, 배달 등의) 실수를 했거나 물건(제품)에 오류가 있는 경우

1. 사람(인력)·물건 부족(과다)

We don't have enough people[products/items] (at[for] + 장소/행사).
우리는 (장소/행사에[를 위한]) 충분한 사람들[제품들/품목들]이 없습니다.

We have not[too] many people[products/items] (at[for] + 장소/행사).
우리는 (장소/행사에[를 위한]) 사람들[제품들/품목들]이 많이 없습니다[너무 많습니다].

2. 예산 부족(경비 절감, 지출 과다)

We don't have enough money (at[for] + 장소/행사).
우리는 (장소/행사에[를 위한]) 충분한 돈이 없습니다.

We spent too much money (at[for] + 장소/행사).
우리는 (장소/행사에[를 위해]) 너무 많은 돈을 소비했습니다.

3. 장소 부족(새로운 장소 필요)

We don't have enough space (at[for] + 장소/행사).
우리는 (장소/행사에[를 위한]) 충분한 공간이 없습니다.

We cannot use the place (at[for] + 장소/행사).
우리는 (장소/행사에서[를 위해]) 그 장소를 사용할 수 없습니다.

4. 두 가지 (또는 그 이상) 중 선택

   We have to choose the best person[product/item] (at[for] + 장소/행사).
   우리는 (장소/행사에서[를 위해]) 최고의 사람[제품/품목]을 선택해야 합니다.

   You want to know how to choose the best person[product/item] (at[for] + 장소/행사).
   당신은 (장소/행사에서[를 위해]) 최고의 사람[제품/품목]을 선택하는 방법을 알고 싶어 합니다.

5. 직원 회의, 교육, 훈련, 보상

   We have to hold a meeting[conference] (at[for] + 장소/행사).
   우리는 (장소/행사에서[를 위해]) 회의를 개최해야 합니다.

   We have to train[reward] people (at[for] + 장소/행사).
   우리는 (장소/행사에서[를 위해]) 사람들을 교육해야[보상해야] 합니다.

   You want to know how to hold a meeting[conference] (at[for] + 장소/행사).
   당신은 (장소/행사에서[를 위해]) 회의를 어떻게 개최하는지 알고 싶어 합니다.

   You want to know how to train[reward] people(at[for] + 장소/행사).
   당신은 (장소/행사에서[를 위해]) 사람들을 어떻게 교육하는지[보상하는지] 알고 싶어 합니다.

6. 실수, 오류, 고장

   There was a mistake[an error] with[in/on] + 물건/예약/서비스 (by + 행위자).
   (행위자에 의해) 물건/예약/서비스에 실수가 있었습니다.

   = 행위자 made a mistake[an error] with[in/on] + 물건/예약/서비스.
   행위자가 물건/예약/서비스에 실수를 했습니다.

   There were some mistakes[errors] with[in/on] + 물건/예약/서비스 (by + 행위자).
   (행위자에 의해) 물건/예약/서비스에 몇 가지 실수가 있었습니다.

   = 행위자 made some mistakes[errors] with[in/on] + 물건/예약/서비스.
   행위자가 물건/예약/서비스에 몇 가지 실수가 했습니다.

2) 해결책

> I'll[We can]　　send more people (to you) (as soon as possible) (to help you).
> 　　　　　　　　send you　more people.
> 　　　　　　　　　　　　　a new[the right] product / a new bill.
> 　　　　　　　　　　　　　a technician / an expert[a specialist].
> 　　　　　　　　　　　　　our staff members[team members].
> 　　　　　　　　　　　　　a bonus / an incentive / a discount coupon.
>
> 저는[우리는] (당신을 돕기 위해) (가능한 한 빨리) (당신에게) 더 많은 사람들을 보낼 것입니다[보내도 됩니다].
> 저는[우리는] 당신에게　　더 많은 사람들을　　　　　보낼 것입니다[보내도 됩니다].
> 　　　　　　　　　　　　새로운[알맞은] 제품/청구서를
> 　　　　　　　　　　　　기술자/전문가를
> 　　　　　　　　　　　　우리의 직원들[팀원들]을
> 　　　　　　　　　　　　보너스/인센티브/할인 쿠폰을

- We can hire part-time staff.
  우리는 시간제 직원을 고용해도 됩니다.

- We can borrow the products[items] from our store[branch] (nearby).
  우리는 (근처에 있는) 우리의 상점[지점]으로부터 제품들[품목들]을 빌려도 됩니다.

- We can rent[book] the place[auditorium] (at the community center) (nearby).
  우리는 (근처에 있는) (지역 센터에서) 장소[강당]을 임대해도[예약해도] 됩니다.

- We can postpone the meeting[event].
  우리는 회의[행사]를 연기해도 됩니다.

- We can extend the business hours.
  우리는 영업 시간을 연장해도 됩니다.

- We can donate the products[leftovers].
  우리는 제품들[남은 것들]을 기부해도 됩니다.

- We can sell the products[leftovers] at a discounted price.
  우리는 할인된 가격으로 제품들[남은 것들]을 팔아도 됩니다.

- I'll (look into it and) change the reservation (for you) (as soon as possible).
  저는 (가능한 한 빨리) (당신을 위해) (면밀히 검토하고) 예약을 변경할 것입니다.

- I'll (look into it and) make a reservation for[on] ... (for you) (as soon as possible).
  저는 (가능한 한 빨리) (당신을 위해) (면밀히 검토하고) …에 대한 예약을 할 것입니다.

- I know another good company[store/place], and I can give you the contact information.
  저는 다른 좋은 회사[상점/장소]를 알고 있고 당신에게 연락 정보를 알려줄 수 있습니다.

- We can make a survey (to gather information).
  우리는 (정보를 얻기 위해) 설문조사를 해도 됩니다.

- We can make a suggestion box (to find out people's opinions).
  우리는 (사람들의 의견을 알아내기 위해) 제안함을 만들어도 됩니다.

- We can hold interviews (to find out more about what people want).
  우리는 (사람들이 원하는 것을 더 알아내기 위해) 인터뷰를 해도 됩니다.

- We can hold a conference call.
  우리는 전화 회의를 열어도 됩니다.

- We can hold online[special] training sessions (with video lectures).
  우리는 (비디오 강연과 함께) 인터넷[특별한] 교육을 개설해도 됩니다.

- We can hold a training workshop.
  우리는 교육 워크숍을 개최해도 됩니다.

- We can get recommendations (from other people).
  우리는 (다른 사람들로부터) 추천을 받아도 됩니다.

- We can make (training) (manuals and) guidebooks.
  우리는 (교육) (매뉴얼과) 안내서를 만들어도 됩니다.

- We can make some cuts[reduce the budget] in other areas (such as transportation and accommodation).
  우리는 (교통수단과 숙박 시설과 같은) 다른 부분에서 절감해도 됩니다[예산을 줄여도 됩니다].

- We can use a cheaper hotel[flight].
  우리는 더 싼 호텔[항공편]을 이용해도 됩니다.

- We can get the cheaper seats (such as economy class) on the plane.
  우리는 비행기에서 (이코노미 석과 같은) 더 싼 좌석을 얻어도 됩니다.

We can ⎰ send e-mails to people[customers].
　　　　send text messages to people[customers].
　　　　use SNS[Social Networking Services] such as Facebook and Twitter.
　　　⎱ promote the event on social media or on the Web site.

우리는　사람들[고객들]에게 이메일을 보내도 됩니다.
　　　　사람들[고객들]에게 문자 메시지를 보내도 됩니다.
　　　　페이스북이나 트위터와 같은 SNS를 이용해도 됩니다.
　　　　소셜 미디어나 웹 사이트에 행사를 홍보해도 됩니다.

- We can offer[give/send] (discount) coupons[tickets/vouchers] to people[customers].
  우리는 사람들[고객들]에게 (할인) 쿠폰[티켓/상품권]을 제공해도[보내도] 됩니다.

- We can offer[give/send] discount memberships[rain checks] to people[customers].
  우리는 사람들[고객들]에게 할인 회원권[예약 교환권]을 제공해도[보내도] 됩니다.

- We can do a presentation.
  우리는 프레젠테이션을 해도 됩니다.

- We can make[use] the play area for children in the room[at the place].
  우리는 방 안에[그 장소에] 아이들을 위한 놀이 공간을 만들어도[이용해도] 됩니다.

- We can have a catering service for the event.
  우리는 행사를 위해 출장 요리 서비스를 이용해도 됩니다.

- We can have[hold] a company dinner.
  우리는 회사 저녁 식사를 해도[열어도] 됩니다.

- We can hold other activities such as ...
  우리는 …와 같은 다른 활동들을 해도 됩니다.

❷ 문제 인식 및 해결책 II

1) 문제 인식

접속사 and, because, so 등으로 구문들을 연결하면 더 유창하게 답변할 수 있다. 긴 문장을 중간에 끊지 않고 말하는 연습을 하자.

> **문제 인식 (문제점) 2**
> - 회사, 상점, 기관, 행사 등에 사람이 별로 없거나 매출이 떨어지는 경우
> - 그 외의 기타 상황

1. 사람(고객, 직원 등) 유치

There are not[We don't have] many[enough] people[customers/attendees/participants/employees] at[for] + 장소/행사 (so we have to attract more people[customers/attendees/participants/employees] to[for] + 장소/행사).

= We have to attract more people[customers/attendees/participants/employees] to[for] + 장소/행사 (because there are not[we don't have] many[enough] people[customers/attendees/participants/employees] at[for] + 장소/행사).

장소/행사에[를 위한] 많은[충분한] 사람들[고객들/참가자들/직원들]이 없습니다. (그래서 우리는 장소/행사에[를 위해] 사람들[고객들/참가자들/직원들]을 더 끌어들여야 합니다.)
= 우리는 장소/행사에[를 위해] 사람들[고객들/참가자들/직원들]을 더 끌어들여야 합니다. (왜냐하면 장소/행사에[를 위한] 많은[충분한] 사람들[고객들/참가자들/직원들]이 없기 때문입니다.)

2. 기타 상황

There is/are[was/were] ~ (so you want to know how to ⓥ ~).

= You want to know how to ⓥ ~ (because there is/are[was/were] ~).

~이 있습니다[있었습니다]. (그래서 당신은 ~하는 방법을 알고 싶어 합니다.)
= 당신은 ~하는 방법을 알고 싶어 합니다. (왜냐하면 ~이 있기[있었기] 때문입니다.)

2) 해결책

and로 두 문장을 연결할 경우, 두 문장의 '주어+동사'가 같다면 뒤 문장 '주어 + 동사'는 생략하고, 앞 문장의 목적어를 목적격 대명사로 바꿔서 뒤 문장에 넣는다.

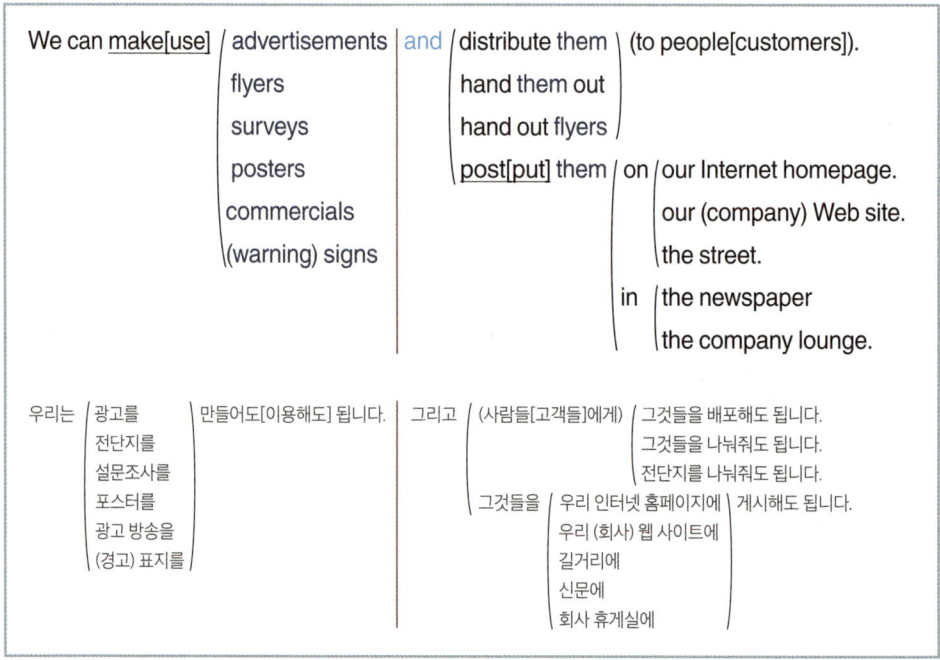

- I will talk to people[customers] (by phone) / and collect ideas (about which one is better).
  저는 (전화로) 사람들[고객들]에게 얘기할 것입니다. / 그리고 (어떤 것이 더 좋은지에 대한) 아이디어를 수집할 것입니다.

- We can collect ideas (by using surveys) / and (then) send them to you.
  우리는 (설문조사를 이용해서) 아이디어를 수집해도 됩니다. / 그리고 (그 다음에) 그것들을 당신에게 보내줘도 됩니다.

❸ 효과 문장

| 해결책 + | I'm sure (that)
This way,
so that
Then, | + 효과 문장 |

다음 효과 문장은 해결책의 효과를 설명하는 문장으로, 상황에 따라 해결책이나 뒷받침하는 문장으로 활용해도 좋다.

- People[Customers/Employees] can know about the place[store/event/issue].
  사람들[고객들/직원들]이 그 장소[상점/행사/문제]에 대하여 알 수 있습니다.

- People[Customers/Employees] can come to[use] the place[facility] (more often).
  사람들[고객들/직원들]이 그 장소[시설]에 (더 자주) 올[이용할] 수 있습니다.

- People[Customers/Employees] can look at it (and know about this[come to us]).
  사람들[고객들/직원들]이 그것을 볼 수 있습니다. (그리고 이것에 대하여 알[우리에게 올] 수 있습니다.)

- People[Customers/Employees] can review this (anytime) (and learn how to do it).
  사람들[고객들/직원들]이 (언제든지) 이것을 검토할 수 있습니다. (그리고 그것을 하는 방법을 배울 수 있습니다.)

- People[Customers/Employees] can have enough information (about it) (and not get lost).
  사람들[고객들/직원들]이 (그것에 대한) 충분한 정보를 얻을 수 있습니다. (그리고 길을 잃지 않을 것입니다.)

- You can hold the event[conference/meeting] in time[on time/without any problem].
  당신은 시간 내에[제때에/아무 문제 없이] 행사[회의]를 개최할 수 있습니다.

- You can use it in time[on time/without any problem].
  당신은 시간 내에[제때에/아무 문제 없이] 그것을 이용할 수 있습니다.

- They can learn how to help[serve] customers (faster).
  그들은 (더 빨리) 고객들에게 도움을 주는[서비스를 제공하는] 방법을 배울 수 있습니다.

- We can get to know them better (and make a good decision).
  우리는 그(것)들을 더 알게 될 수 있습니다. (그리고 좋은 결정을 할 수 있습니다.)

- We can get more information (and choose the best way[person/place/item]).
  우리는 정보를 더 얻을 수 있습니다. (그리고 가장 좋은 방법[사람/장소/품목]을 선택할 수 있습니다.)

- We can attract more people[customers/employees].
  우리는 사람들[고객들/직원들]을 더 끌어들일 수 있습니다.

- People[Customers/Employees] will like it (very much).
  사람들[고객들/직원들]이 그것을 (매우) 좋아할 것입니다.

- We can satisfy them (and keep our business with them).
  우리는 그들을 만족시킬 수 있습니다. (그리고 그들과 거래를 유지할 수 있습니다.)

- This can[will] be very effective (to ⓥ ~).
  이것은 (~하기에) 매우 효과적일 수 있습니다[일 것입니다].

- This can[will] be helpful (to ⓥ ~).
  이것은 (~하기에) 도움이 될 수 있습니다[될 것입니다].

- We can get enough (for now) (without spending more money).
  우리는 (더 많은 돈을 소비하지 않고도) (지금 당장은) 충분할 것입니다.

- It is not expensive (there).
  (그곳에서) 그것은 비싸지 않습니다.

- This will not cost us much money.
  이것은 우리에게 많은 비용이 들게 하지 않을 것입니다.

- This will be much cheaper. = This will be much more affordable.
  이것은 훨씬 더 저렴할 것입니다.

❹ 만능 문장

1) 만능 해결책

- We can put (up) a notice on the Web site (about this issue).
  우리는 (이 문제에 대해) 웹 사이트에 공지해도 됩니다.

2) 만능 효과 문장

- People[Customers/Employees] can know about this.
  사람들[고객들/직원들]이 이것에 대하여 알 수 있습니다.

- People[Customers/Employees] can be satisfied (and happy).
  사람들[고객들/직원들]이 만족할 수 있습니다. (그리고 기뻐할 수 있습니다.)

- We can choose the best way[person/place/item] (to ⓥ ~).
  우리는 (~하기 위한) 가장 좋은 방법[사람/장소/품목]을 선택할 수 있습니다.

3) 만능 활용 구문 (제안하는 표현)

We can 대신 아래의 제안하는 표현을 써도 좋다.

- (I think) It is a good idea to ⓥ ~ : ~하는 것이 좋은 생각입니다(라고 생각합니다).

  ex I think it is a good idea to put a notice on the Web site.
  저는 웹 사이트에 공지하는 것이 좋은 아이디어라고 생각합니다.

- Why don't we[you] + ⓥ ? : 우리가[당신이] ~하는 것은 어때요?

  ex Why don't we give a bonus to the employees?
  직원들에게 보너스를 주는 것은 어때요?

- What[How] about + ⓥing ~ : ~하는 것은 어때요?

  ex How about offering free classes such as a computer class?
  컴퓨터 수업과 같은 무료 수업을 제공하는 것은 어때요?

- What if we + ⓥ ~ : 우리가 ~하는 것은 어때요?

  ex What if we hold a meeting to find out more about what they want?
  그들이 원하는 것을 알아내기 위해 모임을 갖는 게 어때요?

- We should ⓥ ~ : 우리는 ~해야 합니다 / Let's ⓥ ~ : ~합시다!

  ex We should promote the event by using social media or Web sites.
  우리는 소셜 미디어나 웹 사이트를 이용함으로써 행사를 홍보해야 합니다.

PART 5 02 Words & Expressions

고득점 공략하기  해결책 주요 어휘 및 추가 구문

---

hold | ~을 열다, 개최하다

We can hold a special event, such as an award ceremony, for the best salespeople.
우리는 최고의 영업 사원들을 위해 시상식과 같은 특별 행사를 개최해도 됩니다.

supplier | 공급 업체

I know another supplier that carries the same item. I can give you the contact information.
나는 같은 품목을 취급하는 다른 공급 업체를 압니다. 나는 당신에게 연락 정보를 알려줄 수 있습니다.

sign | 표지(판)

I think it's a good idea to put up signs at our grocery store. This way, customers can have enough information and not get lost.
저는 우리 식료품점에 표지판들을 세우는 것이 좋은 아이디어라고 생각합니다. 이렇게 하면, 고객들이 충분한 정보를 얻고 길을 잃지 않을 수 있습니다.

survey | 설문조사, 설문지

How about making a survey to gather information? Then, we will have a better idea on what employees think.
정보를 모으기 위해 설문지를 만드는 것은 어떤가요? 그러면 우리는 직원들이 어떻게 생각하는지에 대한 더 좋은 아이디어를 얻을 수 있을 것입니다.

flyer | 전단지

Why don't we make flyers with our company logo and hand them out to people on the street? This way, more people will get to know about our company's products.
우리 회사 로고가 있는 전단지를 만들어서 길거리에서 사람들에게 나눠주는 것은 어떤가요? 이렇게 하면, 더 많은 사람들이 우리 회사 제품들에 대하여 알게 될 것입니다.

attract [draw/appeal to] | ~을 끌어들이다, 유치하다

What if we use SNS such as Facebook or Twitter? This can be very effective in attracting young writers for our competition.
페이스북이나 트위터와 같은 SNS를 이용하는 것은 어떤가요? 이것은 우리 대회에 젊은 작가들을 끌어들이는 데 매우 효과적일 수 있습니다.

notice | 공지문; ~을 주의하다, 알아차리다

We need to put up a notice on our Internet homepage so that people can be aware of this issue.
우리는 사람들이 이 문제에 대해 알 수 있도록 우리의 인터넷 홈페이지에 공지해야 합니다.

compensation | 보상 〔참고〕 reward 보상, 상 reimbursement 보상, 변상, 환급

As compensation, we can offer the customers a 15 percent discount coupon. To keep our clients satisfied, we should give compensation to them for our mistake.
보상으로, 우리는 고객들에게 15 퍼센트 할인 쿠폰을 제공해도 됩니다. 고객들을 계속 만족시키기 위해 우리는 그들에게 실수에 대한 보상을 해야 합니다.

promote | 홍보하다, ~을 촉진·장려하다, ~을 승진시키다

We should promote the event by using social media or Web sites.
우리는 소셜 미디어나 웹 사이트를 이용함으로써 행사를 홍보해야 합니다.

rain check
구입 예약권, 예약 교환권 (품절 상품을 받을 수 있는 순번표)

Otherwise, we should give them a rain check so that they can come back later to get the free cakes.
그렇지 않으면, 우리는 그들이 무료 케이크를 받기 위해 나중에 다시 올 수 있도록 예약 교환권을 줘야 합니다.

handout
배포 자료, 팸플릿

Additionally, we can use handouts such as pamphlets and brochures. This way, employees can check them out and know about the new gym at our company.
게다가, 우리는 팸플릿이나 소책자 같은 배포 자료를 사용해도 됩니다. 이렇게 하면, 직원들이 그것들을 확인할 수 있고 우리 회사 내 새로운 체육관에 대해 알 수 있습니다.

comment
의견, 비평 참고 feedback 반응, 의견

We can also hand out customer comment cards to people who visit our café. By doing this, we will be able to know people's favorite menu choices more easily.
우리는 또한 카페에 방문하는 사람들에게 고객 의견 카드를 나눠줘도 됩니다. 이렇게 함으로써, 우리는 사람들이 가장 좋아하는 메뉴 선택안들을 더 쉽게 알 수 있을 것입니다.

vote
투표; 투표하다

We can hold a vote on the company Web site to choose the best employee to receive an award.
우리는 상을 받을 최고의 직원을 선택하기 위해 회사 웹 사이트에서 투표를 실시해도 됩니다.

serve
(서비스를) 제공하다

What do you say to hiring part-time staff? This way, we will have enough staff members to serve customers during the holiday season.
시간제 직원을 고용하는 것은 어때요? 이렇게 하면, 우리는 휴가철 동안 고객들에게 서비스를 제공할 충분한 직원들이 있을 것입니다.

encourage
~을 권장하다, 장려하다, 고무시키다

We need to encourage employees to use e-mail and save documents on the computer so that they will use less paper in printing and copying.
우리는 직원들이 인쇄나 복사에 더 적은 종이를 사용할 수 있도록 직원들에게 이메일을 이용하고 컴퓨터에 문서를 저장할 것을 권장해야 합니다.

leftover
나머지, 남은 물건

Why don't we donate the leftovers? This will be the best way to get rid of the unsold donuts left over at the end of the day. And also, our store will leave a good impression by donating to the community.
남은 것들을 기부하는 것은 어때요? 이것은 영업이 끝나는 시간에 팔리지 않고 남은 도넛들을 처분하는 가장 좋은 방법일 것입니다. 그리고 또한, 지역 사회에 기부함으로써 우리 상점은 좋은 인상을 남길 것입니다.

video conference
화상 회의 참고 conference call 전화 회의

We'd better hold an online live video conference. This way, all the board members can attend the meeting and vote on the important business proposals.
우리는 인터넷 실시간 화상 회의를 여는 것이 좋겠습니다. 이렇게 하면, 모든 이사회 구성원이 회의에 참석할 수 있고 중요한 사업 제안에 투표할 수 있습니다.

PART ⓞ 5
03 Practice Test

고득점 공략하기  다음 문제들을 문제 인식(문제점) 유형별로 연습해 보자. 🎧 P5_180~185 / 모범 답안 p.332

Test 1

Respond as if you manage a furniture store.

In your response, be sure to
- show that you recognize the problem, and
- propose a way of dealing with the problem.

▶ 문제 인식 ▶ 실수, 오류, 고장

☑ SELF-CHECK LIST

본인의 답변을 녹음한 후 들으면서 아래 박스에 표시하세요.

☐ 문제 상황에 맞게 답변했다.
☐ 문제 인식과 그에 맞는 해결책(및 효과 문장)을 제시했다.
☐ 알아듣기 쉽고 일관성 있게 답변했다.

Test 2

Respond as if you are a manager at a store.

In your response, be sure to
- show that you recognize the problem, and
- propose a way of dealing with the problem.

▶ 문제 인식 ▶ 직원 회의, 교육, 훈련, 보상

☑ SELF-CHECK LIST

본인의 답변을 녹음한 후 들으면서 아래 박스에 표시하세요.

☐ 문제 상황에 맞게 답변했다.
☐ 문제 인식과 그에 맞은 해결책(및 효과 문장)을 제시했다.
☐ 알아듣기 쉽고 일관성 있게 답변했다.

Test 3

Respond as if you are the head of the customer service department.

In your response, be sure to
- show that you recognize the problem, and
- propose a way of dealing with the problem.

▶ 문제 인식 ➡ 두 가지 (또는 그 이상) 중 선택

☑ SELF-CHECK LIST

본인의 답변을 녹음한 후 들으면서 아래 박스에 표시하세요.

☐ 문제 상황에 맞게 답변했다.
☐ 문제 인식과 그에 맞은 해결책(및 효과 문장)을 제시했다.
☐ 알아듣기 쉽고 일관성 있게 답변했다.

Test 4

Respond as if you are a director in a company.

In your response, be sure to
- show that you recognize the problem, and
- propose a way of dealing with the problem.

▶ 문제 인식 ▶ 사람(인력)·물건 부족(과다)

☑ SELF-CHECK LIST

본인의 답변을 녹음한 후 들으면서 아래 박스에 표시하세요.

☐ 문제 상황에 맞게 답변했다.
☐ 문제 인식과 그에 맞은 해결책(및 효과 문장)을 제시했다.
☐ 알아듣기 쉽고 일관성 있게 답변했다.

Test 5

Respond as if you are the head of the customer service department.

In your response, be sure to
- show that you recognize the problem, and
- propose a way of dealing with the problem.

▶ 문제 인식 ▶ 기타 상황

☑ SELF-CHECK LIST

본인의 답변을 녹음한 후 들으면서 아래 박스에 표시하세요.

☐ 문제 상황에 맞게 답변했다.
☐ 문제 인식과 그에 맞은 해결책(및 효과 문장)을 제시했다.
☐ 알아듣기 쉽고 일관성 있게 답변했다.

Test 6

Respond as if you are the manager in a company.

In your response, be sure to
- show that you recognize the problem, and
- propose a way of dealing with the problem.

▶ 문제 인식 ▶ 사람(고객, 직원 등) 유치

☑ SELF-CHECK LIST

본인의 답변을 녹음한 후 들으면서 아래 박스에 표시하세요.

☐ 문제 상황에 맞게 답변했다.
☐ 문제 인식과 그에 맞는 해결책(및 효과 문장)을 제시했다.
☐ 알아듣기 쉽고 일관성 있게 답변했다.

PART 5
Actual Test

Test 1

TOEIC Speaking

Question 10: Propose a solution

Directions: In this part of the test, you will be presented with a problem and asked to propose a solution. You will have 30 seconds to prepare. Then you will have 60 seconds to speak.

In your response, be sure to
- show that you recognize the problem, and
- propose a way of dealing with the problem.

TOEIC Speaking — Question 10 of 11

TOEIC Speaking — Question 10 of 11

Respond as if you are a staff member at a company.

In your response, be sure to
- show that you recognize the problem, and
- propose a way of dealing with the problem.

PREPARATION TIME	RESPONSE TIME
00:00:30	00:01:00

Test 2

TOEIC Speaking

Question 10: Propose a solution

Directions: In this part of the test, you will be presented with a problem and asked to propose a solution. You will have 30 seconds to prepare. Then you will have 60 seconds to speak.

In your response, be sure to
- show that you recognize the problem, and
- propose a way of dealing with the problem.

TOEIC Speaking — Question 10 of 11

TOEIC Speaking — Question 10 of 11

Respond as if you are the head of the department.

In your response, be sure to
- show that you recognize the problem, and
- propose a way of dealing with the problem.

PREPARATION TIME	RESPONSE TIME
00:00:30	00:01:00

PART 6

Question 11

Express an opinion
의견 제시하기

기본 정보

 미리 보기

1 문제

In this part of the test, you will give your opinion about a specific topic. Be sure to say as much as you can in the time allowed. You will have 15 seconds to prepare. Then you will have 60 seconds to speak.

2 문항 수

Q11 (준비 시간 15초 / 답변 시간 60초)

3 특징

❶ 질문이 음성과 문자로 제시됨.
❷ 15초의 준비 시간이 주어짐.
❸ 자신의 의견과 근거, 예시를 모두 제시하는 것이 좋음.
❹ 최대한 구체적으로 이야기하는 것이 좋음.
❺ 답변이 질문에서 벗어나지 않도록 주의해야 함.

4 평가 기준

발음(Pronunciation), 강세(Stress), 억양(Intonation), 문법(Grammar), 어휘(Vocabulary), 일관성(Cohesion), 내용의 관련성(Relevance of Content), 내용의 완성도(Completeness of Content)

5 채점 기준 (5점 만점)

배점	채점 기준
5	의사 전달이 효과적이고 이해하기 매우 쉽다. 내용이 지속적이고 일관성이 있다.
4	질문 내용에 적절하게 응답하지만 전개가 완전하지 않다. 대체로 이해하기 쉽고 일관성이 있으며 어느 정도 유창한 표현을 구사한다.
3	질문 내용에 적절하게 응답하지만 답변 전개가 제한적이다. 이해할 수는 있지만 전달력과 전반적인 일관성에 문제가 있으며, 의미가 모호한 부분이 곳곳에 있다.
2	내용이 매우 제한적이다. 질문 내용과 관련성이 부족하거나 이해하기 매우 어렵다.
1	질문 내용과 관련성이 거의 없거나 의견을 제시하지 못한다.
0	무응답이거나 질문 내용과 관련성이 전혀 없다.

02 시험 진행 순서

미리 보기

Screen 1

TOEIC Speaking

Question 11: Express an opinion

Directions: In this part of the test, you will give your opinion about a specific topic. Be sure to say as much as you can in the time allowed. You will have 15 seconds to prepare. Then you will have 60 seconds to speak.

🔊 지시문이 음성과 함께 화면에 제시된다.

Screen 2

TOEIC Speaking　　　　Question 11 of 11

Do you agree or disagree with this statement?
When looking for a job, it is better to ask friends for advice.
Use specific reasons and examples to support your opinion.

PREPARATION TIME
00:00:15

🔊 질문이 음성과 함께 화면에 제시된다. 'Begin preparing now.'라는 음성이 나오고 '삐' 소리 후 15초의 준비 시간이 주어진다.

Screen 3

TOEIC Speaking   Question 11 of 11

Do you agree or disagree with this statement?
When looking for a job, it is better to ask friends for advice.
Use specific reasons and examples to support your opinion.

RESPONSE TIME
00:01:00

◀ 'Begin speaking now.'라는 음성이 나오고 '삐' 소리 후 1분의 답변 시간이 주어진다.

PART 6

01 유형 파악

기본기 다지기  다음 내용을 듣고 질문의 의도를 파악한 후 답변해 보자. 🎧 P6_192

> Do you agree or disagree with this statement?
> *When looking for a job, it is better to ask friends for advice.*
> Use specific reasons and examples to support your opinion.

Model Answer	서론	**I agree that** when looking for a job, it is better to ask friends for advice. 저는 직업을 구할 때, 친구들에게 조언을 구하는 것이 더 좋다는 것에 동의합니다.
	본론	**And there are two reasons for that.** **First,** (it is more helpful for me, so) I can save time. (This is because I don't have to waste time on getting useful tips.) That's why it is more beneficial for me. **Second,** it is reliable (so I can get accurate information). **For example,** two weeks ago, when I was looking for a job, I asked my friend for advice. And it was reliable (because he had experience in searching for a job,) so I could get accurate information (from him). (And I could get a good job.) That's why it was a good experience for me. 그리고 그 이유는 두 가지 있습니다. 첫 번째, (그것이 저에게 더 도움이 되어서) 저는 시간을 절약할 수 있습니다. (왜냐하면 저는 유용한 팁을 얻는 데 시간을 낭비할 필요가 없기 때문입니다.) 그래서 그것이 저에게 더 이롭습니다. 두 번째, 그것은 신뢰할 만합니다. (그래서 저는 정확한 정보를 얻을 수 있습니다.) 예를 들면, 2주 전, 제가 직업을 구하고 있을 때, 제 친구에게 조언을 구했습니다. 그리고 (그는 직업을 구했던 경험이 있었기 때문에) 그것은 신뢰할 만해서 저는 (그에게서) 정확한 정보를 얻을 수 있었습니다. (그리고 저는 좋은 직업을 얻을 수 있었습니다.) 그래서 그것은 저에게 좋은 경험이었습니다.
	결론 [마무리]	**For these reasons, I think** it is better to ask friends for advice (when looking for a job). 이러한 이유들로, 저는 (직업을 구할 때) 친구들에게 조언을 구하는 것이 더 좋다고 생각합니다.

(　　): 추가 구문
[　　]: 대체 구문
음영: 만능 문장

02 기본 전략

기본기 다지기 🗝

1) 질문 유형에 따라 입장을 신속히 정하고, 준비 시간 동안 뒷받침할 근거 2개를 떠올린다.

> Do you agree or disagree with this statement?
> *When looking for a job, it is better to ask friends for advice.*
> Use specific reasons and examples to support your opinion.
> 다음 진술에 동의하나요? 아니면 동의하지 않나요?
> 직업을 구할 때 친구들에게 조언을 구하는 것이 더 좋다.
> 당신의 의견을 뒷받침하기 위한 구체적인 이유와 예시를 드세요.

▶ **질문 유형**
- Prefer A or B: 두 가지 대안 중 선호
- Agree or Disagree: 찬성 또는 반대
- Choose A or B (or C): 두 가지 (또는 세 가지) 중 선택 (선택지가 없는 경우도 있음)
- Advantage/Disadvantage: 장점 또는 단점 설명

▶ **답변 구성**

서론	본론[근거 1 / 근거 2]	결론[마무리]

2) 답변 시간이 시작되면 질문 유형에 맞는 첫 문장으로 서론부터 답변을 전개한다.

3) 정확하게 의사를 전달하는 것이 중요하므로 자신의 의견이나 실제 경험보다 말하기 쉬운 내용을 빨리 떠올려 근거를 구성하는 것이 좋다. (선택지가 있는 경우: 먼저 나온 것, 긍정적인 것이 유리!)

4) 바꾸지 않고 그대로 쓸 수 있는 구문들을 익혀서 끊지 않고 전개 구조에 맞게 말하는 연습을 한다.

5) 주제에 맞게 근거를 떠올린 후 구성에 맞춰 시간 내에 말할 수 있도록 연습한다.

서론	**I agree that** when looking for a job, it is better to ask friends for advice. 저는 직업을 구할 때, 친구들에게 조언을 구하는 것이 더 좋다는 것에 동의합니다.
본론 [근거 1] [근거 2]	**And there are two reasons for that.** **First,** (it is more helpful for me, so) I can save time. (This is because I don't have to waste time on getting useful tips.) That's why it is more beneficial for me. **Second,** it is reliable (so I can get accurate information). **For example,** two weeks ago, when I was looking for a job, I asked my friend for advice. And it was reliable (because he had experience in searching for a job,) so I could get accurate information (from him). (And I could get a good job.) That's why it was a good experience for me. 그리고 그 이유는 두 가지 있습니다. 첫 번째, (그것이 저에게 더 도움이 되어서) 저는 시간을 절약할 수 있습니다. (왜냐하면 저는 유용한 팁을 얻는 데 시간을 낭비할 필요가 없기 때문입니다.) 그래서 그것이 저에게 더 이롭습니다. 두 번째, 그것은 신뢰할 만합니다. (그래서 저는 정확한 정보를 얻을 수 있습니다.) 예를 들면, 2주 전, 제가 직업을 구하고 있을 때, 제 친구에게 조언을 구했습니다. 그리고 (그는 직업을 구했던 경험이 있었기 때문에) 그것은 신뢰할 만해서 저는 (그에게서) 정확한 정보를 얻을 수 있었습니다. (그리고 저는 좋은 직업을 얻을 수 있었습니다.) 그래서 그것은 저에게 좋은 경험이었습니다.
결론 [마무리]	**For these reasons, I think** it is better to ask friends for advice (when looking for a job). 이러한 이유들로, 저는 (직업을 구할 때) 친구들에게 조언을 구하는 것이 더 좋다고 생각합니다.

PART 6
03 Golden Key Template

기본기 다지기  핵심 답변을 위한 아래의 템플릿 구조를 익히고 문항별 답변 연습을 해 보자.

▶ 서론	• I prefer A (to B). • I agree[disagree] that ~. • I think[believe] that ~. • In my opinion, ~. • (I think) There are some advantages of ~. • (I think) There is an advantage of ~. • (I think) The advantage of … is ~.
▶ 본론 [근거 1] [근거 2]	And there are two reasons for that. First, ~. That's why it is more[↔ not] beneficial for me. Second, ~. That's why it was a good[↔ bad] experience for me.
▶ 결론 [마무리]	• For these reasons, I prefer[like] ~. • I agree[disagree] that ~. • For these reasons, I (don't) think[believe] that ~. • For these reasons, (I think[believe]) these are the advantages of ~. • For this reason, (I think[believe]) this is the advantage of ~. • For this reason, (I think[believe]) the advantage of … is ~.

서론

- Prefer A or B: 두 가지 대안 중 선호

  I prefer A (to B). 저는 (B보다) A를 선호합니다.

- Agree or Disagree: 찬성 또는 반대

  I agree[disagree] that ~. 저는 ~에 찬성[반대]합니다.

- Choose A or B (or C): 두 가지 (또는 세 가지) 중 선택 (선택지가 없는 경우도 있음)

  I think[believe] ~. 저는 ~라고 생각합니다[믿습니다].
  In my opinion, ~. 제 의견으로는, ~.

- Advantage/Disadvantage: 장점 또는 단점 설명

  (I think) There are some advantages[disadvantages] of ~.
  ~의 몇 가지 장/단점들이 있습니다(라고 생각합니다).

  (I think) There is an advantage[a disadvantage] of ~.
  ~의 장/단점이 있습니다(라고 생각합니다).

  (I think) The advantage[disadvantage] of … is ~.
  …의 장/단점은 ~입니다(라고 생각합니다).

▶ 서론	**I agree that** when looking for a job, it is better to ask friends for advice. 저는 직업을 구할 때, 친구들에게 조언을 구하는 것이 더 좋다는 것에 동의합니다.

2 본론 [근거1 / 근거 2]

근거의 수에 따라 다음과 같이 답할 수 있다.

- 근거가 하나인 경우: And the reason is that ~.
- 근거가 두 개인 경우: And there are two reasons for that. First, ~. Second, ~.

전략 a

근거 문장 1에 뒷받침하는 문장을 현재시제로 붙인다. 접속사 so/because와 만능 문장을 활용한다.
만능 문장: That's why it is more beneficial for me.

서론	I agree that when looking for a job, it is better to ask friends for advice.
본론 [근거 1]	**And there are two reasons for that.** **First,** (it is more helpful for me, so) I can save time. (This is because I don't have to waste time on getting useful tips.) **That's why it is more beneficial for me.** 그리고 그 이유는 두 가지 있습니다. 첫 번째, (그것이 저에게 더 도움이 되어서) 저는 시간을 절약할 수 있습니다. (왜냐하면 저는 유용한 팁을 얻는 데 시간을 낭비할 필요가 없기 때문입니다.) 그래서 그것이 저에게 더 이롭습니다.

전략 b

근거 문장 2(현재시제)를 말한 후, 이를 뒷받침하는 예시나 경험(과거시제)을 붙인다. 근거를 하나로 전개할 경우, '전략 b' 내용으로 진행한다.
만능 문장: That's why it was a good experience for me.

서론	I agree that when looking for a job, it is better to ask friends for advice.
본론 [근거 1]	And there are two reasons for that. First, (it is more helpful for me, so) I can save time. (This is because I don't have to waste time on getting useful tips.) That's why it is more beneficial for me.
본론 [근거 2]	**Second,** it is reliable (so I can get accurate information). **For example,** two weeks ago, when I was looking for a job, I asked my friend for advice. And it was reliable (because he had experience in searching for a job), so I could get accurate information (from him). (And I could get a good job.) That's why it was a good experience for me. 두 번째, 그것은 신뢰할 만합니다. (그래서 저는 정확한 정보를 얻을 수 있습니다.) 예를 들면, 2주 전, 제가 직업을 구하고 있을 때, 제 친구에게 조언을 구했습니다. 그리고 (그는 직업을 구했던 경험이 있기 때문에) 그것은 신뢰할 만해서 저는 (그에게서) 정확한 정보를 얻을 수 있었습니다. (그리고 저는 좋은 직업을 얻을 수 있었습니다.) 그래서 그것은 저에게 좋은 경험이었습니다.

1) 예시는 과거 시점 표현으로 시작한다.
   - 과거 시점을 나타내는 표현: yesterday, last week, last month, last year, two weeks ago, two months ago, two years ago, when I was(과거동사) ~

2) 어느 시점까지 지속되는 내용을 전개할 때에는 과거 시점 표현 앞에 until을 붙이고 과거시제를 사용한다.
   - until을 이용한 표현: until today, until yesterday, until last week, until last month, until last year

3) 과거 예시의 경우, 근거 문장의 동사만 과거시제로 바꿔서 전개한다. 그 뒤에 뒷받침하는 문장을 한두 문장 정도 짧게 붙이면 좋다. 이때도 시제는 과거로!

4) 만능 문장을 활용한다.
   - 근거 1의 만능 문장: That's why it is more[↔ not] beneficial for me.
     그래서 그것은 저에게 더 이롭습니다[이롭지 않습니다].

   - 근거 2의 만능 문장: That's why it was a good[↔ bad] experience for me.
     그래서 그것은 저에게 좋은[나쁜] 경험이었습니다.

5) 근거 문장 하나로 전개하다가 더 추가할 경우, 그 문장 앞에 In addition[Additionally]을 쓸 수 있다.

6) 근거 문장, 뒷받침 문장 및 만능 문장은 내용에 따라 조금씩 변형해야 할 때가 있다. 만능 문장은 대부분의 상황에서 어울리지만, 대체 가능한 다른 문장이 있거나 내용에 맞지 않을 경우 생략해도 된다.

   ex That's why it is more beneficial for me. 그래서 그것은 저에게 더 이롭습니다.
   ⇒ That's why it is more beneficial for the company. 그래서 그것은 회사에 더 이롭습니다.

   That's why it was a bad experience for me. 그래서 그것은 저에게 나쁜 경험이었습니다.
   ⇒ That's why it was a bad experience for us. 그래서 그것은 우리에게 나쁜 경험이었습니다.

7) 근거를 두 개로 전개할 경우, 시간 안배 연습을 꼭 해야 한다. 늦어도 답변 완료 30초 전에는 앞에 나온 '전략 b'로 들어갈 것.

3 결론[마무리]

마무리 문장은 For these reasons로 시작하고 서론 문장을 동의 표현으로 바꾸거나 그대로 써서 답변을 전개한다. (근거 하나로 전개 시, For this reason으로 시작)

- Prefer A or B

    For these reasons[For this reason], I prefer[like] ~.
    이러한 이유들로, 저는 ~을 선호합니다[좋아합니다].

- Agree or Disagree

    For these reasons[For this reason], I think[don't think] that ~.
    이러한 이유들로, 저는 ~라고 생각합니다[생각하지 않습니다].

- Choose A or B (or C)

    For these reasons[For this reason], I (don't) think[believe] that ~.
    이러한 이유들로, 저는 ~라고 생각합니다(생각하지 않습니다).

- Advantage/Disadvantage

    For these reasons, (I believe) these are the advantages[disadvantages] of ~.
    이러한 이유들로, 이것들이 ~의 장/단점들입니다(라고 생각합니다).

    For this reason, (I believe) this is the advantage[disadvantage] of ~.
    이러한 이유로, 이것이 ~의 장/단점입니다(라고 생각합니다).

    For this reason, (I believe) the advantage[disadvantage] of ... is ~.
    이러한 이유로, …의 장/단점은 ~입니다(라고 생각합니다).

▶ 서론	I agree that when looking for a job, it is better to ask friends for advice.
▶ 본론 [근거 1]	And there are two reasons for that. First, (it is more helpful for me, so) I can save time. (This is because I don't have to waste time on getting useful tips.) That's why it is more beneficial for me.
▶ 본론 [근거 2]	Second, it is reliable (so I can get accurate information). For example, two weeks ago, when I was looking for a job, I asked my friend for advice. And it was reliable (because he had experience in searching for a job,) so I could get accurate information (from him). (And I could get a good job.) That's why it was a good experience for me.
▶ 결론 [마무리]	**For these reasons, I think** it is better to ask friends for advice (when looking for a job). 이러한 이유들로, 저는 (직업을 구할 때) 친구들에게 조언을 구하는 것이 더 좋다고 생각합니다.

PART ⓞ 6
04 답안 문장 만들기

기본기 다지기 🔑

① 질문에 나온 문장을 평서문으로 바꿔서 서론을 시작한다.

Do you prefer watching movies at home or in a movie theater?
→ I prefer watching movies at home (to watching them in a movie theater).

② 근거를 하나로 전개할 경우 And the reason is that ~.으로 시작하고, 두 개로 전개할 경우 And there are two reasons for that.으로 시작한다. 근거 문장은 너무 길지 않게 넣는 것이 좋다.

③ 예시를 들 경우, 과거를 나타내는 표현을 넣고 서론 및 근거 문장을 과거시제로 바꾼다. 앞서 언급한 것의 동의 표현으로 바꾸면 더 좋다.

I prefer watching movies at home. → Yesterday, I watched a movie at home.

④ 서론 문장을 마무리 문장에 그대로 넣고, 내용에 맞는 동의어로 바꾸면 더 좋다.

I prefer watching movies at home (to watching them in a movie theater).
→ For these reasons, I like to watch movies at home.

※ 마무리 짧게 끝내기

서론 문장에서 쓴 표현은 마무리 문장에서 동의 표현으로 바꿔서 답하는 것이 좋지만 시간이 촉박할 경우, 다음과 같이 짧게 마무리한다.

---

1. Agree or Disagree 유형
   - 근거 1개: **For this reason,** I agree[disagree] with the statement.
   - 근거 2개: **For these reasons,** I agree[disagree] with the statement.

2. Advantage/Disadvantage 유형
   - 근거 1개: **For this reason,** this is the advantage[disadvantage].
   - 근거 2개: **For these reasons,** these are the advantages[disadvantages].

3. 그 외의 모든 유형
   - 근거 1개: This is the reason why.[That's it.]
   - 근거 2개: These are the reasons why.[That's it.]

- **Prefer A or B: 두 가지 대안 중 선호**

🎧 P6_201

Q Do you prefer watching movies at home or in a movie theater?
Use specific reasons and examples to support your opinion.
집에서 영화 보는 것을 선호하나요? 아니면 영화관에서 보는 것을 선호하나요?
당신의 의견을 뒷받침하기 위한 구체적인 이유와 예시를 드세요.

R1 근거 하나, 예시 하나

	▶ 서론	**I prefer** watching movies at home (to watching them in a movie theater).
	▶ 근거	**And the reason is that** it is more comfortable (so I can have a good time).
	▶ 예시	**For example,** yesterday, I watched a movie at home, and it was very comfortable. Therefore, I could have a good time. (And also, I was able to save a lot of time.) That's why it was a good experience for me. And also, it was more beneficial for me.
	▶ 마무리	**For this reason, I like** to watch movies at home.

저는 (영화관에서 영화를 보는 것보다) 집에서 영화를 보는 것을 선호합니다.

그리고 그 이유는 그것이 더 편하기 때문입니다. (그래서 저는 좋은 시간을 보낼 수 있습니다.)

예를 들면, 어제 저는 집에서 영화를 봤고 매우 편했습니다. 따라서 저는 좋은 시간을 보낼 수 있었습니다. (그리고 또한, 저는 많은 시간을 절약할 수 있었습니다.) 그래서 그것은 저에게 좋은 경험이었습니다. 그리고 또한, 그것은 저에게 더 이로웠습니다.

이러한 이유로, 저는 집에서 영화 보는 것을 좋아합니다.

R2 근거 두 개, 예시 하나

	▶ 서론	**I prefer** watching movies at home (to watching them in a movie theater).
	▶ 근거 1	**And there are two reasons for that.** **First,** it is more affordable (so I can save money). (Since[Because/As] I'm a student, I don't have a lot of money.) That's why it is more beneficial for me.
	▶ 근거 2	**Second,** it is more comfortable (so I can have a good time).
	▶ 예시	**For example,** yesterday, I watched a movie at home, and it was very comfortable. Therefore, I could have a good time. (And also, I was able to save a lot of time.) That's why it was a good experience for me.
	▶ 마무리	**For these reasons, I like** to watch movies at home.

저는 (영화관에서 영화를 보는 것보다) 집에서 영화를 보는 것을 선호합니다.

그리고 그 이유는 두 가지 있습니다.

첫 번째, 그것은 더 저렴합니다. (그래서 저는 돈을 절약할 수 있습니다.) (저는 학생이기 때문에 많은 돈을 갖고 있지 않습니다.) 그래서 그것은 저에게 더 이롭습니다.

두 번째, 그것은 더 편합니다. (그래서 저는 좋은 시간을 보낼 수 있습니다.)

예를 들면, 어제 저는 집에서 영화를 봤고 매우 편했습니다. 따라서 저는 좋은 시간을 보낼 수 있었습니다. (그리고 또한, 저는 많은 시간을 절약할 수 있었습니다.) 그래서 그것은 저에게 좋은 경험이었습니다.

이러한 이유들로, 저는 집에서 영화 보는 것을 좋아합니다.

- Agree or Disagree: 찬성 또는 반대

🎧 P6_202

Q

Do you agree or disagree with this statement?
Young people are not responsible with money.
Use specific reasons and examples to support your opinion.

다음 진술에 동의하나요? 아니면 동의하지 않나요?
젊은 사람들은 돈에 책임감이 없다.
당신의 의견을 뒷받침하기 위한 구체적인 이유와 예시를 드세요.

R1 근거 하나, 예시 하나

서론	**I agree that** young people are not responsible with money.
근거	**And the reason is that** they are careless.
예시	**For example,** when I was a high school student, I was not responsible with money because I spent money freely (and easily). (I couldn't know the value of money very well since I didn't work to earn money.) Moreover, I couldn't make the right decision on spending money because I was still young. That's why it was a bad experience for me. And also, it was not beneficial for me.
마무리	**For this reason, I think (that)** young people are not responsible with money.

저는 젊은 사람들이 돈에 책임감이 없다는 것에 동의합니다.

그리고 그 이유는 그들은 부주의하기 때문입니다.

예를 들면, 제가 고등학생 때, 저는 돈을 마음대로 (그리고 쉽게) 썼기 때문에 돈에 책임감이 없었습니다. (저는 돈을 벌기 위해 일하지 않았기 때문에 돈의 가치를 잘 알 수 없었습니다.) 게다가, 저는 아직 어렸기 때문에 돈을 쓰는 데 올바른 결정을 할 수 없었습니다. 그래서 그것은 저에게 나쁜 경험이었습니다. 그리고 또한, 그것은 저에게 이롭지 않았습니다.

이러한 이유로, 저는 젊은 사람들이 돈에 책임감이 없다고 생각합니다.

R2 근거 두 개, 예시 하나

	▶ 서론	**I agree that** young people are not responsible with money.
	▶ 근거 1	**And there are two reasons for that.** **First,** they cannot manage money (because their parents take care of money, and they get the money from their parents). (Therefore, young people don't feel responsible with their money.) **That's why it is not beneficial for them.**
	▶ 근거 2	**Second,** they are careless.
	▶ 예시	**For example,** when I was a high school student, I was not responsible with money because I spent money freely (and easily). (I couldn't know the value of money very well since I didn't work to earn money.) Moreover, I couldn't make the right decision on spending money because I was still young. That's why it was a bad experience for me.
	▶ 마무리	**For these reasons, I think (that)** young people are not responsible with money.

저는 젊은 사람들이 돈에 책임감이 없다는 것에 동의합니다.

그리고 그 이유는 두 가지 있습니다.

첫 번째, 그들은 돈을 관리할 수 없습니다. (왜냐하면 부모가 돈을 관리하고 그들은 부모로부터 그 돈을 받기 때문입니다.) (따라서 젊은 사람들은 그들의 돈에 책임감을 느끼지 못합니다.) 그래서 그것은 그들에게 이롭지 않습니다.

두 번째, 그들은 부주의합니다.

예를 들면, 제가 고등학생 때, 저는 돈을 마음대로 (그리고 쉽게) 썼기 때문에 돈에 책임감이 없었습니다. (저는 돈을 벌기 위해 일하지 않았기 때문에 돈의 가치를 잘 알 수 없었습니다.) 게다가, 저는 아직 어렸기 때문에 돈을 쓰는 데 올바른 결정을 할 수 없었습니다. 그래서 그것은 저에게 나쁜 경험이었습니다.

이러한 이유들로, 저는 젊은 사람들이 돈에 책임감이 없다고 생각합니다.

- Choose A or B (or C): 두 가지 (또는 세 가지) 중 선택

 P6_204

Q Which of the following aspects do you think would be the most important as a manager?
 - Intelligence
 - Sociability
 - Patience
Use specific ideas and examples to support your opinion.

당신은 다음 중 어떤 측면이 상사로서 가장 중요한 것이라고 생각하나요?
- 지성
- 사회성
- 인내심
당신의 의견을 뒷받침하기 위한 구체적인 아이디어와 예시를 드세요.

R 근거 하나, 예시 하나

	▶ 서론	**I think (that)** intelligence would be the most important aspect as a manager.
	▶ 근거	**And the reason is that** it is more helpful for me because I can get various kinds of information[because I can learn more things].
	예시	**For example,** when I worked at my old company, my manager was intelligent, and I asked him for advice[I asked my manager, who was intelligent, for advice]. And it was really helpful for me because I could get various kinds of information (from him). That's why it was a good experience for me. And also, it was more beneficial for me.
	▶ 마무리	**For this reason, I believe** intelligence is the most important aspect (as a manager).

저는 지성이 상사로서 가장 중요한 측면이라고 생각합니다.

그리고 그 이유는 다양한 정보를 얻을 수 있기 때문에[더 많은 것들을 배울 수 있기 때문에] 저에게 더 도움이 됩니다.

예를 들면, 제가 이전 회사에서 일했을 때, 제 상사는 아는 것이 많아서 저는 그에게 조언을 구했습니다.[저는 아는 것이 많은 제 상사에게 조언을 구했습니다.] 그리고 (그에게서) 다양한 정보를 얻을 수 있었기 때문에 저에게 정말 도움이 되었습니다. 그래서 그것은 저에게 좋은 경험이었습니다. 그리고 또한, 그것은 저에게 더 이로웠습니다.

이러한 이유로, 저는 지성이 (상사로서) 가장 중요한 측면이라고 믿습니다.

- **Advantage/Disadvantage: 장점 또는 단점 설명**

🎧 P6_205

Q What are the advantages of working in a group in the workplace?
Use specific reasons and examples to support your opinion.
직장에서 그룹으로 일하는 것의 장점들은 무엇인가요?
당신의 의견을 뒷받침하기 위한 구체적인 이유와 예시를 드세요.

R 근거 두 개, 예시 하나

▶ 서론	**(I think) There are some advantages of** working in a group in the workplace.
▶ 근거 1	**And there are two reasons for that.** **First,** (when working in a group[team],) it is more helpful for me. This is because I can learn more things and get useful information and advice from the group[team] members. That's why it is more beneficial for me.
▶ 근거 2	**Second,** it is more efficient (to work in a group[team]) (because we can share the work).
예시	**For example,** (last year,) when I worked at my old company[in my old department], I worked in a group[team] (on an important task). And it was very efficient (because my group[team] members shared the work, and we could deal with the work more easily). Therefore, our performance[result] at work was better. That's why it was a good experience for me.
▶ 마무리	**For these reasons, (I believe) these are the advantages (of** working in a group[team] in the workplace[at work]).

직장에서 그룹으로 일하는 것의 몇 가지 장점들이 있습니다(라고 생각합니다).

그리고 그 이유는 두 가지 있습니다.

첫 번째, (그룹[팀]으로 일하면,) 그것은 저에게 더 도움이 됩니다. 왜냐하면 저는 그룹[팀] 구성원들로부터 더 많은 것들을 배울 수 있고 유용한 정보와 조언을 얻을 수 있기 때문입니다. 그래서 그것은 저에게 더 이롭습니다.

두 번째, (그룹[팀]으로 일하는 것이) 더 효율적입니다. (왜냐하면 우리가 일을 나눠서 할 수 있기 때문입니다.)

예를 들면, (작년에) 제가 이전 회사[부서]에서 일했을 때, 저는 (중요한 업무에 대해) 그룹[팀]으로 일했습니다. 그리고 그것은 매우 효율적이었습니다. (왜냐하면 저의 그룹[팀] 구성원이 일을 나눠서 해서 더 쉽게 일을 처리할 수 있었기 때문입니다.) 따라서 직장에서 우리의 성과[결과]는 더 좋아졌습니다. 그래서 그것은 저에게 좋은 경험이었습니다.

이러한 이유로, 이것들이 (직장에서 그룹[팀]으로 일하는 것의) 장점들입니다(라고 믿습니다).

PART 6 05 Check-Up Test

기본기 다지기  다음 문제들을 질문 유형별로 연습해 보자.   P6_206-209 / 모범 답안 p.348

Test 1

▶ **Prefer A or B: 두 가지 대안 중 선호**

Do you prefer owning a home or renting?
Give reasons and examples to support your opinion.

▶ 근거 하나, 예시 하나

▸ 서론	_____
▸ 본론 [근거]	And the reason is that _____ For example, _____ _____ _____ That's why it was a good experience for me. And also, it was more beneficial for me.
▸ 결론 [마무리]	For this reason, _____

▶ 근거 두 개, 예시 하나

▸ 서론	_____
▸ 본론 [근거 1]	And there are two reasons for that. First, _____ _____ That's why it is more beneficial for me.
▸ 본론 [근거 2]	Second, _____ For example, _____ _____ _____ That's why it was a good experience for me.
▸ 결론 [마무리]	For these reasons, _____

Test 2

▶ **Agree or Disagree: 찬성 또는 반대**

Do you agree or disagree with this statement?
People should know how to cook.
Give reasons and examples to support your opinion.

▶ **근거 하나, 예시 하나**

▶ 서론	_____
▶ 본론 [근거]	And the reason is that _____ For example, _____ _____ _____ That's why it was a good experience for me. And also, it was more beneficial for me.
▶ 결론 [마무리]	For this reason, _____

▶ **근거 두 개, 예시 하나**

▶ 서론	_____
▶ 본론 [근거 1]	And there are two reasons for that. First, _____ _____ That's why it is more beneficial for me.
▶ 본론 [근거 2]	Second, _____ For example, _____ _____ That's why it was a good experience for me.
▶ 결론 [마무리]	For these reasons, _____

Test 3

▶ **Choose A or B (or C): 두 가지 (또는 세 가지) 중 선택**

Which of the following attributes is the most important for a supervisor to have?
- Problem-solving skills
- Communication skills
- Organizational skills

Use specific ideas and examples to support your opinion.

▶ 근거 하나, 예시 하나

▶ 서론	_____	
▶ 본론 [근거]	And the reason is that _____ For example, _____ _____ _____ That's why it was a good experience for us. And also, it was more beneficial for us.	
▶ 결론 [마무리]	For this reason, _____	

▶ 근거 두 개, 예시 하나

▶ 서론	_____
▶ 본론 [근거 1]	And there are two reasons for that. First, _____ _____ That's why it is more beneficial for the company.
▶ 본론 [근거 2]	Second, _____ For example, _____ _____ _____ That's why it was a good experience for us.
▶ 결론 [마무리]	For these reasons, _____

Test 4

▶ **Advantage/Disadvantage: 장점 또는 단점 설명**

What are the advantages of reading customer reviews when shopping online?
Use specific reasons and examples to support your opinion.

▶ **근거 하나, 예시 하나**

	▶ 서론	_____
	▶ 본론 [근거]	And the reason is that _____ For example, _____ _____ _____ That's why it was a good experience for me. And also, it was more beneficial for me.
	▶ 결론 [마무리]	For this reason, _____

▶ **근거 두 개, 예시 하나**

	▶ 서론	_____
	▶ 본론 [근거 1]	And there are two reasons for that. First, _____ _____ That's why it is more beneficial for me.
	▶ 본론 [근거 2]	Second, _____ For example, _____ _____ _____ That's why it was a good experience for me.
	▶ 결론 [마무리]	For these reasons, _____

PART 6
01 고득점 답변 훈련

고득점 공략하기

❶ 주제 유형별 근거 문장 1

다음 문장들은 상황에 따라 제시된 주제 외에도 뒷받침하는 문장으로 활용하기 좋다.

> **주제** ① 생활(거주/여가/시설/물건 구매) ② 정보(조언/의견) ③ 일/직업/경력
> ④ 장소/거리(교통수단) ⑤ 인터넷 ⑥ 교육/훈련 ⑦ 방해/손상

1. ① 생활(거주/여가/시설/물건 구매) ② 정보(조언/의견) ③ 일/직업/경력
   ④ 장소/거리(교통수단) ⑤ 인터넷 ⑥ 교육/훈련 ⑦ 방해/손상

   It is good[better ↔ bad] (for me[my health]).
   그것은 (나에게[나의 건강에]) 좋습니다[더 좋습니다 ↔ 나쁩니다].
   It is (more/very ↔ not) helpful (for me). 그것은 (나에게) (더/매우) 도움이 됩니다[↔ 도움이 되지 않습니다].
   It is easier (for me). 그것은 (나에게) 더 쉽습니다.
   It's my favorite (food/place). 그것은 내가 가장 좋아하는 것(음식/장소)입니다.

2. ① 생활(거주/여가/시설/물건 구매) ⑤ 인터넷

   It is more affordable[cheaper] (for me).
   그것은 (나에게) 더 저렴합니다[더 쌉니다].
   It is more economical[profitable]. 그것은 더 경제적입니다[이득이 됩니다].
   I needed a new one. 나는 새로운 것이 필요했습니다.

3. ① 생활(거주/여가/시설/물건 구매) ② 정보(조언/의견) ③ 일/직업/경력
   ④ 장소/거리(교통수단) ⑤ 인터넷

   It is more convenient (for me).[It should be more convenient.]
   그것은 (나에게) 더 편리합니다.[그것은 더 편리해야 합니다.]
   It is more comfortable (for me).[It should be more comfortable.]
   그것은 (나에게) 더 편합니다.[그것은 더 편해야 합니다.]
   It is faster and more convenient. 그것은 더 빠르고 더 편리합니다.
   It is portable. 그것은 휴대 가능합니다.

4. ① 생활(거주/여가/시설/물건 구매) ② 정보(조언/의견) ③ 일/직업/경력
   ④ 장소/거리(교통수단) ⑤ 인터넷

   I can use ~ (anytime) (anywhere). 나는 (언제든) (어디서든) ~을 사용할 수 있습니다.
   I can save[manage ↔ waste] money[time]. 나는 돈[시간]을 절약[관리 ↔ 낭비]할 수 있습니다.
   I (don't) have enough (free) time. 나는 충분한 (여유) 시간을 갖고 있습니다(갖고 있지 않습니다).
   It takes[↔ doesn't take] a lot of money[time]. 그것은 많은 돈[시간]이 듭니다[↔ 들지 않습니다].

5. ④ 장소/거리(교통수단)

It is close to[near] my house. ↔ It is far (away) from my house.
그것은 나의 집에 가까이 있습니다. ↔ 그것은 나의 집에서 멀리 있습니다.
(So,) I can go (there) more easily. (그래서) 나는 (거기에) 더 쉽게 갈 수 있습니다.

6. ② 정보(조언/의견) ③ 일/직업/경력 ⑤ 인터넷

I can get more[useful/accurate] information.
나는 더 많은[유용한/정확한] 정보를 얻을 수 있습니다.
I can get various kinds of information. 나는 다양한 정보를 얻을 수 있습니다.
I can get useful tips and advice. 나는 유용한 팁과 조언을 얻을 수 있습니다.
It is more reliable. 그것은 더 신뢰할 만합니다.

7. ① 생활(거주/여가) ② 정보(조언/의견) ③ 일/직업/경력 ⑤ 인터넷 ⑥ 교육/훈련

> I (can/cannot/don't) know (about) + ⓝ(구) (very well). 나는 ~을 (잘) 압니다(모릅니다).
> I (can/cannot/don't) know what[how] + to ⓥ. 나는 무엇을[어떻게] ~해야 하는지 압니다(모릅니다).
> **ex** They don't know the value of money very well. 그들은 돈의 가치를 잘 모릅니다.

I can learn more things. 나는 더 많은 것들을 배울 수 있습니다.
I can widen[broaden] my view. 나는 시야를 넓힐 수 있습니다.
I (can) know the culture and customs very well. 나는 문화와 관습을 잘 압니다(알 수 있습니다).
I (can) have good relationships (with other people).
나는 (다른 사람들과) 좋은 관계를 갖습니다(가질 수 있습니다).

8. ① 생활(거주/여가/시설) ⑥ 교육/훈련

> I (can) enjoy + (ⓥing/ⓝ구). 나는 ~을 즐깁니다(즐길 수 있습니다).
> **ex** I enjoy (eating) Korean food. 나는 한국 음식을 (먹는 것을) 즐깁니다.

I can relieve my stress. / I can refresh myself.
나는 스트레스를 해소할 수 있습니다. / 나는 기분 전환할 수 있습니다.
(So,) I can have a good time. (그래서) 나는 좋은 시간을 보낼 수 있습니다.
I can increase my stamina and build up muscles. 나는 체력을 키우고 근육을 만들 수 있습니다.
It is (more) interesting[exciting] (for me). 그것은 (나에게) (더) 재미있습니다[흥미롭습니다].
It is (more) enjoyable (for me). 그것은 (나에게) (더) 즐겁습니다.
It is (more) fun (for me). 그것은 (나에게) (더) 재미있습니다.

9. ⑦ 방해/손상

It can disturb[bother/distract] other people. 그것은 다른 사람들을 방해할 수 있습니다.
It can be spoiled. 그것은 손상될 수 있습니다.

❷ 주제 유형별 근거 문장 2

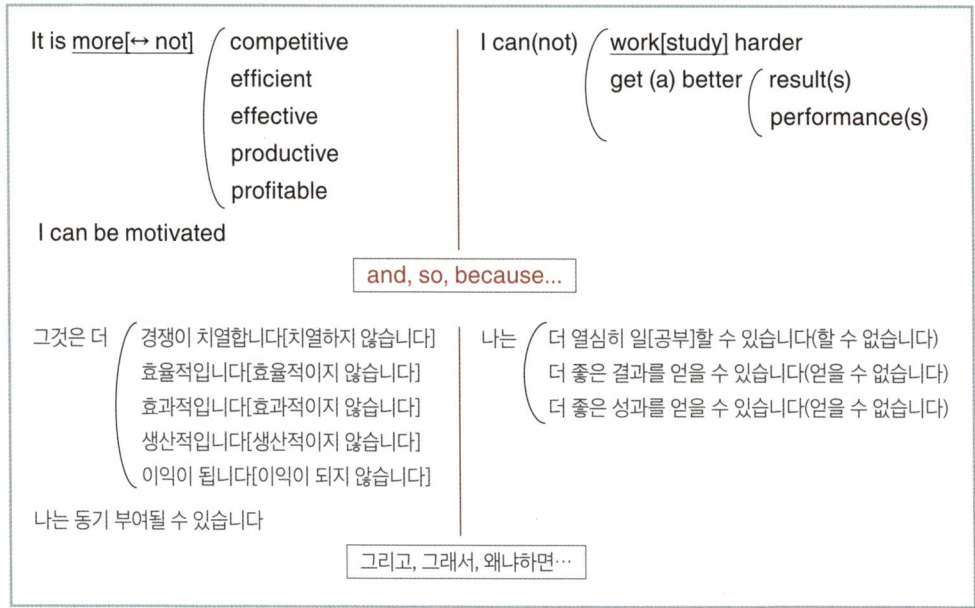

- 내용에 따라 (구분선을 기준으로) 앞뒤 문장 중 하나만 근거 문장으로 써도 된다.
- (구분선을 기준으로) 앞뒤 문장을 and, so, because 등으로 연결해서 쓸 수 있다.
- competitive(경쟁이 치열한)는 사람 주어와 함께 쓰일 때 '경쟁력 있는(실력이 좋은)'의 뜻으로 쓰인다.

1. ⑧ 회사/직장 상황 ⑨ (대)학생/청소년/아이들

   I can(not) socialize with[mingle with] other people (more easily).
   나는 다른 사람들과 (더 쉽게) 어울릴 수 있습니다(어울릴 수 없습니다).

   They can(not) make the right decision. 그들은 올바른 결정을 할 수 있습니다(할 수 없습니다).

   They are (not) responsible (for ~). 그들은 (~에 대한) 책임감이 있습니다(없습니다).

   They can be careless. 그들은 부주의할 수 있습니다.

   They can be spoiled. 그들은 버릇 없어질 수 있습니다.

근거 문장 2와 어울리는 예시 만들기

아래의 예시 도입부를 활용하면 근거 문장을 더욱 쉽고 빠르게 전개할 수 있다.

예시 도입부 1 - ⑧ 회사/직장 상황

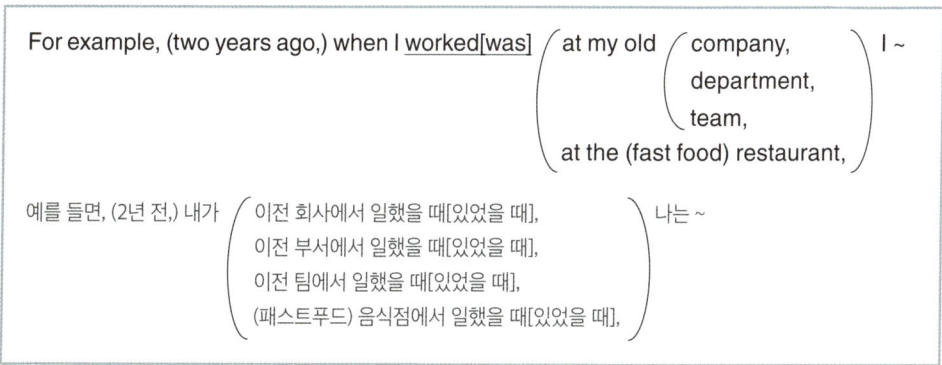

예시 도입부 2 - ⑨ (대)학생/청소년/아이들

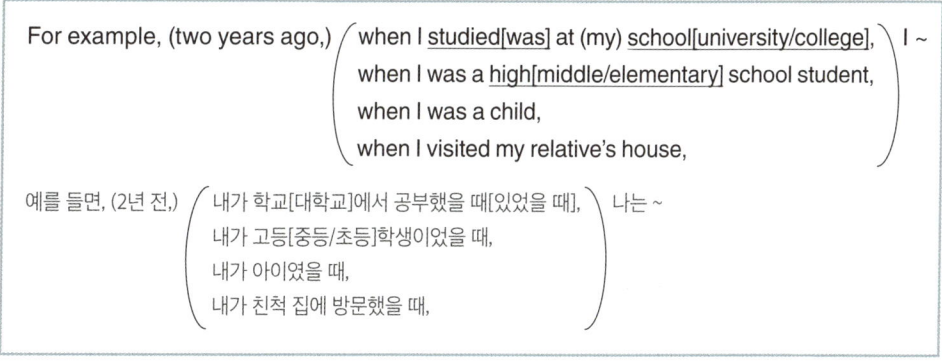

- 문장을 연결할 경우, 접속사(when) 대신에 콤마(,)와 등위접속사(and)를 넣어 연결해도 된다.
  I(주어) 자리에 my manager[colleague] 등의 제3자를 주어로 써도 된다. 또한, at my old ~ 대신 at the previous ~를 쓸 수 있다.

  ex For example, two years ago, when I worked at my old company, I[my manager] had good communication skills.
  예를 들면, 2년 전, 내가 이전 회사에서 일했을 때, 나는[내 상사는] 훌륭한 의사소통 능력을 갖추고 있었습니다.

  = For example, two years ago, I worked at my old company, and I[my manager] had good communication skills.
  예를 들면, 2년 전, 나는 이전 회사에서 일했고 나는[내 상사는] 훌륭한 의사소통 능력을 갖추고 있었습니다.

❸ 근거 문장 응용하기

순발력 있게 답변을 전개해 나가려면 근거 문장 만드는 연습을 충분히 해야 한다. 다음 구성과 구문들을 익혀서 활용하자.

1) 근거 문장 뒤에 붙여 전개하기

> **① 근거 문장 + and/so ~**

여러 문장을 연결할 때 and와 so를 붙이면 자연스럽게 전개된다. 또한, 문장이 끝난 뒤에 새로 시작하는 문장 앞에 붙일 수도 있다.

> **ex** It is cheaper, so I can save money.
> 그것이 더 쌉니다. 그래서 나는 돈을 절약할 수 있습니다.

추가로 내용을 덧붙일 때 And also 또는 Also를 붙여 전개한다.

> **ex** I watched a movie at home, and it was very comfortable. So, I could have a good time. (And) Also, I was able to save a lot of time.
> 나는 집에서 영화를 봤고 매우 편했습니다. 그래서 나는 좋은 시간을 보낼 수 있었습니다. (그리고) 또한, 나는 많은 시간을 절약할 수 있었습니다.

> **② 근거 문장 + because[since/as] ~**

접속사 because[since/as]는 상황에 따라 접속사절을 앞에 쓰고 근거 문장을 뒤로 보내도 된다.

> **ex** It was really helpful for me because[since/as] my friend had experience in searching for a job.
> 그것은 나에게 정말 도움이 되었습니다. 왜냐하면 나의 친구가 직업을 구했던 경험이 있었기 때문입니다.
>
> Because[Since/As] I'm a student, I don't have a lot of money.
> 저는 학생이기 때문에 많은 돈을 가지고 있지 않습니다.

2) 근거 문장 앞에 붙여 전개하기

① It is (very/really) important (for me) because + 근거 문장

이 구문은 근거 문장을 길게 붙일 때 유용하게 쓸 수 있다. 가능하면 because 뒤는 구체적으로 답하는 것이 좋다.

> ex It is very important because I can save time at work.
> 그것은 매우 중요합니다. 왜냐하면 내가 직장에서 시간을 절약할 수 있기 때문입니다.

② When/If/While/Although ~, 근거 문장

접속사 When/If/While/Although 절은 근거 문장 앞에 사용하기 좋다. 이 구성 뒤에 because를 붙여 구체적인 내용을 말할 수도 있다.

> ex If I know how to cook, I can save money because I don't have to pay for buying expensive food.
> 요리하는 방법을 안다면, 나는 돈을 절약할 수 있습니다. 왜냐하면 나는 비싼 음식을 사는 데 돈을 지불할 필요가 없기 때문입니다.

접속사 When/While 뒤에 '주어와 be동사'는 생략할 수 있다. 이때, '주어와 be동사'만 생략할 수 있으므로, be동사 뒤의 형용사 또는 ⓥing(현재분사), ⓥed(과거분사)만 남게 된다.

⇒ When[While] + (S + be동사) + 형용사/ⓥing/ⓥed

> ex When (they are) teaching, teachers might face challenges and difficulties.
> (그들이) 가르칠 때, 교사들은 힘든 문제들과 어려움을 직면할지도 모릅니다.
>
> While (they are) playing sports games, children can learn how to socialize with other people.
> (그들이) 스포츠 게임을 할 때, 아이들은 다른 사람들과 어울리는 법을 배울 수 있습니다.

PART 6 02 Words & Expressions

고득점 공략하기 — 주요 어휘 및 추가 구문

주제 ① 생활(거주/여가/시설/물건 구매) ② 정보(조언/의견) ③ 일/직업/경력
④ 장소/거리(교통수단) ⑤ 인터넷 ⑥ 교육/훈련 ⑦ 방해/손상

| culture and customs | 문화와 관습 |

We need to know other people's culture and customs since we live in a multicultural society.
우리는 다문화 사회에 살고 있기 때문에 다른 사람들의 문화와 관습을 알아야 합니다.

| information and entertainment | 정보 및 오락(물) |

We use computers for information and entertainment.
우리는 정보와 오락을 위해 컴퓨터를 사용합니다.

| get in touch with [contact] | ~와 연락하다 |
| | 참고 keep in touch with ~와 연락을 유지하다 |

Online communication helps us get in touch with people who live far away from us.
온라인 커뮤니케이션은 멀리 사는 사람들과 연락을 하는 데 도움을 줍니다.

| social networking site [SNS] | 소셜 네트워크 사이트 |

Social networking sites, such as Facebook and Twitter, help us contact our friends and family more easily.
페이스북이나 트위터와 같은 소셜 네트워크 사이트들은 친구들 및 가족과 더 쉽게 연락하는 데 도움을 줍니다.

| get useful tips and advice | 유용한 팁과 조언을 얻다 |

I can get useful tips and advice from my friends who have experience in searching for a job.
나는 직업을 구했던 경험이 있는 친구들로부터 유용한 팁과 조언을 얻을 수 있습니다.

| customer review | 고객 후기 |

By reading customer reviews, I can get more accurate information.
고객 후기를 읽음으로써, 나는 더 정확한 정보를 얻을 수 있습니다.

| security issues | 보안 문제 |

Shopping online is convenient, but it can be dangerous due to security issues.
인터넷 쇼핑은 편리하지만 보안 문제 때문에 위험할 수 있습니다.

| make a purchase on impulse | 충동구매를 하다 |

I tend to make a purchase on impulse when I shop at online shopping malls.
나는 인터넷 쇼핑몰에서 쇼핑을 하면 충동구매를 하는 경향이 있습니다.

| haggle | (가격을 두고) 흥정하다 |

We can save money at traditional markets because we can haggle.
우리는 재래시장에서 흥정할 수 있기 때문에 돈을 절약할 수 있습니다.

make a transaction | 거래하다

The advantage of making transactions on the Internet is that it is fast and convenient.
온라인 거래의 장점은 빠르고 편리하다는 것입니다.

widen one's view [broaden one's view] | 시야를 넓히다

I think that traveling widens my view.
나는 여행이 시야를 넓혀준다고 생각합니다.

refresh oneself | 기분 전환하다

Visiting my hometown helps me relax, and also I can refresh myself.
고향을 방문하는 것은 나를 편히 쉴 수 있게 하고, 기분 전환도 할 수 있습니다.

life span | 수명

Development in medical science has increased people's life span, so people can live longer.
의학 발전이 사람들의 수명을 연장시켜서 사람들은 더 오래 살 수 있습니다.

alternative energy | 대체 에너지

Current energy resources such as oil and gas are limited, so we have to develop alternative energy.
석유와 가스 같은 현재 에너지 자원은 제한되어 있어서, 우리는 대체 에너지를 개발해야 합니다.

reference | 참고 (자료), 추천(서)

When discussing things with others, I can use other people's experience for reference.
다른 사람들과 의논하면, 나는 그들의 경험담을 참고할 수 있습니다.

cost-efficient | 비용 효율적인

It is more cost-efficient, so we can save more money.
그것은 더 비용 효율적이어서 우리는 더 많은 돈을 절약할 수 있습니다.

have a tight budget | 예산이 부족하다, 예산이 빠듯하다

Because I am a student, I don't have a lot of money. Therefore, I usually have a tight budget.
나는 학생이기 때문에 많은 돈을 갖고 있지 않습니다. 따라서 나는 보통 예산이 부족합니다.

ingredient | (음식의) 재료, 성분
참고 material (물건, 물질의) 재료

When cooking at home, I can make food with fresh ingredients. And it's good for my health.
집에서 요리하면, 나는 신선한 재료로 음식을 만들 수 있습니다. 그리고 그것은 건강에 좋습니다.

nuclear family | 핵가족 [↔ extended family 대가족]

Most children are brought up in a nuclear family these days.
요즘 대부분의 아이들은 핵가족 가정에서 자랍니다.

주제 ⑧ 회사/직장 상황

get a job
취업하다

Nowadays, we need to have many skills and qualifications to get a job.
요즘, 우리는 취업하기 위해서 많은 기량과 자질을 가지고 있어야 합니다.

get various kinds of experience
다양한 경험을 하다

We can get various kinds of experience by working abroad.
우리는 해외에서 일함으로써 다양한 경험을 할 수 있습니다.

build one's career
경력을 쌓다

People can build their career by working at one company for a long time.
사람들은 한 회사에서 오랫동안 일함으로써 경력을 쌓을 수 있습니다.

concentrate on [focus on]
~에 집중하다

I can concentrate on my work better when I work by myself.
나는 혼자 일할 때 일에 더 집중할 수 있습니다.

stay focused
계속 집중하다

It was very enjoyable, so I was able to stay focused.
그것은 매우 즐거워서 나는 계속 집중할 수 있었습니다.

work in a team
팀으로 일하다

I can learn more things from my coworkers by working in a team.
팀으로 일함으로써, 나는 동료들로부터 더 많은 것들을 배울 수 있습니다.

meet one's deadline
기한을 맞추다, 마감일을 맞추다

Working in a team is very efficient, so we can meet our deadline more easily.
팀으로 일하는 것은 매우 효율적이어서, 우리는 더 쉽게 기한을 맞출 수 있습니다.

motivate
동기 부여하다

When I worked at a fast food restaurant, my manager motivated me.
내가 패스트푸드점에서 일했을 때, 상사가 나에게 동기 부여했습니다.

be responsible for
[be in charge of/take charge of]
~에 책임이 있다, ~을 담당하다

A leader has to be responsible for his team and work since many people depend on him.
리더는 그의 팀과 일에 책임을 져야 합니다. 왜냐하면 많은 사람들이 그에게 의지하기 때문입니다.

increase productivity
생산성을 높이다

Technological advances have increased productivity at work.
기술 발전이 직장에서 생산성을 높였습니다.

maternity leave
(여성의) 출산 휴가
[참고] paternity leave (남성의) 출산 휴가

It is very important for women to get maternity leave.
여성에게 출산 휴가를 얻는 것은 매우 중요합니다.

socialize with [mingle with]
~와 어울리다, 잘 지내다

I like to socialize with my coworkers after work because I can have a good relationship with others.
나는 퇴근 후에 동료들과 어울리는 것을 좋아합니다. 왜냐하면 다른 사람들과 좋은 관계를 가질 수 있기 때문입니다.

conflict
충돌, 갈등

My supervisor could deal with many difficult problems such as conflicts among co-workers.
나의 상사는 동료들 간의 갈등과 같은 많은 어려운 문제들을 처리할 수 있었습니다.

competitive
경쟁적인(경쟁이 심한), 경쟁력 있는

These days, people tend to be self-centered because society has become more competitive.
요즘 사람들은 자기중심적인 경향이 있습니다. 왜냐하면 사회가 경쟁이 더욱 심해졌기 때문입니다.

go back to work with a positive mind
긍정적인 마음으로 업무에 복귀하다

I could relieve my stress and go back to work with a positive mind.
나는 스트레스를 해소하고 긍정적인 마음으로 업무에 복귀할 수 있었습니다.

주제 ⑨ (대)학생/청소년/아이들

learning ability
학습 능력

A teacher must recognize the students' learning abilities and adjust the class materials accordingly.
선생님은 학생들의 학습 능력을 이해하고 그에 맞게 수업 자료를 조절해야 합니다.

academic subject
학문적인 과목

Academic subjects are emphasized in high school because they are considered to be important for getting students into universities.
학문적인 과목들은 학생들이 대학교에 입학하는 데 중요하다고 여겨지기 때문에 고등학교에서 강조됩니다.

extracurricular activities
교과 외 활동

Non-academic extracurricular activities such as music can help students improve creativity because they involve hands-on learning.
음악과 같은 비학문적인 교과 외 활동은 체험 학습을 포함하기 때문에 학생들의 창의력 향상에 도움이 될 수 있습니다.

physical education
체육

Physical education is important for students because they can increase their stamina and build up muscles.
체육은 학생들에게 중요합니다. 왜냐하면 체력을 키우고 근육을 만들 수 있기 때문입니다.

make crafts
공예를 하다, 손으로 만들다

When I was an elementary school student, I made crafts in my art class.
나는 초등학생 때, 미술 시간에 공예를 했습니다.

online course
온라인 수업

Online courses can be a convenient way to learn more.
온라인 수업은 더 많이 배울 수 있는 편리한 방법입니다.

interact with
~와 교류하다, 소통하다, 상호 작용하다

By interacting with teachers and peers, learning can be accelerated.
선생님들과 학교 친구들과 교류함으로써, 배움을 가속화할 수 있습니다.

learn to cooperate with other people
다른 사람들과 협력하는 법을 배우다

Children can learn to cooperate with other people by playing sports together.
아이들은 함께 스포츠를 함으로써 다른 사람들과 협력하는 법을 배울 수 있습니다.

| **eyesight** | 시력 |

Watching too much TV is bad for children's eyesight and posture.
지나친 TV 시청은 아이들의 시력과 자세에 좋지 않습니다.

| **raise [bring up]** | ~을 키우다, 양육하다 |

Parents prefer raising their children in the city to raising them in the countryside.
부모들은 아이들을 시골에서 키우는 것보다 도시에서 키우는 것을 선호합니다.

| **co-ed school** | 남녀공학
[↔ single-gender school 남학교, 여학교] |

Attending co-ed schools can encourage social development in teenagers through interactions between boys and girls.
남녀공학에 다니는 것은 남학생들과 여학생들간의 교류를 통해 청소년들의 사회성 발달에 도움이 될 수 있습니다.

| **corporal punishment** | 체벌 |

I don't think that corporal punishment is necessary to discipline children in school.
나는 체벌이 학교에서 아이들을 훈육하는 데 필요하다고 생각하지 않습니다.

| **scholarship** | 장학금 |

If scholarships are offered to more college students, the students will be able to focus on their studies better.
더 많은 대학생들에게 장학금이 주어진다면, 학생들은 공부에 더 전념할 수 있을 것입니다.

| **student loan** | 학자금 대출 |

Many students get a student loan to pay for their tuition and fees in university.
많은 학생들이 대학교에서 수업료와 등록금을 내기 위해 학자금 대출을 받습니다.

| **manage money** | 돈을 관리하다 |

Teenagers can learn how to manage money by making their own money and budget.
십대들은 스스로 돈을 벌고 예산을 세움으로써 돈을 관리하는 법을 배울 수 있습니다.

PART 6
03 Practice Test

고득점 공략하기 — 다음 문제들을 주제 유형별로 연습해 보자.

🎧 P6_222~227 / 모범 답안 p.359

Test 1

When learning about other cultures, would you rather go on vacation to other countries or read travel books?
Use specific ideas and examples to support your opinion.

▶ 질문 유형 ▶ Choose A or B (or C) [조동사 의문문]
▶ 주제 ▶ ① 생활(여가) ⑥ 교육/훈련

▶ 근거 하나, 예시 하나

▶ 근거 두 개, 예시 하나

☑ SELF-CHECK LIST

본인의 답변을 녹음한 후 들으면서 아래 박스에 표시하세요.

☐ 첫 문장을 틀리지 않게 잘 답변했다.
☐ 질문과 어울리는 근거 문장을 제시했다.
☐ 첫 문장 및 근거 문장과 어울리는 추가 문장을 전개했다.

Test 2

Which do you think is better, living in the same place all of your life or moving frequently and living in many different places throughout your life?
Give reasons and examples to support your opinion.

▶ **질문 유형** ▶▶ Choose A or B (or C) [의문사 의문문(주격) + do you think]
▶ **주제** ▶▶ ① 생활(거주) ④ 장소/거리(교통수단)

▶ 근거 하나, 예시 하나

▶ 근거 두 개, 예시 하나

☑ SELF-CHECK LIST

본인의 답변을 녹음한 후 들으면서 아래 박스에 표시하세요.

- ☐ 첫 문장을 틀리지 않게 잘 답변했다.
- ☐ 질문과 어울리는 근거 문장을 제시했다.
- ☐ 첫 문장 및 근거 문장과 어울리는 추가 문장을 전개했다.

Test 3

Do you think that the best employees are those who complete their work in the shortest amount of time? Why?
Give reasons or examples to support your opinion.

▶ 질문 유형 ▶▶ Choose A or B (or C) [조동사 의문문, 선택지가 없는 경우]
▶ 주제 ▶▶ ⑧ 회사/직장 상황 ③ 일/직업/경력

▶ 근거 하나, 예시 하나

▶ 근거 두 개, 예시 하나

☑ SELF-CHECK LIST

본인의 답변을 녹음한 후 들으면서 아래 박스에 표시하세요.

☐ 첫 문장을 틀리지 않게 잘 답변했다.
☐ 질문과 어울리는 근거 문장을 제시했다.
☐ 첫 문장 및 근거 문장과 어울리는 추가 문장을 전개했다.

Test 4

Do you agree or disagree with the following statement?
Companies should prohibit employees from using social networking Web sites in the workplace.
Give specific reasons and examples to support your opinion.

▶ **질문 유형** ▶▶ Agree or Disagree [조동사 의문문]
▶ **주제** ▶▶ ⑧ 회사/직장 상황 ⑦ 방해/손상

▶ 근거 하나, 예시 하나

▶ 근거 두 개, 예시 하나

☑ **SELF-CHECK LIST**

본인의 답변을 녹음한 후 들으면서 아래 박스에 표시하세요.

☐ 첫 문장을 틀리지 않게 잘 답변했다.
☐ 질문과 어울리는 근거 문장을 제시했다.
☐ 첫 문장 및 근거 문장과 어울리는 추가 문장을 전개했다.

Test 5

Do you think that it is important for children to participate in sports or other activities outside of school?
Use specific ideas and examples to support your opinion.

▶ **질문 유형** ▸ Choose A or B (or C) [의문사 의문문(의문 부사), 선택지가 없는 경우]
▶ **주제** ▸ ⑨ (대)학생/청소년/아이들 ① 생활(여가/시설) ⑥ 교육/훈련

▶ **근거 하나, 예시 하나**

▶ **근거 두 개, 예시 하나**

✅ SELF-CHECK LIST

본인의 답변을 녹음한 후 들으면서 아래 박스에 표시하세요.

- ☐ 첫 문장을 틀리지 않게 잘 답변했다.
- ☐ 질문과 어울리는 근거 문장을 제시했다.
- ☐ 첫 문장 및 근거 문장과 어울리는 추가 문장을 전개했다.

Test 6

What are some negative effects of giving money to children for doing housework such as washing laundry?
Use specific ideas and examples to support your opinion.

▶ 질문 유형 ▶ Advantage or Disadvantage [의문사 의문문(주격, 주격 보어)]
▶ 주제 ▶ ⑨ (대)학생/청소년/아이들 ① 생활(여가/물건 구매) ③ 일/직업/경력 ⑥ 교육/훈련

▶ 근거 하나, 예시 하나

▶ 근거 두 개, 예시 하나

☑ SELF-CHECK LIST

본인의 답변을 녹음한 후 들으면서 아래 박스에 표시하세요.

☐ 첫 문장을 틀리지 않게 잘 답변했다.
☐ 질문과 어울리는 근거 문장을 제시했다.
☐ 첫 문장 및 근거 문장과 어울리는 추가 문장을 전개했다.

PART 6

Test 1

TOEIC Speaking

Question 11: Express an opinion

Directions: In this part of the test, you will give your opinion about a specific topic. Be sure to say as much as you can in the time allowed. You will have 15 seconds to prepare. Then you will have 60 seconds to speak.

TOEIC Speaking — Question 11 of 11

What are the disadvantages of using the Internet as a main source of news? Use specific reasons and examples to support your opinion.

PREPARATION TIME
00:00:15

RESPONSE TIME
00:01:00

저는 지성이 상사로서 가장 중요한 측면이라고 생각합니다.

그리고 그 이유는 두 가지 있습니다.

첫 번째, (제 상사가 아는 것이 많으면,) 저는 직장에서 동기 부여될 수 있습니다. (왜냐하면 그는 아는 것이 많아서 문제를 더 쉽게 해결할 수 있기 때문입니다.) 그래서 저는 더 열심히 일할 수 있습니다. 그래서 그것은 저에게 더 이롭습니다.

두 번째, 다양한 정보를 얻을 수 있기 때문에[더 많은 것들을 배울 수 있기 때문에] 저에게 더 도움이 됩니다.

예를 들면, 제가 이전 회사에서 일했을 때, 제 상사는 아는 것이 많아서 저는 그에게 조언을 구했습니다.[저는 아는 것이 많은 제 상사에게 조언을 구했습니다.] 그리고 (그에게서) 다양한 정보를 얻을 수 있었기 때문에 저에게 정말 도움이 되었습니다. 그래서 그것은 저에게 좋은 경험이었습니다.

이러한 이유들로, 저는 지성이 (상사로서) 가장 중요한 측면이라고 믿습니다.

※ 다음과 같이 동일한 문제가 다른 어휘들로 출제된다.

Q Which of the following aspects[factors/attributes/qualities/features/characteristics] do you think would be the most important as a manager?

- aspect ⓝ 측면
- factor ⓝ 요소, 요인
- attribute ⓝ 특징, 특성
- quality ⓝ ① 품질, 질[↔ quantity ⓝ 양] ② 자질 ⓐ 양질의
- feature ⓝ ① 특징, 특색[characteristics] ② 기능[function]
- supervisor ⓝ ① 상사, 관리자[manager] ② 감독관
- intelligence ⓝ 지성 / intelligent ⓐ 지적인[smart ⓐ 똑똑한]
- sociability ⓝ 사회성
- patience ⓝ 인내심, 참을성 / patient ⓐ 인내심 있는, 참을성 있는
- generosity ⓝ 인자함 / generous ⓐ 인자한
- loyalty ⓝ 충성심 / loyal ⓐ 충성심이 있는, 단골의, 의리 있는
- determination ⓝ 단호함, 확고함 / determined ⓐ 단호한, 확고한, 의지가 강한

빈출 문제 연습 2

- Advantage/Disadvantage

Q1 What are the advantages of working in a group in the workplace?
Use specific reasons and examples to support your opinion.

직장에서 그룹으로 일하는 것의 장점들은 무엇입니까?
당신의 의견을 뒷받침하기 위한 구체적인 이유와 예시를 들어주세요.

R 근거 하나, 예시 하나

▶ 서론	**(I think) There is an advantage of** working in a group in the workplace.
▶ 본론 [근거]	**And the reason is that** it is more efficient (to work in a group[team]) (because we can share the work). (So, we can perform better.) **For example,** (last year,) when I worked at my old company[in my old department], I worked in a group[team] (on an important task). And it was very efficient (because my group[team] members shared the work, and we could deal with the work more easily). Therefore, our performance[result] at work could be better. That's why it was a good experience for me. And also, it was more beneficial for me.
▶ 결론 [마무리]	**For this reason, (I believe) this is the advantage (of** working in a group[team] in the workplace[at work]).

직장에서 그룹으로 일하는 것의 장점이 있습니다(라고 생각합니다).

그리고 그 이유는 (그룹[팀]으로 일하는 것이) 더 효율적입니다. (왜냐하면 우리가 일을 나눠서 할 수 있기 때문입니다.) (그래서 우리는 더 좋은 성과를 얻을 수 있습니다.)

예를 들면, (작년에) 제가 이전 회사[부서]에서 일했을 때, 저는 (중요한 업무에 대해) 그룹[팀]으로 일했습니다. 그리고 그것은 매우 효율적이었습니다. (왜냐하면 저의 그룹[팀] 구성원이 일을 나눠서 해서 더 쉽게 일을 처리할 수 있었기 때문입니다.) 따라서 직장에서 우리의 성과[결과]는 더 좋아질 수 있었습니다. 그래서 그것은 저에게 좋은 경험이었습니다. 그리고 또한, 그것은 저에게 더 이로웠습니다.

이러한 이유로, 이것이 (직장에서 그룹[팀]으로 일하는 것의) 장점입니다(라고 믿습니다).

Q2 What are the disadvantages of working in a group in the workplace?
Use specific reasons and examples to support your opinion.

직장에서 그룹으로 일하는 것의 단점들은 무엇입니까?
당신의 의견을 뒷받침하기 위한 구체적인 이유와 예시를 들어주세요.

R1 근거 하나, 예시 하나

	▶ 서론	(I think) There is a disadvantage of working in a group in the workplace.
	▶ 본론 [근거]	And the reason is that it is not efficient (to work in a group[team]) (because there can be conflicts or disagreements). (So, we cannot work harder.) For example, (last year,) when I worked at my old company[in my old department], I worked in a group[team] (on an important task). And it was not efficient (because my group[team] members had conflicts while doing the work together). Therefore, I couldn't work harder (in our team). (As a result, we couldn't complete the task properly.) That's why it was a bad experience for me. And also, it was not beneficial for me.
	▶ 결론 [마무리]	For this reason, (I believe) this is the disadvantage (of working in a group [team] in the workplace[at work]).

직장에서 그룹으로 일하는 것의 단점이 있습니다(라고 생각합니다).

그리고 그 이유는 (그룹[팀]으로 일하는 것은) 효율적이지 않습니다. (왜냐하면 갈등이나 의견 불일치가 있을 수 있기 때문입니다.) (그래서 우리는 더 열심히 일할 수 없습니다.)

예를 들면, (작년에) 제가 이전 회사[부서]에서 일했을 때, 저는 (중요한 업무에 대해) 그룹[팀]으로 일했습니다. 그리고 그것은 효율적이지 않았습니다. (왜냐하면 저의 그룹[팀] 구성원들이 함께 일하는 동안에 갈등이 있었기 때문입니다.) 따라서 저는 (우리 팀에서) 더 열심히 일할 수 없었습니다. (그 결과, 우리는 제대로 일을 끝낼 수 없었습니다.) 그래서 그것은 저에게 나쁜 경험이었습니다. 그리고 또한, 그것은 저에게 이롭지 않았습니다.

이러한 이유로, 이것이 (직장에서 그룹[팀]으로 일하는 것의) 단점입니다(라고 믿습니다).

R2 근거 두 개, 예시 하나

	▶ 서론	**(I think) There are some disadvantages of** working in a group in the workplace.
	▶ 본론 [근거 1]	**And there are two reasons for that.** **First,** (when working in a group[team],) it is not helpful for me. This is because I can waste time. (I can spend a lot of time listening to all of the opinions of my team members when making a decision.) That's why it is not beneficial for me.
	▶ 본론 [근거 2]	**Second,** it is not efficient (to work in a group[team]) (because there can be conflicts or disagreements). (So, we cannot work harder.) **For example,** (last year,) when I worked at my old company[in my old department], I worked in a group[team] (on an important task). And it was not efficient (because my group[team] members had conflicts while doing the work together). Therefore, I couldn't work harder (in our team). (As a result, we couldn't complete the task properly.) That's why it was a bad experience for me.
	▶ 결론 [마무리]	**For these reasons, (I believe) these are the disadvantages** (of working in a group[team] in the workplace[at work]).

직장에서 그룹으로 일하는 것의 몇 가지 단점들이 있습니다(라고 생각합니다).

그리고 그 이유는 두 가지 있습니다.

첫 번째, (그룹[팀]으로 일하면,) 그것은 저에게 도움이 되지 않습니다. 왜냐하면 시간을 낭비할 수 있기 때문입니다. (저는 결정할 때 팀 구성원들의 모든 의견을 듣는 데 많은 시간을 소비할 수 있습니다.) 그래서 그것은 저에게 이롭지 않습니다.

두 번째, (그룹[팀]으로 일하는 것은) 효율적이지 않습니다. (왜냐하면 갈등이나 의견 불일치가 있을 수 있기 때문입니다.) (그래서 우리는 더 열심히 일할 수 없습니다.)

예를 들면, (작년에) 제가 이전 회사[부서]에서 일했을 때, 저는 (중요한 업무에 대해) 그룹[팀]으로 일했습니다. 그리고 그것은 효율적이지 않았습니다. (왜냐하면 저의 그룹[팀] 구성원들이 함께 일하는 동안에 갈등이 있었기 때문입니다.) 따라서 저는 (우리 팀에서) 더 열심히 일할 수 없었습니다. (그 결과, 우리는 제대로 일을 끝낼 수 없었습니다.) 그래서 그것은 저에게 나쁜 경험이었습니다.

이러한 이유로, 이것들이 (직장에서 그룹[팀]으로 일하는 것의) 단점들입니다(라고 믿습니다).

Final Test

Final Test 1 p. 236-243

Final Test 2 p. 244-251

Final Test 3 p. 252-259

Final Test 1

TOEIC Speaking

Questions 1-2: Read a text aloud

Directions: In this part of the test, you will read aloud the text on the screen. You will have 45 seconds to prepare. Then you will have 45 seconds to read the text aloud.

TOEIC Speaking — Question 1 of 11

Fascinating Apparel will be holding our annual warehouse sale this weekend. We have clothes for every season and carry a wide variety of brands. Come and see our large selection of women's, men's, and children's clothing, all reduced twenty to forty percent. Come down to our store today, and check out the lowest prices around at our warehouse sale.

PREPARATION TIME	RESPONSE TIME
00:00:45	00:00:45

TOEIC Speaking — Question 2 of 11

Thank you for flying with JetGold Airways. We are pleased to offer the industry's best entertainment system on all our flights. To begin, please press the On button and tap Start on the screen. We offer you the latest movies, popular TV shows, and all kinds of music. First, however, please pay attention to the flight attendants for the in-flight safety demonstration.

PREPARATION TIME	RESPONSE TIME
00:00:45	00:00:45

TOEIC Speaking

Question 3: Describe a picture

Directions: In this part of the test, you will describe the picture on your screen in as much detail as you can. You will have 30 seconds to prepare your response. Then you will have 45 seconds to speak about the picture.

TOEIC Speaking   Question 3 of 11

PREPARATION TIME
00:00:30

RESPONSE TIME
00:00:45

TOEIC Speaking

Questions 4-6: Respond to questions

Directions: In this part of the test, you will answer three questions. For each question, begin responding immediately after you hear a beep. No preparation time is provided. You will have 15 seconds to respond to Questions 4 and 5 and 30 seconds to respond to Question 6.

TOEIC Speaking Question 4 of 11

Imagine that an American marketing firm is doing research in your country. You have agreed to participate in a telephone interview about purchasing products.

What was the last product you bought? How did you buy it?

RESPONSE TIME
00:00:15

TOEIC Speaking — Question 5 of 11

Imagine that an American marketing firm is doing research in your country. You have agreed to participate in a telephone interview about purchasing products.

How frequently do you shop for products online? Why do you purchase them online?

RESPONSE TIME
00:00:15

TOEIC Speaking — Question 6 of 11

Imagine that an American marketing firm is doing research in your country. You have agreed to participate in a telephone interview about purchasing products.

Which of the following features would you look for if you bought a product online? Why?
- Customer reviews
- Advertisements
- Pictures with descriptions

RESPONSE TIME
00:00:30

TOEIC Speaking

Questions 7-9: Respond to questions using information provided

Directions: In this part of the test, you will answer three questions based on the information provided. You will have 30 seconds to read the information before the questions begin. For each question, begin responding immediately after you hear a beep. No additional preparation time is provided. You will have 15 seconds to respond to Questions 7 and 8 and 30 seconds to respond to Question 9.

TOEIC Speaking

Questions 7-9 of 11

Business Trip for Bernard Sackman
December 4 – December 9

Departing flight - December 4	American Air Flight EA274
Depart Los Angeles	11:00 A.M.
Arrive Las Vegas	12:05 P.M.
Hotel	
LV Palace Hotel	
Day trip to Hoover - December 7	
Leave for Hoover	10:00 A.M.
Arrive back in Las Vegas (same day)	08:00 P.M.
Return flight - December 9	American Air Flight EA293
Depart Las Vegas	05:00 P.M.
Arrive Los Angeles	06:05 P.M.

PREPARATION TIME
00:00:30

TOEIC Speaking — Questions 7-9 of 11

Business Trip for Bernard Sackman
December 4 – December 9

Departing flight - December 4   American Air Flight EA274
Depart Los Angeles   11:00 A.M.
Arrive Las Vegas   12:05 P.M.

Hotel
LV Palace Hotel

Day trip to Hoover - December 7
Leave for Hoover   10:00 A.M.
Arrive back in Las Vegas (same day)   08:00 P.M.

Return flight - December 9   American Air Flight EA293
Depart Las Vegas   05:00 P.M.
Arrive Los Angeles   06:05 P.M.

RESPONSE TIME 00:00:15

RESPONSE TIME 00:00:15

RESPONSE TIME 00:00:30

TOEIC Speaking

Question 10: Propose a solution

Directions: In this part of the test, you will be presented with a problem and asked to propose a solution. You will have 30 seconds to prepare. Then you will have 60 seconds to speak.

In your response, be sure to
- show that you recognize the problem, and
- propose a way of dealing with the problem.

TOEIC Speaking	Question 10 of 11

TOEIC Speaking	Question 10 of 11

Respond as if you work at a restaurant.

In your response, be sure to
- show that you recognize the problem, and
- propose a way of dealing with the problem.

PREPARATION TIME	RESPONSE TIME
00:00:30	00:01:00

TOEIC Speaking

Question 11: Express an opinion

Directions: In this part of the test, you will give your opinion about a specific topic. Be sure to say as much as you can in the time allowed. You will have 15 seconds to prepare. Then you will have 60 seconds to speak.

TOEIC Speaking

Describe some advantages of accepting a job offer in a different country.
Use specific reasons and examples to support your opinion.

PREPARATION TIME	RESPONSE TIME
00:00:15	00:01:00

Final Test 2

🎧 F_2 / 모범 답안 p.382

TOEIC Speaking

Questions 1-2: Read a text aloud

Directions: In this part of the test, you will read aloud the text on the screen. You will have 45 seconds to prepare. Then you will have 45 seconds to read the text aloud.

TOEIC Speaking	Question 1 of 11

You have reached Long Beach Properties. Currently, all of our lines are busy. If you're interested in more information about our real estate, you can visit our Web site at any time. If you would like to leave a message, please stay on the line. Please leave your name and phone number with your message after the beep.

PREPARATION TIME	RESPONSE TIME
00:00:45	00:00:45

TOEIC Speaking	Question 2 of 11

Here's the latest traffic information from Channel Seven News. Starting this weekend, a large section of Riverside Freeway will be closed for construction. Work will be done to repave the roadway, install new traffic lights, and add bicycle lanes. During this period, all motorists are advised to take detours through Route 57 and Interstate 10.

PREPARATION TIME	RESPONSE TIME
00:00:45	00:00:45

TOEIC Speaking

Question 3: Describe a picture

Directions: In this part of the test, you will describe the picture on your screen in as much detail as you can. You will have 30 seconds to prepare your response. Then you will have 45 seconds to speak about the picture.

TOEIC Speaking — Question 3 of 11

PREPARATION TIME
00:00:30

RESPONSE TIME
00:00:45

TOEIC Speaking

Questions 4-6: Respond to questions

Directions: In this part of the test, you will answer three questions. For each question, begin responding immediately after you hear a beep. No preparation time is provided. You will have 15 seconds to respond to Questions 4 and 5 and 30 seconds to respond to Question 6.

TOEIC Speaking — Question 4 of 11

Imagine that a telephone service company is doing research in your area. You have agreed to participate in a telephone interview about using phones.

How much time do you spend using a telephone per day?
And how much of that is on a smartphone?

RESPONSE TIME
00:00:15

TOEIC Speaking — Question 5 of 11

Imagine that a telephone service company is doing research in your area. You have agreed to participate in a telephone interview about using phones.

Do you use the same telephone service provider for your smartphone and home telephone? Why or why not?

RESPONSE TIME
00:00:15

TOEIC Speaking — Question 6 of 11

Imagine that a telephone service company is doing research in your area. You have agreed to participate in a telephone interview about using phones.

What factors would you pay the most attention to when changing your current telephone service provider to a different one?

RESPONSE TIME
00:00:30

TOEIC Speaking

Questions 7-9: Respond to questions using information provided

Directions: In this part of the test, you will answer three questions based on the information provided. You will have 30 seconds to read the information before the questions begin. For each question, begin responding immediately after you hear a beep. No additional preparation time is provided. You will have 15 seconds to respond to Questions 7 and 8 and 30 seconds to respond to Question 9.

TOEIC Speaking — Questions 7-9 of 11

Carl Mears
700 North Branch St, Chicago, IL 60621 (Mears81@gmail.com)

Interviewing for: Pastry chef at Jefferson Hotel Restaurant

Work Experience: Pastry chef at Paul's Bakery (2014–present)
Assistant baker at Crown Donuts (2011–2014)

Education: Bachelor's degree in Culinary Arts – Kendall College (2011)
Certificate in Pastry – CA Institute (2008)

Skills: Fluent in Korean / Conversational level in French
Familiar with accounting software

Reference: Available upon request

PREPARATION TIME
00:00:30

Carl Mears
700 North Branch St, Chicago, IL 60621 (Mears81@gmail.com)

Interviewing for: Pastry chef at Jefferson Hotel Restaurant

Work Experience: Pastry chef at Paul's Bakery (2014–present)
Assistant baker at Crown Donuts (2011–2014)

Education: Bachelor's degree in Culinary Arts – Kendall College (2011)
Certificate in Pastry – CA Institute (2008)

Skills: Fluent in Korean / Conversational level in French
Familiar with accounting software

Reference: Available upon request

RESPONSE TIME
00:00:15

RESPONSE TIME
00:00:15

RESPONSE TIME
00:00:30

TOEIC Speaking

Question 10: Propose a solution

Directions: In this part of the test, you will be presented with a problem and asked to propose a solution. You will have 30 seconds to prepare. Then you will have 60 seconds to speak.

In your response, be sure to
- show that you recognize the problem, and
- propose a way of dealing with the problem.

TOEIC Speaking — Question 10 of 11

TOEIC Speaking — Question 10 of 11

Respond as if you are the assistant manager of the store.

In your response, be sure to
- show that you recognize the problem, and
- propose a way of dealing with the problem.

PREPARATION TIME	RESPONSE TIME
00:00:30	00:01:00

TOEIC Speaking

Question 11: Express an opinion

Directions: In this part of the test, you will give your opinion about a specific topic. Be sure to say as much as you can in the time allowed. You will have 15 seconds to prepare. Then you will have 60 seconds to speak.

TOEIC Speaking

Which of the following would be the most difficult at work?

- Having a new supervisor
- Learning a new skill
- Performing a project by yourself

Use specific ideas and examples to support your opinion.

PREPARATION TIME	RESPONSE TIME
00:00:15	00:01:00

Final Test 3

TOEIC Speaking

Questions 1-2: Read a text aloud

Directions: In this part of the test, you will read aloud the text on the screen. You will have 45 seconds to prepare. Then you will have 45 seconds to read the text aloud.

TOEIC Speaking — Question 1 of 11

This weekend, the East Coast will get its first hurricane of this season. Although it is expected to be a weak category three, residents are advised to stay indoors. The hurricane season has arrived earlier, but experts forecast that this season will be a short one. We'll be back to the usual sunny, fair, and warm weather shortly.

PREPARATION TIME	RESPONSE TIME
00:00:45	00:00:45

TOEIC Speaking — Question 2 of 11

Welcome to the North Shore High School Talent Show. Our actors have been preparing for the event for months hoping to become the winners of this year's talent show. During the performance, student clubs will be selling food and drinks to raise funds for their activities. Please turn off your mobile phones, and have a great time.

PREPARATION TIME	RESPONSE TIME
00:00:45	00:00:45

TOEIC Speaking

Question 3: Describe a picture

Directions: In this part of the test, you will describe the picture on your screen in as much detail as you can. You will have 30 seconds to prepare your response. Then you will have 45 seconds to speak about the picture.

TOEIC Speaking   Question 3 of 11

PREPARATION TIME
00:00:30

RESPONSE TIME
00:00:45

TOEIC Speaking

Questions 4-6: Respond to questions

Directions: In this part of the test, you will answer three questions. For each question, begin responding immediately after you hear a beep. No preparation time is provided. You will have 15 seconds to respond to Questions 4 and 5 and 30 seconds to respond to Question 6.

TOEIC Speaking Question 4 of 11

Imagine that a British pet magazine is writing an article about pets in your area. You have agreed to participate in a telephone interview about raising pets.

What sort of pet is the most popular in your area? Do you have one?

RESPONSE TIME
00:00:15

TOEIC Speaking — Question 5 of 11

Imagine that a British pet magazine is writing an article about pets in your area. You have agreed to participate in a telephone interview about raising pets.

Besides the price, what is the most important aspect when buying a pet? Why?

RESPONSE TIME
00:00:15

TOEIC Speaking — Question 6 of 11

Imagine that a British pet magazine is writing an article about pets in your area. You have agreed to participate in a telephone interview about raising pets.

What are some drawbacks of keeping pets?

RESPONSE TIME
00:00:30

TOEIC Speaking

Questions 7-9: Respond to questions using information provided

Directions: In this part of the test, you will answer three questions based on the information provided. You will have 30 seconds to read the information before the questions begin. For each question, begin responding immediately after you hear a beep. No additional preparation time is provided. You will have 15 seconds to respond to Questions 7 and 8 and 30 seconds to respond to Question 9.

TOEIC Speaking   Questions 7-9 of 11

The Privilege Hotel
Schedule of Interviews: June 2

Time	Job Applicant	Position	Experience
10:00 A.M. – 10:30 A.M.	Matt Carter	Concierge	2 years
10:30 A.M. – 11:00 A.M.	Steven Upton	Assistant manager	6 years
11:00 A.M. – 11:30 A.M.	Mary Howard	Receptionist	1 year
11:30 A.M. – Noon	Pat Robertson	Waiter	1 year
01:00 P.M. – 01:30 P.M.	Anna Wilson	Receptionist	2 years
01:30 P.M. – 02:00 P.M.	Justin Lee	Chef	4 years

PREPARATION TIME
00:00:30

The Privilege Hotel

Schedule of Interviews: June 2

Time	Job Applicant	Position	Experience
10:00 A.M. – 10:30 A.M.	Matt Carter	Concierge	2 years
10:30 A.M. – 11:00 A.M.	Steven Upton	Assistant manager	6 years
11:00 A.M. – 11:30 A.M.	Mary Howard	Receptionist	1 year
11:30 A.M. – Noon	Pat Robertson	Waiter	1 year
01:00 P.M. – 01:30 P.M.	Anna Wilson	Receptionist	2 years
01:30 P.M. – 02:00 P.M.	Justin Lee	Chef	4 years

RESPONSE TIME
00:00:15

RESPONSE TIME
00:00:15

RESPONSE TIME
00:00:30

TOEIC Speaking

Question 10: Propose a solution

Directions: In this part of the test, you will be presented with a problem and asked to propose a solution. You will have 30 seconds to prepare. Then you will have 60 seconds to speak.

In your response, be sure to
- show that you recognize the problem, and
- propose a way of dealing with the problem.

TOEIC Speaking — Question 10 of 11

TOEIC Speaking — Question 10 of 11

Respond as if you are the manager of the store.

In your response, be sure to
- show that you recognize the problem, and
- propose a way of dealing with the problem.

PREPARATION TIME	RESPONSE TIME
00:00:30	00:01:00

TOEIC Speaking

Question 11: Express an opinion

Directions: In this part of the test, you will give your opinion about a specific topic. Be sure to say as much as you can in the time allowed. You will have 15 seconds to prepare. Then you will have 60 seconds to speak.

TOEIC Speaking

Question 11 of 11

Do you agree or disagree with the following statement?
These days, employees are less likely to take time off from work.
Use specific reasons and examples to support your opinion.

PREPARATION TIME	RESPONSE TIME
00:00:15	00:01:00

모범 답안

PART 1	지문 크게 읽기 (Q1-2)	p. 262-270
PART 2	사진 묘사하기 (Q3)	p. 271-284
PART 3	질문에 답하기 (Q4-6)	p. 285-299
PART 4	표 보고 질문에 답하기 (Q7-9)	p. 300-323
PART 5	해결책 제안하기 (Q10)	p. 324-347
PART 6	의견 제시하기 (Q11)	p. 348-373
Final Test 1-3		p. 374-399

PART 1 지문 크게 읽기

Check-Up Test

Test 1   **Q1**   p.20

Olsen's has opened a new location in the Houston area↘. // If you are in the neighborhood, / drop by / and experience authentic deli sandwiches↗, kosher favorites↗, and our fantastic service↘. // In addition, / we are offering delivery services in the area / starting this week↘. // So come by / and see what Olsen's offers↘. //

Olsen's가 Houston 지역에 새로운 지점을 개점했습니다. 근처에 계신다면, 들러서 정통 조제 식품 샌드위치와 정갈한 인기 요리와 환상적인 서비스를 경험하시기 바랍니다. 게다가, 우리는 이번 주부터 이 지역에 배달 서비스를 제공합니다. 그러니 오셔서 Olsen's가 무엇을 제공하는지 확인하시기 바랍니다.

Q2

Thank you / for attending the annual shareholders' meeting of Best Electronics↘. // Today, / the board will be discussing new ventures for the new year↘. // Best Electronics will enter the Internet security↗, robotics↗ and mining industries↘ / in the coming year↘. // Following the presentation, / the board will answer questions from shareholders↘. //

Best Electronics의 연례 주주 회의에 참석해주셔서 감사합니다. 오늘 이사회가 신년의 새로운 사업들을 의논할 것입니다. Best Electronics는 내년에 인터넷 보안, 로봇 및 채광 산업에 진출할 것입니다. 발표 후에, 이사회는 주주들의 질문에 응답할 것입니다.

Test 2   **Q1**

Good morning / and welcome to your local evening news report↘. // This weekend is the annual National Day parade↘. // Carson Street↗, First Avenue↗, and Broadway↘ / will be closed for the parade in the downtown area↘. // If you need to get somewhere on these roads, / please park elsewhere / and walk to your destination↘. // The parade will run from 10 A.M. to 2 P.M.↘ //

안녕하세요, 여러분의 지역 저녁 뉴스 보도에 오신 것을 환영합니다. 이번 주에는 연례 National Day 퍼레이드가 있습니다. Carson Street, First Avenue 그리고 Broadway는 중심가에 있을 퍼레이드를 위하여 폐쇄될 것입니다. 이 도로들의 어딘가로 가셔야 한다면, 다른 곳에 주차하시고 목적지까지 걸어가시기 바랍니다. 퍼레이드는 오전 10시부터 오후 2시까지 진행됩니다.

Q2

Welcome / to the Exciting Historic Tour↘. // Next, / we will continue our tour with a visit to a farm↘. // During the tour, / we'll explore how people lived hundreds of years ago↘. // We will see how people worked↗, lived↗, and entertained themselves↗ / in earlier times↘. // The farm / we will be visiting / was established three hundred years ago↘. //

Exciting Historic Tour에 오신 것을 환영합니다. 다음으로, 우리는 농장을 방문하면서 관광을 계속할 것입니다. 관광하는 동안, 수백 년 전에 사람들이 어떻게 살았는지 탐험할 것입니다. 우리는 오래 전에 어떻게 사람들이 일했고, 거주했고, 놀았는지 볼 것입니다. 우리가 방문할 농장은 3백 년 전에 지어졌습니다.

Test 3

Q1

You've reached Grand City Bus Tours↘. // As our offices are now closed, / we are unable to take your call↘. // Please leave a message, / and one of our representatives will call you back / the next business day↘. // Please include your name↗, contact information↗, and the reason for your call↘. // Thank you↘. //

Grand City Bus Tours로 연결하셨습니다. 현재 사무실이 문을 닫았으므로, 당신의 전화에 응답할 수 없습니다. 메시지를 남겨 주시면 우리의 직원 중 한 명이 다음 영업일에 당신에게 다시 전화를 드리겠습니다. 성함, 연락처 그리고 전화한 이유를 포함해서 남겨 주세요. 감사합니다.

Q2

Here is your local news↘. // The Bay City Concert tonight has been canceled / due to the bad weather↘. // However, / the concert series will continue next weekend as planned↘. // There will be a variety of musicians performing jazz↗, rock↗, and other popular music↘. // Besides the performances, / there will be lots of food trucks to eat at↘. // So, / come down to Bay City / and have fun↘! //

지역 뉴스 시간입니다. 악천후로 인해 오늘 밤 Bay City Concert가 취소되었습니다. 그러나 콘서트 시리즈는 예정대로 다음 주말에 계속될 것입니다. 재즈, 록, 그리고 다른 대중 음악을 공연할 다양한 뮤지션들이 출연할 것입니다. 공연 이외에도, 식사할 수 있는 푸드 트럭들이 많이 있을 것입니다. 그러니 Bay City로 오셔서 즐거운 시간을 보내시기 바랍니다!

↗ : 올려 읽기 ↘ : 내려 읽기 / : 끊어 읽기 // : 한 문장이 끝나는 부분
파란색 부분 : 강조해서 읽기

PART 1

Test 4

Q1

Tomorrow on the show, / we will be interviewing Jennifer Rivera, / the director of the hit film / Magic Lane↘. // The movie has received excellent reviews / from critics↗, journalists↗, and the public↘. // Ms. Rivera will be hosting a special screening of Magic Lane / at the Great Wall Theater on Saturday↘. //

내일 쇼에서, 우리는 인기 영화 <Magic Lane>의 감독인 Jennifer Rivera 씨를 인터뷰할 것입니다. 그 영화는 평론가, 기자 그리고 대중들로부터 훌륭한 평가를 받았습니다. Rivera 씨는 토요일에 Great Wall Theater에서 <Magic Lane>의 특별 상영을 주최할 것입니다.

Q2

Attention, moviegoers at the Town Center Cinemas↘. // This is an announcement informing you / that the theater's main concession stand is closed / due to renovations↘. // Please use the other three concession stands located / on the third↗, fourth↗, and fifth floor↘. // We truly apologize for this inconvenience↘. //

Town Center Cinemas의 영화 팬 여러분, 주목하세요. 이 안내는 극장의 주요 매점이 내부 수리로 인하여 폐쇄된다는 것을 여러분들에게 알리기 위한 것입니다. 3층, 4층 그리고 5층에 위치한 다른 3개의 매점을 이용하시기 바랍니다. 불편을 드려 진심으로 죄송합니다.

Practice Test

Test 1 p.30

Q1

Thanks / for choosing the Santa Ana Cinemas↘. // Before the movie begins, / please switch off all cell phones↗, tablets↗, and other electronic devices↘. // If you must use your device, / please do so / outside the theater↘. // Thank you / for your cooperation↘. // Enjoy your movie↘. //

Santa Ana Cinemas를 선택해주셔서 감사합니다. 영화가 시작되기 전에, 휴대폰, 태블릿과 다른 전자 기기들을 모두 꺼주십시오. 기기를 사용해야 한다면, 극장 밖에서 사용하시기 바랍니다. 여러분의 협조에 감사드립니다. 즐거운 영화 관람 되세요.

Q2

Welcome back / to the Channel Six Morning News↘. // Our guest today is Lucas Anderson, / a city planner↘. // We will be interviewing him on the new city plans / to develop a commercial zone / in the southern outskirts of the city↘. // Some key advantages of the development are reducing traffic↗, redeveloping unused lots↗, and encouraging economic growth↘. // Viewers are encouraged to call in / and ask any questions for Mr. Anderson↘. //

Channel 6 Morning News에 다시 오신 것을 환영합니다. 오늘 우리의 게스트는 도시 계획자인 Lucas Anderson 씨입니다. 우리는 도시의 남쪽 외곽에 있는 상업 지구를 개발하기 위한 새로운 도시 계획에 대해 그와 인터뷰를 할 것입니다. 그 개발의 주요 장점들은 교통량 감소, 사용하지 않는 부지의 재개발과 경제 성장 장려입니다. 시청자분들께서는 전화해서 Anderson 씨에게 어떠한 질문이든 물어보시기 바랍니다.

Test 2

Q1

Good afternoon, / and thank you / for joining me for my presentation / on using the latest technology in the workplace↘. // I will present new programs↗, devices↗, and other technological solutions↘ / that you can use in business↘. // As technology changes quickly, / workers need to keep up with new developments / to succeed at work↘. //

안녕하세요, 직장 내 최신 기술 사용에 대한 저의 발표에 와주셔서 감사드립니다. 저는 여러분이 업무에서 사용할 수 있는 새로운 프로그램, 장치 그리고 다른 기술 솔루션을 발표할 것입니다. 기술이 빠르게 변화하므로, 직장인들은 직장에서 성공하기 위하여 새로운 발전을 따라야 합니다.

PART 1

Q2

Welcome / to the third annual Business Convention↘. // The themes for this year's convention are online marketing↗, new technologies↗, and customer outreach↘. // Susan Conley, / a marketing firm CEO, / will talk about the latest trends in advertisements / in her keynote speech↘. // I hope / you will meet new people / and learn new strategies / that you can take back to your companies / during the convention↘. //

세 번째 연례 Business Convention에 오신 것을 환영합니다. 올해 컨벤션의 주제는 온라인 마케팅, 신기술 그리고 고객 지원입니다. 마케팅 회사 CEO인 Susan Conley 씨는 그녀의 기조 연설에서 최신 광고 트렌드에 대해 연설할 것입니다. 컨벤션 동안 여러분이 새로운 사람들을 만나고 회사로 가져갈 수 있는 새로운 전략들을 배우길 바랍니다.

Test 3

Q1

Thank you / for calling FSG Internet Services↘. // If you know the extension of the department / you would like to reach, / you may enter it now↘. // If not, / press one for customer service↘. // Press two to manage your account↗, or press three for installation services↘. // If you need assistance, / please press pound / or stay on the line / for the operator↘. // Thank you↘. //

FSG Internet Services에 전화 주셔서 감사합니다. 당신이 연락하려는 부서의 내선 번호를 아신다면, 지금 입력하시기 바랍니다. 그렇지 않으면, 고객 서비스는 1번을 누르세요. 계좌 관리는 2번을 누르고, 설치 서비스는 3번을 누르세요. 도움을 원하시면, 상담원 연결을 위하여 # 버튼을 누르거나 끊지 말고 기다리시기 바랍니다. 감사합니다.

Q2

New Jersey Radio News is proud to report / that our lead reporter, / Elena Adams, / has won the International Journalism Award↘. // Ms. Adams joined our team four years ago, / bringing her extensive experience↗, investigative background↗, and leadership↘. // Today, / she will join us for an interview / about her career↗ and achievements in journalism↘. //

New Jersey Radio News는 우리의 수석 리포터인 Elena Adams 씨가 International Journalism Award를 수상했다는 것을 전하게 되어 자랑스럽습니다. Adams 씨는 광범위한 경험, 연구 경력 그리고 리더십을 가지고 4년 전에 우리 팀에 합류했습니다. 오늘 그녀는 언론 분야의 경력과 성과물들에 대한 인터뷰를 위해 우리와 함께할 것입니다.

Test 4

Q1

This is your Radio Five evening traffic update↘. // Construction will begin on Highway Seven for repairs tomorrow morning↘. // Work is expected to last all week, / so commuters will need to take detours / around the construction zone↘. // We recommend that drivers use alternate routes, / such as Route Four↗, Main Street↗, or Park Avenue↘ / instead↘. //

Radio 5 저녁 교통 정보 시간입니다. 내일 아침에 수리 작업을 위해 Highway 7에서 공사가 시작될 것입니다. 작업은 일주일 내내 지속될 예정이니 통근자들은 공사 지역 주변의 우회로를 이용해야 합니다. 운전자들은 대신에 Route 4, Main Street 또는 Park Avenue와 같은 다른 도로들을 이용할 것을 권장합니다.

Q2

Are you tired of expensive rates and poor service↗? // Switch to High-Speed Telecom for your Internet↗ and cell phone services↘. // We offer competitive pricing / for private↗, commercial↗, and industrial customers↘. // Drop by our store today / to find out more about our special promotional rates↘. // Don't hesitate / – start saving now↘! //

당신은 비싼 요금과 안 좋은 서비스에 지치셨나요? 여러분의 인터넷과 휴대폰 서비스를 High-Speed Telecom 으로 바꾸세요. 우리는 개인, 상업 및 산업 고객들을 위해 경쟁력 있는 가격을 제공합니다. 특별 홍보용 가격에 대하여 더 알려면 오늘 우리 상점에 방문하세요. 주저하지 마시고 지금 바로 절약을 시작하세요!

Test 5

Q1

Welcome to *Auto Talk*, / the best podcast for automobile news↗ and maintenance advice↘. // Today, / we'll talk about basic maintenance / that you can do at home↘. // You'll learn the best way / to care for your engine↗, transmission↗, and tires↘. // By following our tips, / you'll be able to save a lot of money / on car maintenance↘. //

자동차 소식과 관리 조언을 위한 최고의 팟캐스트인 <Auto Talk>에 오신 것을 환영합니다. 오늘 우리는 집에서 할 수 있는 기본적인 관리에 대하여 얘기할 것입니다. 여러분들은 엔진, 변속기 그리고 타이어를 관리 하는 최고의 방법을 배울 것입니다. 우리의 조언을 따름으로써, 여러분은 자동차 관리에 많은 돈을 절약할 수 있을 것입니다.

PART 1

Q2

Good morning↘. // Now / I'd like to introduce our new communications director, / John Saymour↘. // Mr. Saymour has worked in television↗ and newspapers↘. // At his new position, / Mr. Saymour will focus on marketing↗, public relations↗, and coordinating events↘. // Let's welcome Mr. Saymour to the stage↘. //

안녕하세요. 이제 저는 우리의 새로운 홍보 이사 John Saymour 씨를 소개하려고 합니다. Saymour 씨는 텔레비전과 신문 분야에서 일을 했습니다. 새로운 직책에서, Saymour 씨는 마케팅, 홍보 그리고 행사 조직에 주력할 것입니다. Saymour 씨를 무대로 모시겠습니다.

Test 6

Q1

Thank you / for joining us at this press conference↘. // As city manager, / I want to introduce the new school superintendent, / Dr. Angelina Green↘. // As superintendent, / Dr. Green will be responsible for maintaining school standards↗, balancing education budgets↗, and negotiating with the teacher's union↘. // Dr. Green has extensive experience / from a life-long career in education↘. //

이번 기자 회견에 우리와 함께해 주셔서 감사합니다. 시 행정 담당관으로서, 저는 새로운 교육감인 Angelina Green 박사를 소개하려고 합니다. 교육감으로서, Green 박사는 학교 기준 유지, 교육 예산 조정과 교원 노조와의 협상을 담당할 것입니다. Green 박사는 교육 분야의 오랜 경력을 바탕으로 광범위한 경험을 가지고 있습니다.

Q2

Home Improvement Warehouse will be starting its annual holiday sales this coming weekend↘. // For the next three weeks, / all customers can take advantage of some amazing deals↗ and promotional events / on all lawn mowers↗, plumbing equipment↗, and lumber↘. // Stop by our store / or visit our Web site / at www.hiwarehouse.com / for more details↘. //

Home Improvement Warehouse는 이번 주말에 연례 휴일 세일을 시작할 것입니다. 앞으로 3주 동안, 모든 고객들은 모든 잔디 깎는 기계, 배관 및 목재에 대한 놀라운 가격과 홍보 행사를 이용할 수 있습니다. 더 많은 세부 내용을 원하시면 우리 상점에 오시거나 웹 사이트 www.hiwarehouse.com을 방문하시기 바랍니다.

Actual Test

Test 1 p.36

Q1 안내

> Welcome / to Mountain Regional Park↘. // This park was created about thirty years ago / to protect the unique wildlife in this area↘. // As part of our conservation program, / we also hold workshops for local residents↘. // People can come to the park / to learn about botany↗, zoology↗, and wildlife preservation↘. // For more information about the workshops, / please visit our Web site / or call the main office↘. //

Mountain Regional Park에 오신 것을 환영합니다. 이 공원은 이 지역의 독특한 야생생물을 보호하기 위하여 약 30년 전에 만들어졌습니다. 보존 프로그램의 일부로, 우리는 지역 주민들을 위한 워크숍도 주관합니다. 여러분은 식물학, 동물학과 야생생물 보존에 대하여 배우기 위해 공원에 오셔도 됩니다. 워크숍에 대한 더 많은 정보를 원하면, 우리 웹 사이트에 방문하시거나 본관에 전화하세요.

Q2 보도

> This is Melinda Jones with the eight O'clock Weather Report↘. // We previously reported / that a rainstorm was expected tonight↘. // However, / prevailing winds have pushed the storm out towards the east↘. // We do expect some lower temperatures↗, showers↗, and thunderstorms↘ / this weekend↘. // Temperatures will drop below zero again, / and we'll see some snowstorms early next week↘. //

8시 Weather Report의 Melinda Jones입니다. 우리는 앞서 오늘 밤 폭우가 예상된다고 보도했습니다. 그러나 우세풍이 폭풍을 동쪽으로 밀어냈습니다. 이번 주말에는 다소 낮은 기온, 소나기 그리고 뇌우가 예상됩니다. 기온은 다시 영하로 떨어질 것이며, 다음 주 초에는 얼마간의 폭설이 내릴 것입니다.

PART 1

Test 2 **Q1** 보도

> In science news, / students from National University have created a new type of bacteria↘. // The bacteria was developed by a research team / led by Dr. Norman Zeller, / a leading researcher in genetics↘. // The new bacteria is expected to have a significant impact / on technology↗, industry↗, and the environment↘. //

과학 뉴스로, National University 학생들이 새로운 종류의 박테리아를 만들었습니다. 그 박테리아는 유전학 수석 연구관인 Norman Zeller 박사가 이끄는 연구팀에 의해 개발되었습니다. 새로운 박테리아는 기술, 산업 및 환경에 상당한 영향을 미칠 것으로 예상됩니다.

Q2 안내

> Thank you / for choosing Kansas City Tours as your guide to Kansas City↘. // Before we finish the tour, / I would like to tell you about our new services↘. // We are pleased to offer you ticketing / for local events↗, vacation packages↗, and downtown shuttle services↘. // If you require more information on our ticketing services, / please visit our Web site / or call our offices↘. //

당신의 Kansas City 가이드로서 Kansas City Tours를 선택해주셔서 감사드립니다. 투어를 끝내기 전에, 우리의 새로운 서비스에 대하여 알려드리고 싶습니다. 우리는 여러분들께 지역 행사, 휴가 패키지 및 도심 셔틀버스 서비스에 대한 티켓 판매를 제공하게 되어 기쁩니다. 티켓 판매 서비스에 대한 더 많은 정보가 필요하면, 우리 웹 사이트에 방문하시거나 사무실로 전화하세요.

PART 2 사진 묘사하기

Check-Up Test

Test 1
p.52

장소	**This picture was taken** <u>indoors[in a library]</u>.	이 사진은 실내에서[도서관에서] 찍혔습니다.
중심 대상	**The first thing I see (in this picture) is** two people[women] (sitting at the desk). On the left side of the picture, there is a woman wearing a purple (long-sleeved) shirt, and she is writing something down. <u>Next to her[On the right side (of the picture)]</u>, <u>there is a woman wearing a gray (long-sleeved) shirt [a woman is wearing a gray (long-sleeved) shirt]</u>, and she is (also) writing something down (as well). **I think** they are studying hard for an exam. [**I think** they are college students.]	(이 사진에서) 첫 번째로 보이는 것은 (책상에 앉아 있는) 두 명의 사람들[여자들]입니다. 사진의 왼쪽에, 보라색 (긴팔) 셔츠를 입은 한 여자가 있고 그녀는 무언가를 적고 있습니다. 그녀 옆에[(사진의) 오른쪽에], 회색 (긴팔) 셔츠를 입은 한 여자가 있고[한 여자가 회색 (긴팔) 셔츠를 입고 있고] 그녀는 (또한) 무언가를 적고 있습니다. 저는 그들이 시험을 위해 열심히 공부하고 있다고 생각합니다.[저는 그들이 대학생이라고 생각합니다.]
배경	**In the background of the picture**[In the back /Around them], there are[I can see] a wide range of books on the bookshelf.	사진의 뒷배경에[뒷부분에/그들 주위에], 책꽂이에 다양한 책들이 있습니다[보입니다].
마무리	**Generally, it seems like** it is peaceful (at the library).	전반적으로, (도서관은) 평온한 것 같습니다.

PART 2

> 참고

- 앞에 묘사한 행동을 다시 묘사할 경우 also와 as well 둘 중 하나를 쓸 것. also는 문장 앞, be동사/조동사 뒤 또는 일반 동사 앞에 쓰고, as well은 문장 뒤에 쓴다.

  ex A woman is **also** writing something down. 여자는 또한 무언가를 적고 있습니다.
  = A woman is writing something down **as well**.

- 1~3명의 사람(들)이 있는 사진은 중심 대상 묘사에서 한 사람씩 의상과 행동을 자세히 설명하는 것이 좋다.

- 중심 대상 묘사에서 의상과 행동을 설명할 때 'There is ~, and he[she] is ~.' 구문을 쓸 수 있다. 이때, 앞에서 명사(a man/woman)를 썼을 때만 and 뒤에 대명사(he/she)를 쓸 수 있다.

  ex On the left side of the picture, there is a **woman** wearing a purple (long-sleeved) shirt, **and she** is writing something down. 사진의 왼쪽에, 보라색 (긴팔) 셔츠를 입은 한 여자가 있고 그녀는 무언가를 적고 있습니다.

- 'There is/are ~' 구문은 '유도 부사(there)' 뒤에 '도치(be동사 + S) 구문'이라는 것에 주의해서 be동사와 주어를 수일치해야 한다.

- 중심 대상 묘사에서 의상과 행동 중 하나만 묘사할 경우, 'A man[woman] is ~'의 형태를 쓴다. 두 가지 모두 묘사할 경우, 'A man[woman] is ~' 뒤에 'and he[she] is ~' 형태를 붙여 전개한다.

  ex A woman is wearing a gray (long-sleeved) shirt, and she is also writing something down.
  한 여자가 회색 (긴팔) 셔츠를 입고 있고 그녀는 또한 무언가를 적고 있습니다.

Test 2

장소	This picture was taken outdoors[on some stairs].	이 사진은 실외에서[계단에서] 찍혔습니다.
중심 대상	The first thing I see (in this picture) is three people (walking on the stairs). On the right side of the picture, there is a man wearing a black suit and he is holding a file. 『Behind him[On the left side (of the picture)], there is a woman wearing a black jacket and white pants[a woman is wearing a black jacket and white pants], and she is (also) holding a file. Next to her, I can see a man wearing a tie[a man is wearing a tie], and he is talking on the phone.』 I think they are going home after work. [I think they are colleagues.]	(이 사진에서) 첫 번째로 보이는 것은 (계단을 걷고 있는) 세 명의 사람들입니다. 사진의 오른쪽에, 검은색 정장을 입은 한 남자가 있고 그는 파일을 들고 있습니다. 『그 뒤에 [(사진의) 왼쪽에], 검은색 재킷과 흰색 바지를 입은 한 여자가 있고[한 여자가 검은색 재킷과 흰색 바지를 입고 있고] 그녀는 (또한) 파일을 들고 있습니다. 그녀 옆에, 넥타이를 맨 한 남자가 보이고[한 남자가 넥타이를 매고 있고] 그는 전화하고 있습니다.』 저는 그들이 일을 끝낸 후 집에 가는 중이라고 생각합니다.[저는 그들이 동료라고 생각합니다.]
배경	In the background of the picture[In the back /Around them], I can see a building with many windows.	사진의 뒷배경에[뒷부분에/그들 주위에], 창문이 많은 건물이 보입니다.
마무리	Generally, it seems like it is peaceful.	전반적으로, 평온한 것 같습니다.

🔷 참고

- 『 』부분처럼 중심 대상 묘사에서 사람이 많을 경우, 다음의 '여러 사람을 묶어서 표현하기' 방식으로 전개할 수 있다: There are ~ . / One[Two] of them is[are] ~ . / The other (one/person) is ~ . / The others are ~ .

    ex Behind him, there is a woman wearing a black jacket and white pants, and she is (also) holding a file. Next to her, I can see a man wearing a tie, and he is talking on the phone.
    그 뒤에, 검은색 재킷과 흰색 바지를 입은 한 여자가 있고 그녀는 (또한) 파일을 들고 있습니다. 그녀 옆에, 넥타이를 맨 한 남자가 보이고 그는 전화하고 있습니다.

    = Behind him, **there are** two people. **One of them is** a woman, and she is wearing a black jacket and white pants. She is (also) holding a file. **The other one is** a man, and he is wearing a tie. He is talking on the phone.
    그 뒤에, 두 명의 사람들이 있습니다. 그들 중 한 명은 여자이고 그녀는 검은색 재킷과 흰색 바지를 입고 있습니다. 그녀는 (또한) 파일을 들고 있습니다. 다른 한 사람은 남자이고 그는 넥타이를 매고 있습니다. 그는 전화하고 있습니다.

PART 2

Test 3

장소	This picture was taken <u>indoors[in a house]</u>.	이 사진은 실내에서[집안에서] 찍혔습니다.
중심 대상	**The first thing I see (in this picture) is** some people (sitting on the couch). On the right side of the picture, there is a man wearing a blue shirt, and he is holding a glass. ⌜Next to him, there are two children. One of them is a boy, and he is holding a plate (<u>while[and]</u> looking at the girl next to him).⌟ The other is a girl, and she is picking up something to eat. Behind them, I can see three people. One of them is a man, and he is holding a plate as well. ⌜<u>Next to him[On the left side (of the picture)]</u>, a woman wearing a beige top is also holding a glass.⌟ **I think** they are enjoying the Christmas holiday.[**I think** they are a family.]	(이 사진에서) 첫 번째로 보이는 것은 (소파에 앉아 있는) 몇 명의 사람들입니다. 사진의 오른쪽에, 파란색 셔츠를 입은 한 남자가 있고 그는 유리잔을 들고 있습니다. ⌜그 옆에, 두 명의 아이들이 있습니다. 그들 중 한 명은 소년이고 그는 (그 옆에 있는 소녀를 보면서) 접시를 들고 있습니다.⌟ 다른 사람은 소녀이고 그녀는 먹을 것을 집고 있습니다. 그들 뒤에, 세 명의 사람들이 보입니다. 그들 중 한 명은 남자이고 그 또한 접시를 들고 있습니다. ⌜그 옆에[(사진의) 왼쪽에], 베이지색 상의를 입은 한 여자 또한 유리잔을 들고 있습니다.⌟ 저는 그들이 크리스마스 휴일을 즐기고 있다고 생각합니다.[저는 그들이 가족이라고 생각합니다.]
배경	**In the background of the picture**[**In the back /Around them**], I can see many things such as a variety of items on the shelf, a fireplace and a tree with decorations.	사진의 뒷배경에[뒷부분에/그들 주위에], 선반 위의 다양한 물건들, 벽난로 그리고 장식이 되어 있는 나무와 같은 많은 것들이 보입니다.
마무리	**Generally, it seems like** they are having a good time.	전반적으로, 그들은 좋은 시간을 보내고 있는 것 같습니다.

> 참고

- 「」문장과 같이, 두 가지 이상의 행동을 묘사할 때, 등위 접속사 and 대신, 접속사 while을 쓸 수 있다. '행동 + 행동'으로 두 문장을 연결할 때는 while을 써도 되지만, '의상(헤어스타일) + 행동'으로 연결할 때는 and를 사용할 것.

  ex One of them is a boy, and he is holding a plate and looking at the girl next to him.
  그들 중 한 명은 소년이고 그는 접시를 들고 그 옆에 있는 소녀를 보고 있습니다.

  = One of them is a boy, and he is holding a plate while looking at the girl next to him.
  그들 중 한 명은 소년이고 그는 그 옆에 있는 소녀를 보면서 접시를 들고 있습니다.

- 접속사 뒤의 '주어 + be동사'를 생략할 수 있다. '주어 + be동사'를 생략하면 그 뒤에는 반드시 형용사[ⓥing(현재분사)/ⓥed(과거분사)]를 써야 한다.

  ⇒ While + (주어 + be동사) + 형용사[ⓥing/ⓥed]

  ex One of them is a boy, and he is holding a plate while (he is) looking at the girl next to him.
  그들 중 한 명은 소년이고 그는 그 옆에 있는 소녀를 보면서 접시를 들고 있습니다.

- 「」문장과 같이, '의상(헤어스타일) + 행동'으로 묘사할 때 주어 뒤에 수식어구(여기서는 현재분사)로 의상(헤어스타일)을 묘사하고 본동사(여기서는 be동사) 뒤에 행동을 묘사해도 된다. 주어 뒤 수식어구(현재분사, 과거분사, 전치사구) 앞에는 '주격 관계대명사(who, which) + be동사'가 생략된 형태이다.

  ⇒ A man[woman] + '(who is) + wearing ~' + is ~ .

  ex On the left side of the picture, a woman (who is) wearing a beige top is also holding a glass.
  사진의 왼쪽에, 베이지색 상의를 입은 여자 또한 유리잔을 들고 있습니다.

- 전치사구를 수식어구로 써서 방향(위치)을 지정할 수도 있다.

  ⇒ A man[woman] + '(who is) + on the left/right (side) ~' + is ~ .

  ex A woman (who is) on the left is also holding a glass.
  왼쪽에 있는 여자 또한 유리잔을 들고 있습니다.

- 중심 묘사에서 '의상 + 행동'을 묘사할 때, 가장 쉬운 문장 형태로 아래 ①번 구문 'A man[woman] is wearing ~, and he[she] is ~.'를 쓸 수 있다. ②번 구문 'There is a man[woman] wearing ~, and he[she] is ~.'를 가장 많이 쓰지만, ③번 구문처럼 주어 뒤에 ⓥing(현재분사)를 써서 'A man[woman] wearing ~ is ~.'로 묘사할 수도 있다.

  ☆ 중심 묘사 주요 문장 형태

  ① On the left side of the picture, a woman is wearing a beige top, and she is holding a glass.
  사진의 왼쪽에, 한 여자가 베이지색 상의를 입고 있고 그녀는 유리잔을 들고 있습니다.

  ② On the left side of the picture, there is a woman wearing a beige top, and she is holding a glass.
  사진의 왼쪽에, 베이지색 상의를 입은 여자가 있고 그녀는 유리잔을 들고 있습니다.

  ③ On the left side of the picture, a woman wearing a beige top is holding a glass.
  사진의 왼쪽에, 베이지색 상의를 입은 한 여자가 유리잔을 들고 있습니다.

PART 2

Test 4

| 장소 | **This picture was taken** <u>outdoors</u>[on the street]. | 이 사진은 실외에서[길거리에서] 찍혔습니다. |

| 중심 대상 | **The first thing I see (in this picture) is** a lot of people.
On the left side of the picture, there are two people. They are standing (on the street) <u>while</u>[and] talking to each other. (One of them is wearing glasses. The other person is wearing a blue shirt.) At the bottom right (of the picture), I can see two people riding a motorbike. (They are both wearing helmets.)
I think they are delivering something.
[**I think** they are a couple.]
In the middle (of the picture), I can see some taxis and vehicles in a line. (I can also see a man standing next to a taxi <u>while</u>[and] holding some paper bags.) | (이 사진에서) 첫 번째로 보이는 것은 많은 사람들입니다.

사진의 왼쪽에, 두 명의 사람들이 있습니다. 그들은 서로 대화하면서 (길거리에) 서 있습니다. (그들 중 한 명은 안경을 끼고 있습니다. 다른 사람은 파란색 셔츠를 입고 있습니다.) (사진의) 오른쪽 하단에, 오토바이를 타는 두 명의 사람들이 보입니다. (그들은 둘 다 헬멧을 쓰고 있습니다.)

저는 그들이 무언가를 배달하는 중이라고 생각합니다.[저는 그들이 커플이라고 생각합니다.]

(사진의) 가운데에, 한 줄로 서 있는 택시와 차량들이 보입니다. (또한 종이 가방을 들고 택시 옆에 서 있는 한 남자가 보입니다.) |

| 배경 | **In the background of the picture**[In the back/Around them]**,** I can see many buildings with many signs and a lot of people walking. | 사진의 뒷배경에[뒷부분에/그들 주위에], 간판이 많은 건물들과 걸어 다니는 많은 사람들이 보입니다. |

| 마무리 | **Generally, it seems like** it is very busy on the street. | 전반적으로, 거리가 매우 붐비는 것 같습니다. |

Practice Test

Test 1
p.68

장소	**This picture was taken** <u>outdoors[at a park]</u>.	이 사진은 실외에서[공원에서] 찍혔습니다.
중심 대상	**The first thing I see (in this picture) is** three people. On the left side of the picture, there is a man wearing a blue jacket, and he is taking a picture while kneeling down. <u>Next to him[On the right side (of the picture)]</u>, <u>there is a woman wearing blue jeans and yellow shoes [a woman is wearing blue jeans and yellow shoes]</u>, and she is holding a boy and looking at the camera. (All of them are smiling.) **I think** they are a family.	(이 사진에서) 첫 번째로 보이는 것은 세 명의 사람들입니다. 사진의 왼쪽에, 파란색 재킷을 입은 한 남자가 있고 그는 무릎을 꿇고 사진을 찍고 있습니다. 그 옆에[(사진의) 오른쪽에], 청바지를 입고 노란 신발을 신은 한 여자가 있고[한 여자가 청바지를 입고 노란 신발을 신고 있고] 그녀는 아이를 안고 카메라를 보고 있습니다. (그들 모두가 웃고 있습니다.) 저는 그들이 가족이라고 생각합니다.
배경	<u>**In the background of the picture**[In the back /Around them]</u>, I can see some plants, trees, and buildings with many windows.	사진의 뒷배경에[뒷부분에/그들 주위에], 식물, 나무 그리고 창문이 많은 건물들이 보입니다.
마무리	**Generally, it seems like** they are having a good time (at the park).	전반적으로, 그들은 (공원에서) 좋은 시간을 보내고 있는 것 같습니다.

277

PART 2

Test 2

장소	This picture was taken indoors[in an airport].	이 사진은 실내에서[공항에서] 찍혔습니다.
중심 대상	The first thing I see (in this picture) is some people (standing in a line). On the left side of the picture, there is a man wearing a white shirt, and he is carrying a brown bag while talking on the phone. Next to him, there are two people picking up a bag. One of them is a woman, and she is carrying a handbag on her shoulder. The other is a man, and he is wearing a suit. Behind them, I can see several people standing in a line while looking at the bags. I think they are trying to find their baggage. [I think they are travelers.]	(이 사진에서) 첫 번째로 보이는 것은 (한 줄로 서 있는) 몇 명의 사람들입니다. 사진의 왼쪽에, 흰색 셔츠를 입은 한 남자가 있고 그는 전화하면서 갈색 가방을 메고 있습니다. 그 옆에, 가방을 들어 올리는 두 명의 사람들이 있습니다. 그들 중 한 명은 여자이고 그녀는 어깨에 핸드백을 메고 있습니다. 다른 사람은 남자이고 그는 정장을 입고 있습니다. 그들 뒤에, 가방들을 보면서 한 줄로 서 있는 몇 명의 사람들이 보입니다. 저는 그들이 수화물을 찾으려 하고 있다고 생각합니다.[저는 그들이 여행객이라고 생각합니다.]
배경	In the background of the picture[In the back /Around them], I can see a high ceiling and a white pole.	사진의 뒷배경에[뒷부분에/그들 주위에], 높은 천장과 하얀색 기둥이 보입니다.
마무리	Generally, it seems like they are serious.	전반적으로, 그들은 진지한 것 같습니다.

Test 3

장소	This picture was taken outdoors[at an outdoor market].	이 사진은 실외에서[야외 시장에서] 찍혔습니다.
중심 대상	The first thing I see (in this picture) is three people (standing in front of a store). In the middle of the picture, there is a woman wearing a red sleeveless shirt, and she is holding a product. Next to her[On the right side (of the picture)], there are two people. One of them is a man, and he is wearing a blue cap and glasses. The other is a woman. She is wearing a green top and carrying a black backpack. I think they are shopping for souvenirs. [I think they are tourists.] In front of them, there are a variety of items displayed on the table.	(이 사진에서) 첫 번째로 보이는 것은 (상점 앞에 서 있는) 세 명의 사람들입니다. 사진의 가운데에, 빨간색 민소매 셔츠를 입은 한 여자가 있고 그녀는 제품을 들고 있습니다. 그녀 옆에[(사진의) 오른쪽에], 두 명의 사람들이 있습니다. 그들 중 한 명은 남자이고 그는 파란색 모자와 안경을 쓰고 있습니다. 다른 사람은 여자입니다. 그녀는 녹색 상의를 입고 검은색 가방을 메고 있습니다. 저는 그들이 기념품을 사는 중이라고 생각합니다.[저는 그들이 관광객이라고 생각합니다.] 그들 앞에, 테이블 위에 진열된 다양한 물건들이 있습니다.
배경	In the background of the picture[In the back /Around them], I can see many things such as various kinds of hats and accessories.	사진의 뒷배경에[뒷부분에/그들 주위에], 다양한 모자와 액세서리 같은 많은 것들이 보입니다.
마무리	Generally, it seems like it is peaceful.	전반적으로, 평온한 것 같습니다.

PART 2

Test 4

장소	**This picture was taken** <u>outdoors[on the road]</u>.	이 사진은 실외에서[도로에서] 찍혔습니다.
중심 대상	**The first thing I see (in this picture) is** many people (crossing the road). On the left side of the picture, there is a man wearing a brown suit and glasses. Next to him, another man is wearing a black suit and sunglasses. He is carrying something in his hand. Behind him, I can see another man wearing a suit. He is walking with his hand in his pocket while carrying a brown bag. (Around him, I can see many people passing by.) **I think** they are commuting to work.	(이 사진에서) 첫 번째로 보이는 것은 (길을 건너는) 많은 사람들입니다. 사진의 왼쪽에, 갈색 정장을 입고 안경을 낀 한 남자가 있습니다. 그 옆에, 다른 남자가 검은색 정장을 입고 선글라스를 쓰고 있습니다. 그는 손에 무언가를 들고 있습니다. 그 뒤에, 정장을 입은 또 다른 남자가 보입니다. 그는 갈색 가방을 메고 주머니에 손을 넣고 걸어가고 있습니다. (그 주위에, 많은 사람들이 지나가는 것이 보입니다.) 저는 그들이 통근하는 중이라고 생각합니다.
배경	<u>**In the background of the picture**[**In the back /Around them**]</u>, I can see many things such as stores and buildings with signs, a traffic light, and some cars.	사진의 뒷배경에[뒷부분에/그들 주위에], 간판이 있는 상점들과 건물들, 신호등 그리고 몇 대의 자동차들과 같은 많은 것들이 보입니다.
마무리	**Generally, it seems like** it is very busy on the road.	전반적으로, 도로가 매우 혼잡한 것 같습니다.

Test 5

장소	**This picture was taken** outdoors[at a park].	이 사진은 실외에서[공원에서] 찍혔습니다.
중심 대상	**The first thing I see (in this picture) is** a lot of people. On the left side of the picture, there are four people. They are walking while talking to each other. One of them is wearing sunglasses and looking at the people (next to him). The other person is wearing a red long-sleeved shirt and looking at the same people (as well). **I think** they are sightseeing.[**I think** they are a family.] Next to them, I can see a couple sitting on the bench while reading a newspaper.	(이 사진에서) 첫 번째로 보이는 것은 많은 사람들입니다. 사진의 왼쪽에, 네 명의 사람들이 있습니다. 그들은 서로 이야기하면서 걷고 있습니다. 그들 중 한 사람은 선글라스를 쓰고 있고 (그 옆에 있는) 사람들을 보고 있습니다. 다른 사람은 빨간색 긴팔 셔츠를 입고 있고 (또한) 같은 사람들을 보고 있습니다. 저는 그들이 관광하는 중이라고 생각합니다. [저는 그들이 가족이라고 생각합니다]. 그들 옆에, 저는 신문을 읽으면서 벤치에 앉아 있는 커플을 볼 수 있습니다.
배경	**Around them,** I can see many things such as a lamp post, a railing, and some green trees. (I can also see a group of people and many tall buildings in the back.)	그들 주위에, 가로등, 난간 그리고 몇 그루의 녹색 나무들과 같은 많은 것들이 보입니다. (또한 뒷부분에 한 무리의 사람들과 많은 고층 건물들이 보입니다.)
마무리	**Generally, it seems like** they are having a good time at the park.	전반적으로, 그들은 공원에서 좋은 시간을 보내고 있는 것 같습니다.

PART 2

Test 6

장소	This picture was taken indoors[in a classroom].	이 사진은 실내에서[교실에서] 찍혔습니다.
중심 대상	The first thing I see (in this picture) is some people (sitting at the desks). In the middle of the picture, there is a man wearing blue jeans. He is standing in the classroom while pointing at the woman in the middle. The woman in the middle is raising her hand. She has blonde hair. Around her, there are several people looking at her. I think the student is asking a question to the teacher.[I think they are a teacher and students.] On the desks, I can see some paper, a tablet PC, and laptops.	(이 사진에서) 첫 번째로 보이는 것은 (책상에 앉아 있는) 몇 명의 사람들입니다. 사진의 가운데에, 청바지를 입은 한 남자가 있습니다. 그는 가운데에 있는 여자를 가리키면서 교실에 서 있습니다. 가운데에 있는 여자는 손을 들고 있습니다. 그녀는 금발 머리입니다. 그녀 주위에, 그녀를 보는 몇 명의 사람들이 있습니다. 저는 그 학생이 선생님에게 질문하고 있다고 생각합니다.[저는 그들이 선생님과 학생들이라고 생각합니다.] 책상 위에 종이, 태블릿 PC 그리고 노트북 컴퓨터가 보입니다.
배경	In the background of the picture[In the back], I can see some whiteboards.	사진의 뒷배경에[뒷부분에], 화이트보드가 보입니다.
마무리	Generally, it seems like they are serious.	전반적으로, 그들은 진지한 것 같습니다.

Actual Test

Test 1
p.74

장소	This picture was taken indoors[in a café].	이 사진은 실내에서[카페에서] 찍혔습니다.
중심 대상	**The first thing I see (in this picture) is** some people. In the middle of the picture, there is a woman wearing an apron and a white shirt. She is standing while holding a tray. In front of her, I can see two people. One of them is a man wearing a blue shirt. The other is a woman wearing a white dress. They are both smiling and looking at the woman. **I think** the woman is serving some coffee to the couple.[**I think** they are a couple.] Behind them, I can see two people sitting at the table. I can also see a cup of coffee on the table.	(이 사진에서) 첫 번째로 보이는 것은 몇 명의 사람들입니다. 사진의 가운데에, 앞치마와 흰색 셔츠를 입은 한 여자가 있습니다. 그녀는 쟁반을 들고 서 있습니다. 그녀 앞에, 두 명의 사람들이 보입니다. 그들 중 한 명은 파란색 셔츠를 입은 남자입니다. 다른 사람은 흰색 드레스를 입은 여자입니다. 그들은 둘 다 웃으면서 그 여자를 보고 있습니다. 저는 그 여자가 커플에게 커피를 제공하고 있다고 생각합니다.[저는 그들이 커플이라고 생각합니다.] 그들 뒤에, 테이블에 앉아 있는 두 명의 사람들이 보입니다. 또한, 테이블 위에 커피 한 잔이 보입니다.
배경	**In the background of the picture[In the back/Around them]**, I can see a door and some items on the shelves.	사진의 뒷배경에[뒷부분에/그들 주위에], 문과 선반 위의 물건들이 보입니다.
마무리	**Generally, it seems like** they are having a good time at the café.	전반적으로, 그들은 카페에서 좋은 시간을 보내고 있는 것 같습니다.

PART 2

Test 2

장소	This picture was taken indoors[at a supermarket].	이 사진은 실내에서[슈퍼마켓에서] 찍혔습니다.
중심 대상	**The first thing I see (in this picture) is** three people. On the left side of the picture, there is a man wearing a blue checkered shirt. He is holding a boy with one hand while putting the other hand onto the cart. The boy has blonde hair and is looking down. Next to them, a woman is also wearing a blue checkered shirt, and she is holding a bottle while looking at the label. **I think** she is checking something about the product.[**I think** they are a family.]	(이 사진에서) 첫 번째로 보이는 것은 세 명의 사람들입니다. 사진의 왼쪽에, 파란색 체크무늬 셔츠를 입은 한 남자가 있습니다. 그는 한 손으로 소년을 안고 다른 손은 카트 위에 두고 있습니다. 그 소년은 금발 머리이고 아래를 보고 있습니다. 그들 옆에, 한 여자 또한 파란색 체크무늬 셔츠를 입고 있고 그녀는 라벨을 보면서 병을 들고 있습니다. 저는 그녀가 그 제품에 대한 무언가를 확인하고 있다고 생각합니다.[저는 그들이 가족이라고 생각합니다.]
배경	**Around them,** I can see a wide range of products displayed on the shelves.	그들 주위에, 선반 위에 진열된 다양한 제품들이 보입니다.
마무리	**Generally, it seems like** they are having a good time (at the supermarket).	전반적으로, 그들은 (슈퍼마켓에서) 좋은 시간을 보내고 있는 것 같습니다.

PART 3 질문에 답하기

Check-Up Test

Test 1
p.88

Imagine that an American marketing firm is doing research in your area. You have agreed to participate in a telephone interview about ice cream.

미국의 한 마케팅 회사가 당신의 지역에서 설문조사를 한다고 상상해 보세요. 당신은 아이스크림에 대한 전화 인터뷰 참여에 동의했습니다.

Q4 Do you like ice cream? How often do you buy ice cream?

당신은 아이스크림을 좋아하나요? 얼마나 자주 아이스크림을 사나요?

Q5 What kind of ice cream do you like?

당신은 어떤 종류의 아이스크림을 좋아하나요?

Q6 If a new ice cream shop opened in your area, would you visit it often? Why?

만약 당신의 지역에 새로운 아이스크림 가게가 개점한다면, 당신은 그곳을 자주 방문할 것인가요? 그 이유는 무엇인가요?

R4	첫 문장	(Yes,) I like ice cream. (And) I buy ice cream twice a week.	(네,) 저는 아이스크림을 좋아합니다. (그리고) 저는 일주일에 두 번 아이스크림을 삽니다.
	추가 문장	**This is because** I enjoy eating ice cream.	왜냐하면 저는 아이스크림을 먹는 것을 즐기기 때문입니다.
R5	첫 문장	I like various kinds of ice cream such as chocolate and vanilla.	저는 초콜릿과 바닐라 같은 다양한 종류의 아이스크림을 좋아합니다.
	추가 문장	**This is because** they are my favorite flavors. They are very tasty.	왜냐하면 그것들은 제가 가장 좋아하는 맛입니다. 그것들은 매우 맛있습니다.
R6	첫 문장	If a new ice cream shop opened in my area, I would visit it often.	만약 저의 지역에 새로운 아이스크림 가게가 개점한다면, 저는 그곳을 자주 방문할 것입니다.
	추가 문장	**This is because** it is near my house, so I can go there more easily. **And also,** it is more enjoyable for me (to go shopping for things).	왜냐하면 그곳은 저의 집 근처에 있기 때문입니다. 그래서 그곳에 더 쉽게 갈 수 있습니다. 그리고 또한, (물건들을 구매하러 가는 것은) 더 즐겁습니다.
	마무리	**Therefore,** I would visit a new ice cream shop often (if it opened in my area).	따라서 (만약 저의 지역에 그것이 개점한다면,) 저는 새로운 아이스크림 가게를 자주 방문할 것입니다.

PART 3

Test 2

Imagine that you are talking on the telephone with a neighbor. You are having a telephone conversation about trips.

당신이 이웃과 전화로 대화한다고 상상해 보세요. 당신들은 여행에 대해 전화로 대화하고 있습니다.

Q4 When was the last time you went on a trip? How did you get there?

네가 마지막으로 여행을 갔던 때는 언제야? 그곳에 어떻게 갔어?

Q5 Do you prefer to take a trip alone or with other people? Why?

너는 혼자 여행 가는 것을 선호해? 아니면 다른 사람들과 함께 가는 것을 선호해? 그 이유는?

Q6 Are you planning to take a trip this year? What do you think you will do?

너는 올해 여행을 갈 거야? 무엇을 할 거야?

R4	첫 문장	The last time I went on a trip was last weekend. I got there by train.	내가 마지막으로 여행 갔던 때는 지난 주말이었어. 나는 그곳에 기차로 갔어.
	추가 문장	I went there with my family. We enjoyed sightseeing.	나는 그곳에 가족과 함께 갔어. 우리는 관광을 즐겼지.
R5	첫 문장	I prefer to take a trip with other people.	나는 다른 사람들과 함께 여행 가는 것을 선호해.
	추가 문장	**This is because** it is more fun (to take a trip with other people). **And also,** we can make good memories together.	왜냐하면 (다른 사람들과 여행 가는 것이) 더 재미있기 때문이야. 그리고 또한, 우리는 함께 좋은 추억을 만들 수 있어.
R6	첫 문장	(Yes,) I am planning to take a trip this year. I think I will go sightseeing (in other countries).	(맞아,) 나는 올해 여행을 갈 거야. 나는 (다른 나라로) 관광을 갈 거라고 생각해.
	추가 문장	**This is because** I can refresh myself and relieve stress. These days, I get a lot of stress <u>from work[from my studies]</u>. So, it will be very helpful to take a trip. **And also,** it's exciting for me to travel to other countries.	왜냐하면 기분 전환을 할 수 있고 스트레스를 해소할 수 있기 때문이야. 요즘 나는 일로[공부로] 스트레스를 많이 받아. 그래서 여행을 가는 것이 매우 도움이 될 거야. 그리고 또한, 다른 나라로 여행가는 것은 매우 신나는 일이야.
	마무리	**Therefore,** <u>it is good for me to take a trip this year.[I'm planning to take a trip this year.]</u>	따라서 올해 여행을 가는 것은 내게 좋은 일이야.[나는 올해 여행을 갈 거야.]

> **참고**
>
> Q4에서 when(언제)은 의문 대명사이고, the last time 뒤에는 관계부사 when이 생략되어 you went on a trip이 선행사 the last time을 꾸며 준다. 대답할 때는 질문에 있는 형태 그대로 관계부사 when을 생략해서 대답하는 것이 좋다. 또한 'When was the last time ~?'은 과거시제 질문이므로 대답할 때도 과거시제로 답해야 한다. when에 해당하는 답변은 과거 시점을 나타내는 표현(yesterday, last week(end), last Monday...)을 쓰거나 기간으로 쓸 때는 ago를 꼭 붙일 것(two weeks ago, two months ago...). 과거시제 질문은 추가 문장으로 구체적인 내용이 더 어울리는 경우가 많다.
>
> **ex** Q: When was the last time (when) you went on a trip?
>   의문 대명사   선행사   관계부사절
>
> R: The last time I went on a trip was last weekend.
>   내가 마지막으로 여행 갔던 때는 지난 주말이었어.

Test 3

Imagine that someone wants to open a computer store in your area. You have agreed to participate in a telephone interview about shopping for computers.

어떤 사람이 당신의 지역에서 컴퓨터 상점을 개점하고 싶어 한다고 상상해 보세요. 당신은 컴퓨터 구매에 대한 전화 인터뷰 참여에 동의했습니다.

Q4 How regularly do you shop for computers? Where do you usually buy computers?

당신은 얼마나 정기적으로 컴퓨터를 구매하나요? 당신은 보통 어디에서 컴퓨터를 구매하나요?

Q5 When buying computers, do you prefer a particular brand? Why or why not?

컴퓨터를 구매할 때, 당신은 특정 브랜드를 선호하나요? 그 이유는 무엇인가요?

Q6 Which of the following would you consider the most when shopping for a new computer? Why?

- Recommendations
- Reviews
- Descriptions

새 컴퓨터를 구매할 때, 당신은 다음 중 어떤 것을 가장 고려하나요? 그 이유는 무엇인가요?
 - 추천
 - 후기
 - 설명

R4	첫 문장	I shop for a computer every five years. (And) I usually buy computers from an online shopping mall.	저는 5년마다 컴퓨터를 구매합니다. (그리고) 저는 보통 컴퓨터를 인터넷 쇼핑몰에서 구매합니다.
	추가 문장	**This is because** it is fast and convenient, so I can save time. (**And also,** there are a variety of computers at online stores.)	왜냐하면 그것이 빠르고 편리하기 때문입니다. 그래서 저는 시간을 절약할 수 있습니다. (그리고 또한, 인터넷 상점에는 다양한 컴퓨터들이 있습니다.)
R5	첫 문장	When buying computers, I prefer a particular brand.	컴퓨터를 구매할 때, 저는 특정 브랜드를 선호합니다.
	추가 문장	**This is because** it is reliable. **And also,** I can use it for a long time.	왜냐하면 그것은 신뢰할 만하기 때문입니다. 그리고 또한, 저는 그것을 오랫동안 사용할 수 있습니다.
R6	첫 문장	I would consider recommendations the most when shopping for a new computer.	새 컴퓨터를 구매할 때, 저는 추천을 가장 고려할 것입니다.
	추가 문장	**This is because** I can get accurate information (from people who are familiar with the product). **And also,** I can save time (because I don't have to waste time on looking for a good computer).	왜냐하면 저는 (그 제품에 익숙한 사람들로부터) 정확한 정보를 얻을 수 있기 때문입니다. 그리고 또한, 저는 시간을 절약할 수 있습니다. (왜냐하면 좋은 컴퓨터를 찾는 일에 시간을 낭비할 필요가 없기 때문입니다.)
	마무리	**Therefore,** (when shopping for a new computer,) I would consider recommendations the most.	따라서 (새 컴퓨터를 구매할 때,) 저는 추천을 가장 고려할 것입니다.

참고 1

Q4에서 'How regularly(얼마나 정기적으로)'는 'How often(얼마나 자주)'과 같은 의미이다.

How regularly = How often = How frequently

ex Q: <u>How frequently</u> do you shop for clothes? 당신은 얼마나 자주 옷을 사나요?

R: I buy clothes <u>twice a month</u>. This is because I personally don't like to go shopping for things, including clothes.
저는 옷을 한 달에 두 번 삽니다. 왜냐하면 저는 개인적으로 옷을 포함한 물건들을 사러 가는 것을 좋아하지 않기 때문입니다.

위 예문에서 go shopping(go+ⓥing)은 구어체에서 예외적으로 사용하는 구문이다. 일반적으로 동사원형 뒤에는 ⓥing를 쓸 수 없지만, 구어체에서는 주로 취미와 관련된 단어를 'go(do) + ⓥing' 형태로 쓸 수 있다.

ex go + swimming/fishing/hiking/sightseeing/shopping

참고 2

'의문사 의문문 - 목적격'은 다음과 같이 타동사의 목적어로도 나오고 전치사의 목적어로도 나온다. 질문에 동사와 전치사가 붙어 있는 경우-[자동사 + 전치사](shop for, participate in...)는 답변할 때 그 구조에 맞게 전치사 뒤에 목적어를 넣어 전개할 것.

> **ex** Q: What types[kinds/sorts] of things do you buy[shop for] on the Internet?
> 당신은 온라인에서 어떤 종류의 물건들을 구매하나요?
>
> R: I buy[shop for] clothes on the Internet.
> 저는 온라인에서 옷을 구매합니다.

참고 3

Q5와 같이 부사, 부사구(전치사구), 부사절(접속사절) - 일반적으로 콤마(,) 앞에 있는 구문은 바꾸지 않고 그대로 붙여 전개한다. 또한 마무리 문장에서는 뒤로 보내도 좋고, 추가 문장이 많을 경우 생략해도 좋다.

> **ex** Q: When shopping for computers, do you prefer a particular brand?
> 컴퓨터를 구매할 때, 당신은 특정 브랜드를 선호하나요?
>
> R: I prefer a particular brand when shopping for computers.
> 컴퓨터를 구매할 때, 저는 특정 브랜드를 선호합니다.

참고 4

일반 동사 do가 있는 의문문의 경우 do는 의미가 막연하므로 동사를 바꿔서 답해야 하는 경우가 많다. do를 제외한 다른 의문문은 질문의 동사를 그대로 써서 대답할 것.

> **ex** Q: What activity do you mostly do there? 당신은 거기서 주로 어떤 활동을 하나요?
> R: I mostly have conversations with people there. 저는 거기서 주로 사람들과 대화해요.
>
> **ex** Q: What do you mostly read there? 당신은 거기서 주로 무엇을 읽나요?
> R: I mostly read magazines there. 저는 거기서 주로 잡지를 읽어요.

PART 3

Test 4

Imagine that a local bus company is conducting a survey in your area. You have agreed to participate in a telephone interview about the bus services.

한 지역 버스 회사가 당신의 지역에서 설문조사를 한다고 상상해 보세요. 당신은 버스 서비스에 대한 전화 인터뷰 참여에 동의했습니다.

Q4 How frequently do you take the bus? Where do you usually go?

당신은 얼마나 자주 버스를 타요? 당신은 보통 어디에 가나요?

Q5 What are the advantages of using the bus compared to other transportation?

다른 교통수단과 비교할 때, 버스 이용의 장점은 무엇인가요?

Q6 Would it be beneficial to have more bus services in your neighborhood? Why or why not?

당신의 마을에 더 많은 버스 서비스가 있다면 이로울까요? 그 이유는 무엇인가요?

R4	첫 문장	I take the bus (almost) every day. (And) I usually go to work (by bus).	저는 (거의) 매일 버스를 탑니다. (그리고) 저는 보통 (버스를 타고) 직장에 갑니다.
	추가 문장	(I take the bus) **Because** it is more affordable for me (to take the bus). **Therefore,** I can save money. **And also,** it is very comfortable for me.	(저는 버스를 탑니다.) 왜냐하면 (버스를 타는 것이) 더 저렴하기 때문입니다. 따라서 저는 돈을 절약할 수 있습니다. 그리고 또한, 그렇게 하는 것이 저에게 더 편합니다.
R5	첫 문장	The advantage of using the bus (compared to other transportation) is that it is more convenient for me.	(다른 교통수단과 비교할 때,) 버스 이용의 장점은 저에게 더 편리하다는 것입니다.
	추가 문장	**This is because** the bus stop is near my house.	왜냐하면 버스 정류장이 저의 집에 가까이 있기 때문입니다.
R6	첫 문장	(Yes,) It would be beneficial to have more bus services in my neighborhood.	(네,) 저의 마을에 더 많은 버스 서비스가 있다면 이로울 것입니다.
	추가 문장	**This is because** I can save time (if there are more buses). I don't have to waste time waiting for the bus. (**And also,** people living in my area would be really happy and satisfied if we had more bus lines.)	왜냐하면 (만약 버스가 더 많다면,) 저는 시간을 절약할 수 있기 때문입니다. 저는 버스를 기다리는 데 시간을 낭비할 필요가 없습니다. (그리고 또한, 만약 더 많은 버스 노선이 있다면 저의 지역에 사는 사람들이 정말 기뻐하고 만족해할 것입니다.)
	마무리	**Therefore,** it is beneficial to have more bus services in my area.	따라서 저의 지역에 더 많은 버스 서비스가 있는 것은 이롭습니다.

Practice Test

Test 1
p.110

Imagine that a British marketing firm is doing research in your area. You have agreed to participate in a telephone interview about buying clothes.

영국의 한 마케팅 회사가 당신의 지역에서 설문조사를 한다고 상상해 보세요. 당신은 옷 구매에 대한 전화 인터뷰 참여에 동의했습니다.

Q4 When was the last time you purchased clothes? What did you buy?

당신이 마지막으로 옷을 구매했던 때는 언제였나요? 당신은 무엇을 구매했나요?

Q5 Where do you usually shop for clothes? Who do you normally go shopping for clothes with?

당신은 주로 어디에서 옷을 구매하나요? 보통 누구와 함께 옷을 구매하러 가나요?

Q6 When shopping for clothes, which do you pay more attention to, the quality of clothes or the design of the clothes? Why?

옷을 구매할 때, 당신은 옷의 품질 또는 디자인 중 어떤 것에 더 주의를 기울이나요? 그 이유는 무엇인가요?

R4	첫 문장	The last time I purchased clothes was last weekend. (And) I bought a shirt.	제가 마지막으로 옷을 구매했던 때는 지난 주말이었습니다. (그리고) 저는 셔츠를 샀습니다.
	추가 문장	I bought it because I needed a new one.	저는 그것을 샀습니다. 왜냐하면 저는 새 옷이 필요했기 때문입니다.
R5	첫 문장	I usually shop for clothes at a department store. (And) I normally go shopping for clothes with friends.	저는 주로 백화점에서 옷을 삽니다. (그리고) 저는 보통 친구들과 옷을 사러 갑니다.
	추가 문장	**This is because** it is more enjoyable (to go shopping for clothes with friends).	왜냐하면 (친구들과 옷을 사러 가는 것이) 더 즐겁기 때문입니다.
R6	첫 문장	When shopping for clothes, I pay more attention to the design of the clothes.	옷을 구매할 때, 저는 옷의 디자인에 주의를 더 기울입니다.
	추가 문장	**This is because** I enjoy wearing fashionable clothes. **And also,** I can look nice, so it makes me feel satisfied and happy.	왜냐하면 저는 유행하는 옷을 즐겨 입기 때문입니다. 그리고 또한, 저는 멋지게 보일 수 있어서 그것이 저를 만족스럽고 기쁘게 합니다.
	마무리	**Therefore,** I think about[consider] the design of the clothes more (when shopping for clothes).	따라서 (옷을 구매할 때,) 저는 옷의 디자인을 더 생각합니다[고려합니다].

PART 3

Test 2

Imagine that you are talking to a neighbor in your town. You are talking about home repairs.

당신 마을의 이웃과 대화한다고 상상해 보세요. 당신들은 집 수리에 대하여 이야기를 나누고 있습니다.

Q4 How long have you lived in this neighborhood? Have you repaired something in your house recently?

너는 이 마을에서 얼마나 오랫동안 살았어? 너는 최근에 집에서 무언가를 수리한 적 있어?

Q5 I would like to make some improvements to the bathroom. Where should I go to get the necessary supplies? Why?

나는 욕실 몇 군데를 고치고 싶어. 필요한 용품을 사기 위해 어디로 가야 해? 그 이유는?

Q6 Do you think it is a good idea to get help from specialists when fixing a house? Why or why not?

너는 집을 수리할 때 전문가들로부터 도움을 얻는 것이 좋은 아이디어라고 생각해? 그 이유는?

R4	첫 문장	I have lived in this neighborhood for about five years. (Yes,) I have repaired something in my house recently.	나는 이 마을에서 대략 5년 동안 살았어. (맞아,) 나는 최근에 집에서 무언가를 수리한 적 있어.
	추가 문장	Our sink was broken, so I changed it to a new one.	싱크대가 망가져서 나는 그것을 새 것으로 바꿨어.
R5	첫 문장	(I think) You should go to the shopping mall to get the necessary supplies.	너는 필요한 용품을 사기 위해 쇼핑몰에 가야 해 (가야 한다고 생각해).
	추가 문장	**This is because** there are a wide variety of products (there). **And also,** it is near (our neighborhood).	왜냐하면 (그곳에는) 매우 다양한 제품들이 있기 때문이야. 그리고 또한, 그곳은 (우리 마을과) 가까워.
R6	첫 문장	(Yes,) I think it is a good idea to get help from specialists when fixing a house.	(응,) 나는 집을 수리할 때 전문가들로부터 도움을 얻는 것이 좋은 아이디어라고 생각해.
	추가 문장	**This is because** they know a lot about making repairs (to a house). (So they will fix the problem more easily.) **And also,** we can save time (because they can repair the house more quickly).	왜냐하면 그들은 (집을) 수리하는 것에 대해 많이 알거든. (그래서 그들은 더 쉽게 문제를 해결할 거야.) 그리고 또한, 시간을 절약할 수 있어. (왜냐하면 그들은 더 빨리 집을 수리할 수 있거든.)
	마무리	**Therefore,** I believe (when repairing a house,) it is a good idea[it is better] to get help from experts.	따라서 나는 (집을 수리할 때,) 전문가들로부터 도움을 얻는 것이 좋은 아이디어라고[더 좋다고] 믿어.

Test 3

Imagine that a computer software developer is doing research in your area. You have agreed to participate in a telephone interview about applications on your smartphone.

한 컴퓨터 소프트웨어 개발업체가 당신의 지역에서 설문조사를 한다고 상상해 보세요. 당신은 스마트폰 애플리케이션에 대한 전화 인터뷰 참여에 동의했습니다.

Q4 What kind of applications on your smartphone do you use the most?

당신은 스마트폰에서 어떤 종류의 애플리케이션을 가장 많이 사용하나요?

Q5 When using applications on your smartphone, do you use them for your entertainment or education? Why?

당신은 스마트폰에서 애플리케이션을 사용할 때, 오락을 위해 사용하나요? 아니면 교육을 위해 사용하나요? 그 이유는 무엇인가요?

Q6 What do you think is a more important feature when choosing an application for your smartphone, how popular it is or how easy it is to use? Why?

당신은 스마트폰의 애플리케이션을 선택할 때, 얼마나 인기가 있는지 아니면 얼마나 사용하기 쉬운지 중 무엇이 더 중요한 특징이라고 생각하나요? 그 이유는 무엇인가요?

R4	첫 문장	I use game applications on my smartphone the most.	저는 스마트폰에서 게임 애플리케이션을 가장 많이 사용합니다.
	추가 문장	**This is because** it is very fun to play games on my smartphone. (**And also,** there are a variety of game applications on my smartphone.)	왜냐하면 스마트폰으로 게임하는 것은 매우 재미있기 때문입니다. (그리고 또한, 제 스마트폰에는 다양한 게임 애플리케이션들이 있습니다.)
R5	첫 문장	When using applications on my smartphone, I use them for my entertainment.	스마트폰에서 애플리케이션을 사용할 때, 저는 오락을 위해 사용합니다.
	추가 문장	**This is because** it is enjoyable for me. **And also,** I can relieve my stress.	왜냐하면 그것이 즐겁기 때문입니다. 그리고 또한, 저는 스트레스를 해소할 수 있습니다.
R6	첫 문장	I think how easy it is to use is a more important feature when choosing an application for my smartphone.	저는 스마트폰의 애플리케이션을 선택할 때, 얼마나 사용하기 쉬운가가 더 중요한 특징이라고 생각합니다.
	추가 문장	**This is because** it is more convenient for me (to use an application which is easy to use). **And also,** I can save time (learning how to use the application).	왜냐하면 (사용하기 쉬운 애플리케이션을 사용하는 것이) 저에게 더 편리하기 때문입니다. 그리고 또한, 저는 (애플리케이션을 사용하는 방법을 배우는) 시간을 절약할 수 있습니다.
	마무리	**Therefore,** I believe (when choosing an application for my smartphone,) a more important factor is how easy it is to use.	따라서 저는 (스마트폰의 애플리케이션을 선택할 때,) 더 중요한 요소는 얼마나 사용하기 쉬운가라고 생각합니다.

PART 3

Test 4

Imagine that a swimming pool is opening in your area. You have agreed to participate in a telephone interview about using a swimming pool.

당신의 지역에 수영장이 개장한다고 상상해 보세요. 당신은 수영장 이용에 대한 전화 인터뷰 참여에 동의했습니다.

Q4 What season of the year are you most likely to go swimming? Why?

당신은 한 해 중 어떤 계절에 가장 수영하러 갈 것 같은가요? 그 이유는 무엇인가요?

Q5 Is there a good swimming pool in your neighborhood? How far away is it?

당신의 마을에 좋은 수영장이 있나요? 그곳은 얼마나 먼가요?

Q6 Which of the following is the most important factor in a good swimming pool? Why?
- Facility
- Distance
- Popularity

좋은 수영장의 가장 중요한 요소는 다음 중 어떤 것인가요? 그 이유는 무엇인가요?
- 시설
- 거리
- 인기

R4	첫 문장	I'm most likely to go swimming in the summer.	저는 여름에 가장 수영하러 갈 것 같습니다.
	추가 문장	**This is because** it is very fun (to go swimming in the summer). (**And also,** I can relieve stress in the swimming pool in the hot weather.)	왜냐하면 (여름에 수영하러 가는 것이) 매우 재미있기 때문입니다. (그리고 또한, 저는 더운 날씨에 수영장에서 스트레스를 해소할 수 있습니다.)
R5	첫 문장	(Yes,) There is a good swimming pool in my neighborhood. (And) It takes about 15 minutes (to get there) on foot.	(네,) 저의 마을에 좋은 수영장이 있습니다. 그리고 (그곳에 가는 데) 걸어서 대략 15분이 걸립니다.
	추가 문장	It is near my house. **Therefore,** I can go there easily.	그곳은 저의 집에서 가깝습니다. 따라서 저는 그곳에 쉽게 갈 수 있습니다.
R6	첫 문장	(I think) Facility is the most important factor in a good swimming pool.	시설이 좋은 수영장의 가장 중요한 요소입니다 (라고 생각합니다).
	추가 문장	**This is because** it is more comfortable for me (to go swimming in a big swimming pool). **And also,** it is more enjoyable (to use good facilities). (**So** I will go there more often.)	왜냐하면 (큰 수영장에서 수영하는 것이) 저에게 더 편하기 때문입니다. 그리고 또한, (좋은 시설들을 이용하는 것은) 더 즐겁습니다. (그래서 저는 그곳에 더 자주 갈 것입니다.)
	마무리	**Therefore,** (I believe) the most important factor (in a good swimming pool) is the facility.	따라서 (좋은 수영장의) 가장 중요한 요소는 시설입니다(라고 믿습니다).

Test 5

Imagine that an American life magazine is writing an article about your area. You have agreed to participate in a telephone interview about using bikes.

미국의 한 생활 잡지사가 당신의 지역에 관하여 기사를 쓴다고 상상해 보세요. 당신은 자전거 이용에 대한 전화 인터뷰 참여에 동의했습니다.

Q4 How often do you ride a bike? Why do you ride it?

당신은 얼마나 자주 자전거를 타나요? 그것을 타는 이유는 무엇인가요?

Q5 Does your area have places where you can ride a bike? Have you visited the place to ride it?

당신의 지역에 자전거를 탈 수 있는 장소들이 있나요? 당신은 그것을 타기 위해 그 장소를 방문해 본 적이 있나요?

Q6 What are some advantages of using a bike rather than using a car? Why?

자동차를 이용하는 것보다 자전거를 이용하는 것의 장점들은 무엇인가요? 그 이유는 무엇인가요?

R4	첫 문장	I ride my bike once a week.	저는 일주일에 한 번 자전거를 탑니다.
	추가 문장	**This is because** it is good for my health. **And also,** I can relieve stress (while riding a bike).	왜냐하면 저의 건강에 좋기 때문입니다. 그리고 또한, 저는 (자전거를 타는 동안에) 스트레스를 해소할 수 있습니다.
R5	첫 문장	(Yes,) My area has a park where I can ride a bike. (And) I have visited that place to ride it.	(네,) 저의 지역에 자전거를 탈 수 있는 공원이 있습니다. (그리고) 저는 그것을 타기 위해 그 장소에 방문한 적이 있습니다.
	추가 문장	It is near my house. **So** I (always) enjoy riding my bike there.	그곳은 저의 집에서 가깝습니다. 그래서 저는 (항상) 그곳에서 자전거를 타는 것을 즐깁니다.
R6	첫 문장	(I think) The advantage of using a bike (rather than using a car) is that it is more affordable.	(자동차를 이용하는 것보다) 자전거를 이용하는 것의 장점은 더 저렴하다는 것입니다(라고 생각합니다).
	추가 문장	**So** we can save money when riding a bike. We need to spend a lot of money on (running) a car. (We need to pay gas money or parking fees when driving a car.)	그래서 우리는 자전거를 탈 때 돈을 절약할 수 있습니다. 우리는 자동차(를 운전하는 것)에 많은 돈을 소비해야 합니다. (우리는 운전할 때, 주유비와 주차비를 지불해야 합니다.)
	마무리	**Therefore,** (I believe) using a bike is more affordable. This is the advantage of using a bike (rather than using a car).	따라서 자전거를 이용하는 것이 더 저렴합니다(라고 믿습니다). 이것이 (자동차를 이용하는 것보다) 자전거를 이용하는 것의 장점입니다.

PART 3

Test 6

Imagine that Career Development Center is doing research in your area. You have agreed to participate in a telephone interview about a job.

경력 개발 센터가 당신의 지역에서 설문조사를 한다고 상상해 보세요. 당신은 직업에 대한 전화 인터뷰 참여에 동의했습니다.

Q4 If you could set the working hours, what time of the day would you like to begin and finish the work?

만약 당신이 근무 시간을 정할 수 있다면, 하루 중 몇 시에 일을 시작하고 끝내고 싶나요?

Q5 If you could take a job in any area, where would you like to have your workplace? Why?

만약 당신이 어떤 지역에서든 직업을 가질 수 있다면, 어디에서 직장을 갖고 싶나요? 그 이유는 무엇인가요?

Q6 Describe the type of job you would like to have and why you would like to have it.

당신이 원하는 직업과 그것을 원하는 이유를 설명하세요.

R4	첫 문장	If I could set the working hours, I would like to begin at 10 A.M. and finish at 5 P.M.	만약 제가 근무 시간을 정할 수 있다면, 저는 일을 오전 10시에 시작해서 오후 5시에 끝내고 싶습니다.
	추가 문장	**This is because** it is more efficient for me (to work at that time).	왜냐하면 (그 시간에 일하는 것이) 저에게 더 효율적이기 때문입니다.
R5	첫 문장	If I could take a job in any area, I would like to have my workplace in the downtown area.	만약 제가 어떤 지역에서든 직업을 가질 수 있다면, 도심 지역에서 직장을 갖고 싶습니다.
	추가 문장	**This is because** I can learn more things in the downtown area[district].	왜냐하면 저는 도심 지역에서 더 많은 것들을 배울 수 있기 때문입니다.
R6	첫 문장	The type of job I would like to have is a flight attendant.	제가 원하는 직업은 항공 승무원입니다.
	추가 문장	**This is because** I enjoy traveling while working. (I can fly to any countries for free.) (I can also work in a flexible working schedule.)	왜냐하면 저는 일하면서 여행하는 것을 즐기기 때문입니다. (저는 무료로 어떤 나라든지 비행기를 타고 갈 수 있습니다.) (저는 또한 유연한 근무 일정으로 일할 수 있습니다.)
	마무리	**Therefore,** I would love to be a flight attendant.	따라서 저는 항공 승무원이 되고 싶습니다.

Actual Test

Test 1
p.116

Imagine that someone would like to open a shoe store in your area. You have agreed to participate in a telephone interview about purchasing shoes.

어떤 사람이 당신의 지역에서 신발 매장을 개점하려 한다고 상상해 보세요. 당신은 신발 구매에 대한 전화 인터뷰 참여에 동의했습니다.

Q4 When do you usually go shopping for shoes?

당신은 보통 언제 신발을 구매하러 가나요?

Q5 Do you have a plan to shop for new shoes within the next six months? Why?

당신은 향후 6개월 이내에 새 신발을 구매할 계획이 있나요? 그 이유는 무엇인가요?

Q6 Besides the price of shoes, what are some things to consider when purchasing new shoes? Why?

신발의 가격 이외에도, 새 신발을 구매할 때 고려해야 할 것들은 무엇인가요? 그 이유는 무엇인가요?

R4	첫 문장	I usually go shopping for shoes in the morning.	저는 보통 아침에 신발을 구매하러 갑니다.
	추가 문장	**This is because** (when I go shopping in the morning,) I can have enough time (to choose good shoes).	왜냐하면 (아침에 구매하러 가면) (좋은 신발을 고를 수 있는) 충분한 시간을 가질 수 있기 때문입니다.
R5	첫 문장	(Yes,) I have a plan to shop for new shoes within the next six months.	(네,) 저는 향후 6개월 이내에 새 신발을 구매할 계획이 있습니다.
	추가 문장	**This is because** I need new shoes (for the summer). **And also,** it is enjoyable for me to go shopping for new products.	왜냐하면 저는 (여름을 위해) 새 신발이 필요하기 때문입니다. 그리고 또한, 새로운 제품을 구매하러 가는 것은 즐겁습니다.

PART ③ 3

R6	첫 문장	Besides the price of shoes, design and style are (some) things to consider when purchasing new shoes.	신발의 가격 이외에도, 새 신발을 구매할 때 디자인과 스타일이 고려해야 할 것들입니다.
	추가 문장	**This is because** I enjoy wearing fashionable shoes. **And also,** I can look nice, so it makes me feel satisfied and happy.	왜냐하면 저는 유행하는 신발을 즐겨 신기 때문입니다. 그리고 또한, 저는 멋지게 보일 수 있어서 그것이 저를 만족스럽고 기쁘게 합니다.
	마무리	**Therefore,** besides the price of shoes, I consider design and style the most (when buying new shoes) [design and style are (some) things to think about (when buying new shoes)].	따라서 신발 가격 이외에도, (새 신발을 구매할 때) 저는 신발의 디자인과 스타일을 가장 고려합니다[(새 신발을 구매할 때) 디자인과 스타일이 고려해야 할 것들입니다].

Test 2

> Imagine that a home improvement magazine is doing research in your neighborhood. You have agreed to participate in a telephone interview about maintaining your house.
>
> 한 주택 개선 잡지사가 당신의 마을에서 설문조사를 한다고 상상해 보세요. 당신은 주택 유지보수에 대한 전화 인터뷰 참여에 동의했습니다.

Q4 How long have you lived in your town? Do you live in a house or an apartment?

당신은 당신의 마을에서 얼마나 오랫동안 살았나요? 당신은 주택에서 사나요? 아니면 아파트에서 사나요?

Q5 If you could fix one thing about your house in the next month, what would you like to fix? Why?

만약 당신이 다음 달에 집에서 한 가지를 수리할 수 있다면, 무엇을 수리하고 싶나요? 그 이유는 무엇인가요?

Q6 What are some disadvantages of repairing a house by hiring experts? Why?

전문가들을 고용해서 집을 수리하는 것의 단점들은 무엇인가요? 그 이유는 무엇인가요?

R4	첫 문장	I have lived in my town for (about) five years. (And) I live in an apartment.	저는 (대략) 5년 동안 저의 마을에서 살았습니다. (그리고) 저는 아파트에 삽니다.
	추가 문장	**This is because** it is more comfortable (to live in an apartment). **And also,** the facility is good.	왜냐하면 (아파트에 사는 것이) 더 편하기 때문입니다. 그리고 또한, 시설이 좋습니다.
R5	첫 문장	If I could fix one thing about my house in the next month, I would like to fix the sink.	만약 제가 다음 달에 집에서 한 가지를 수리할 수 있다면, 싱크대를 수리하고 싶습니다.
	추가 문장	**This is because** it is very old and outdated. (**Therefore,** I want to change it to a new one.)	왜냐하면 그것은 매우 오래되었고 구식이기 때문입니다. (따라서 저는 그것을 새 것으로 바꾸고 싶습니다.)
R6	첫 문장	(I think) The disadvantage of repairing a house by hiring experts is that it is not affordable.	전문가들을 고용해서 집을 수리하는 것의 단점은 저렴하지 않다는 것입니다(라고 생각합니다).
	추가 문장	When repairing the house myself, I can save money.[I don't have to spend money on hiring people to fix the house.] Hiring people to fix the house can cost too much money. (**And also,** when hiring people to fix the house, I have to use the materials and products they suggest.)	제가 직접 집을 수리하면, 돈을 절약할 수 있습니다.[저는 집을 수리하기 위하여 사람들을 고용하는 데 돈을 소비할 필요가 없습니다.] 집을 수리하기 위하여 사람들을 고용하는 것은 너무 많은 비용이 들 수 있습니다. (그리고 또한, 집을 수리하기 위해 사람들을 고용하면, 저는 그들이 제안하는 자재와 제품들을 사용해야 합니다.)
	마무리	**Therefore,** (I believe) repairing a house by hiring experts is not affordable[this is the disadvantage of repairing a house by hiring experts].	따라서 전문가들을 고용해서 집을 수리하는 것은 저렴하지 않습니다(라고 믿습니다)[이것이 전문가들을 고용해서 집을 수리하는 것의 단점입니다(라고 믿습니다)].

PART 4 표 보고 질문에 답하기

Check-Up Test

Test 1 p.130

취업 면접 일정
날짜: 9월 4일
장소: Duke 대학교 회의실

시간	입사 지원자	직책	현재 고용 기관
오전 9시	Ann Kelly	연구 기술자	Michigan 대학교
오전 9시 30분	Mario Stevenson	지도 교수	Boston 대학교
오전 10시	Eddie Dalton	연구원	McGill 대학교
~~오전 10시 30분~~	~~Terry Cruise~~	~~진로 상담원~~	~~Columbia 대학교~~ 취소됨
오전 11시	Valencia Perez	조교	Minnesota 대학교
오전 11시 30분	Evelyn Chung	연구원	San Diego 대학교

Hello, this is Michael. I will be conducting interviews with several candidates this week. But I can't find my interview sheets anywhere. And I would like to get some information from you.

안녕하세요. 저는 Michael입니다. 이번 주에 지원자들 몇 명과 면접을 진행할 것입니다. 하지만 저의 면접 일정표를 어디에서도 찾을 수 없습니다. 그래서 저는 당신에게서 몇 가지 정보를 얻고 싶습니다.

Q7 Where are my interviews being held, and what time is my first interview?

면접은 어디에서 하나요? 그리고 첫 면접은 몇 시인가요?

Q8 I have an interview with a candidate from Columbia University. Can you tell me when I am scheduled to interview him?

저는 Columbia 대학교의 지원자와 면접이 있습니다. 제가 언제 그와 면접을 볼 예정인지 알려주시겠어요?

Q9 I know we are interviewing several candidates for the research specialist position this time. And I would like to know more detailed information about them. Can you tell me all the details regarding the interviews for the research specialists?

우리가 이번에 몇 명의 연구원직 지원자들을 면접한다고 알고 있습니다. 그리고 그들에 대한 더 자세한 정보를 알고 싶습니다. 연구원직 면접에 대한 모든 세부 사항들을 알려주시겠어요?

R7	They will be held in the Conference Room of Duke University at 9 A.M.[They are in the Conference Room of Duke University. And the first interview is at 9 A.M.]	Duke 대학교 회의실에서 오전 9시에 열릴 것입니다.[Duke 대학교 회의실에서 있습니다. 그리고 첫 면접은 오전 9시에 있습니다.]
R8	**Actually, (no.)** the interview with Terry Cruise at 10:30 A.M. has been canceled.	사실, (아닙니다.) 오전 10시 30분에 Terry Cruise와 면접은 취소되었습니다.
R9	**There are** two interviews[sessions] (for the research specialist position). **First,** the interview with Eddie Dalton from McGill University is at 10 A.M. (for the research specialist position).[**The first one is** the interview with Eddie Dalton from McGill University at 10 A.M. (for the research specialist position.)] **Second,** the interview with Evelyn Chung from San Diego University is at 11:30 A.M. (for the research specialist position).[**The second one is** the interview with Evelyn Chung from San Diego University at 11:30 A.M. (for the research specialist position.)]	(연구원직을 위한) 두 개의 면접 [시간]이 있습니다. 첫 번째, McGill 대학교의 Eddie Dalton과 (연구원직을 위한) 면접이 오전 10시에 있습니다.[첫 번째는 오전 10시에 McGill 대학교의 Eddie Dalton과 (연구원직을 위한) 면접입니다.] 두 번째, San Diego 대학교의 Evelyn Chung과 (연구원직을 위한) 면접이 오전 11시 30분에 있습니다.[두 번째는 오전 11시 30분에 San Diego 대학교의 Evelyn Chung과 (연구원직을 위한) 면접입니다.]

PART 4

Test 2

Olivia Moore의 여행 일정표

항공편 정보
6월 16일 항공기 AZ 5346편 출발: Baltimore 공항, 오전 9:00 도착: Charleston 공항, 오후 2:00 6월 20일 항공기 AZ 3076편 출발: Charleston 공항, 오후 4:00 도착: Baltimore 공항, 오후 9:00
호텔 정보 (Rodeway 호텔)
6월 16일 체크인: 오후 3:00 6월 20일 체크아웃: 오후 12:00
Morrison Air 공장으로 당일 출장 (호텔 로비에서 회사 기사가 픽업)
6월 19일 출발: Rodeway 호텔, 오전 9:00 　　　　출발: Morrison Air 공장, 오후 4:00 도착: Morrison Air 공장, 오전 10:00 　도착: Rodeway 호텔, 오후 5:00

Hello, this is Olivia Moore calling about my business trip this week. I seem to have lost my itinerary, and I have a couple of questions about my schedule. Could you answer the questions about my business trip?

안녕하세요. 저는 Olivia Moore이고 이번 주 저의 출장과 관련해서 전화합니다. 제가 여행 일정표를 잃어버린 것 같은데 제 일정에 대한 몇 가지 질문이 있습니다. 저의 출장에 대한 질문에 응답해 주시겠어요?

Q7 What is the flight number for departing from Baltimore?

Baltimore에서 출발하는 항공기 번호가 무엇인가요?

Q8 A friend of mine has invited me to a concert on the 20th, the day that I come back. The concert is at 7 P.M. Do you think I will be able to make it to the concert?

제 친구가 제가 돌아오는 날인 20일에 콘서트에 초대했습니다. 그 콘서트는 오후 7시에 있습니다. 제가 그 콘서트에 시간 맞춰 갈 수 있을 것이라고 생각하나요?

Q9 Can you tell me all the details about my day trip to the Morrison Air Factory?

Morrison Air 공장으로 가는 당일 출장에 대한 모든 세부 내용을 말해 주시겠어요?

R7   The departure from Baltimore Airport is at 9:00 A.M. on flight number AZ 5346.[You will depart from Baltimore Airport at 9:00 A.M. on flight number AZ 5346.]

Baltimore 공항에서 출발은 항공기 AZ 5346편으로 오전 9시입니다. [당신은 항공기 AZ 5346편으로 오전 9시에 Baltimore 공항에서 출발할 것입니다.]

R8   **Unfortunately**[Actually], (no.) the arrival at Baltimore Airport is at 9:00 P.M.[you will arrive at Baltimore Airport at 9:00 P.M.] (So, I'm afraid that you cannot make it to the concert.)

사실[안타깝게도], (아닙니다.) Baltimore 공항으로 도착은 오후 9시입니다.[당신은 오후 9시에 Baltimore 공항에 도착할 것입니다.] (그래서 유감이지만 당신은 그 콘서트에 시간 맞춰 가지 못할 것입니다.)

R9   **There are** two details about your day trip (to the Morrison Air Factory on June 19th).

First, the departure (from the hotel) is at 9:00 A.M. (The company driver will pick you up at the hotel lobby.) and the arrival (at the Morrison Air Factory) is at 10:00 A.M.[You will depart (from the hotel) at 9:00 A.M. (The company driver will pick you up at the hotel lobby.) Then, you will arrive at the Morrison Air Factory at 10:00 A.M.]

Second, the departure (from the Morrison Air Factory) is at 4:00 P.M. and the arrival (at the hotel) is at 5:00 P.M.[Then, you will depart from the Morrison Air Factory at 4:00 P.M. and arrive back at the hotel at 5:00 P.M.]

(6월 19일에 Morrison Air 공장으로 가는) 당일 출장에 관한 두 가지 세부 내용이 있습니다.

첫 번째, (호텔에서) 출발은 오전 9시입니다. (호텔 로비에서 회사 기사가 당신을 태울 것입니다.) 그리고 (Morrison Air 공장에) 도착은 오전 10시입니다.[당신은 오전 9시에 (호텔에서) 출발할 것입니다. (호텔 로비에서 회사 기사가 당신을 태울 것입니다.) 그리고 나서 당신은 오전 10시에 Morrison Air 공장에 도착할 것입니다.]

두 번째, (Morrison Air 공장에서) 출발은 오후 4시이고 (호텔에) 도착은 오후 5시입니다.[그리고 나서 당신은 오후 4시에 Morrison Air 공장에서 출발할 것이고 오후 5시에 다시 호텔에 도착할 것입니다.]

PART 4

Test 3

Antonio 멕시코 음식점
월요일부터 토요일까지, 오전 11시에서 오후 10시까지 영업

요일	일일 특선 요리	가격
월요일	새우 퀘사디아	14달러
화요일	파히타스 (매운 맛)	13달러
수요일	타코 샐러드	9달러
목요일	Tex-Mex 파히타스	14달러
금요일	전통 멕시코 인기 요리	13달러
토요일	생선 브리토	11달러

* 6명 이상 단체 손님: 사전 전화 예약

Hi, one of my friends recommended Antonio Mexican Restaurant, and I would like to know more about your restaurant.

안녕하세요. 제 친구 중 한 명이 Antonio 멕시코 음식점을 추천했고 저는 당신의 음식점에 대하여 더 알고 싶습니다.

Q7 What days of the week do you open, and what time do you open and close?

일주일 중 어떤 요일에 영업하나요? 그리고 몇 시에 열고 닫나요?

Q8 I am planning to have a business dinner with more than ten people at your restaurant. I don't need to make a reservation, do I?

저는 당신의 음식점에서 열 명이 넘는 사람들과 사업차 저녁식사를 할 계획입니다. 저는 예약할 필요가 없어요, 그렇죠?

Q9 I really enjoy Mexican food, and I especially like fajitas. Can you tell me all the details about fajita specials offered at your restaurant?

저는 정말 멕시코 음식을 즐기며, 특히 파히타스를 좋아합니다. 당신의 음식점에서 제공하는 파히타스 특선 요리에 대한 모든 세부 내용을 말씀해 주시겠어요?

R7	It is open from Monday to Saturday from 11 A.M. to 10 P.M.[We are open from Monday to Saturday, and we open at 11 A.M. and close at 10 P.M.]	월요일부터 토요일까지, 오전 11시부터 오후 10시까지 영업합니다.[우리는 월요일부터 토요일까지 영업하고 오전 11시에 열고 오후 10시에 닫습니다.]
R8	Actually[Unfortunately], (no.) for groups of more than six people, you need to call ahead for a reservation.	사실[안타깝게도], (아닙니다.) 6명 이상의 단체 손님일 경우 당신은 사전에 전화 예약을 해야 합니다.
R9	There are two daily specials (with fajitas). First, Spicy Fajitas is 13 dollars on Tuesday.[The first one is Spicy Fajitas at 13 dollars on Tuesday.] Second, Tex-Mex Fajitas is 14 dollars on Thursday.[The second one is Tex-Mex Fajitas at 14 dollars on Thursday.]	두 가지 (파히타스) 일일 특선 요리가 있습니다. 첫 번째, 매운 파히타스는 화요일에 13달러입니다.[첫 번째는 화요일에 13달러인 매운 파히타스입니다.] 두 번째, Tex-Mex 파히타스는 목요일에 14달러입니다.[두 번째는 목요일에 14달러인 Tex-Mex 파히타스입니다.]

PART 4

Test 4

Charles Stevens
캘리포니아주, 샌디에이고, Campanile 가
565-9687-6347 Stevens80@gmail.com

직책	영업부 부장, MID-TECH 사
학력	경영학, 석사, Michigan 대학교 (2005) 경제학, 학사, San Diego 대학교 (2003)
경력	영업부 부장: Mason Factory 사 (2010 ~ 현재) 영업부 차장: Johnson's Supplies 사 (2007~2010)
그 외	스페인어 유창함 프로그래밍 자격증 보유; 영업 관련 프로그램들을 제작하였음

Hi, I will be interviewing Charles Stevens today, but I don't have his résumé. Can you answer a few questions for me?

안녕하세요. 저는 오늘 Charles Stevens를 면접할 예정인데 그의 이력서를 갖고 있지 않습니다. 몇 가지 질문에 응답해 주시겠어요?

Q7 From which university did he get his bachelor's degree, and what did he major in?

그는 어느 대학교에서 학사 학위를 받았나요? 그리고 그는 무엇을 전공했나요?

Q8 MID-TECH Incorporated is expanding overseas, and we have recently opened several foreign offices. Is there anything on Mr. Steven's résumé that indicates that he can communicate in a foreign language?

MID-TECH 사는 해외로 확장하는 중이고 우리는 최근에 몇 곳의 해외 지사를 개점했습니다. Stevens 씨의 이력서에 그가 외국어로 의사소통할 수 있다는 내용이 있나요?

Q9 Can you tell me about his work history in detail?

그의 경력에 대하여 자세히 말씀해 주시겠어요?

R7	He got his bachelor's degree in Economics at San Diego University (in 2003).[He received his bachelor's degree from San Diego University (in 2003), and he majored in Economics.]	그는 (2003년에) San Diego 대학교에서 경제학 학사 학위를 받았습니다.[그는 (2003년에) San Diego 대학교에서 학사 학위를 받았고 경제학을 전공했습니다.]
R8	**Fortunately**[Actually], (yes.) he can speak Spanish fluently.	다행히도[사실], (있습니다.) 그는 스페인어를 유창하게 말할 수 있습니다.
R9	**There are** two work experiences. **First,** he worked as a sales assistant[he was a sales assistant] at Johnson's Supplies from 2007 to 2010. **Second,** he has worked as a sales director[he has been a sales director] at Mason Factory from 2010 until now.	두 개의 경력이 있습니다. 첫 번째, 그는 2007년부터 2010년까지 Johnson's Supplies 사에서 영업부 차장으로 일했습니다[영업부 차장이었습니다]. 두 번째, 그는 2010년부터 현재까지 Mason Factory 사에서 영업부 부장으로 일하고 있습니다[영업부 부장으로 있습니다].

PART 4

Practice Test

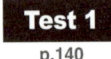
p.140

Seven-Point 카페
매일 오전 10시 ~ 오후 11시 영업
3월 행사 일정

날짜	시간	행사	참고 사항
3월 3일	오후 3시 ~ 오후 4시	차 끓이기	
3월 10일	오후 7시 ~ 오후 9시	콘서트: Jetplane 밴드	티켓 필수
3월 15일	오후 2시 ~ 오후 3시	독서 모임: *The Wild*	
3월 18일	오후 2시 ~ 오후 4시	다도	자료 제공
3월 22일	오후 7시 ~ 오후 9시	보드 게임의 밤	본인 게임 준비
3월 25일	오후 6시 ~ 오후 8시	Greenpeace 모임	

Hi, I am interested in attending some of the March events at the Seven-Point Café. Unfortunately, I forgot to take an event schedule last time I visited the café. Can you answer a couple of questions for me?

안녕하세요. 저는 Seven-Point 카페의 3월 행사에 참가하고 싶습니다. 안타깝게도, 제가 지난번 그 카페에 방문했을 때 행사 일정표를 갖고 오는 것을 잊었습니다. 몇 가지 질문에 응답해 주시겠어요?

Q7 What date is the concert, and what time does it start?

콘서트는 며칠에 있나요? 그리고 그것은 몇 시에 시작하나요?

Q8 I would love to come to the 'Board Game Night', and I remember that I don't need to bring anything for the event. Can you check on that for me?

저는 '보드 게임의 밤'에 가고 싶은데, 그 행사에 무언가를 가져갈 필요는 없던 것으로 기억합니다. 그 부분을 확인해 주시겠어요?

Q9 I'm a big fan of tea, and I saw that you are holding a couple of tea-related events. Can you tell me about all of these events?

저는 차를 엄청 좋아하는데, 당신이 차와 관련된 행사들을 주관한다는 내용을 봤습니다. 저에게 그 모든 행사들에 관하여 말씀해 주시겠어요?

R7	The concert with Jetplane Band is from 7:00 P.M. to 9:00 P.M. on March 10th.[There is a concert with Jetplane Band on March 10th, and it starts at 7 P.M.] (And tickets are required for the event.)	Jetplane 밴드의 콘서트는 3월 10일 오후 7시부터 오후 9시까지 있습니다.[3월 10일에 Jetplane 밴드의 콘서트가 있고, 그것은 오후 7시에 시작합니다.] (그리고 그 행사에 티켓은 필수입니다.)
R8	**Actually**[Unfortunately], (no.) You should bring your own game (to the 'Board Game Night').	사실[안타깝게도], (아닙니다.) 당신은 ('보드 게임의 밤에) 본인의 게임을 가지고 와야 합니다.
R9	**There are** two events[sessions] (related to tea). **First,** the event[session] with the 'Tea Brewing' is from 3:00 P.M. to 4:00 P.M. on March 3rd. **Second,** the event[session] with the 'Tea Ceremony' is from 2:00 P.M. to 4:00 P.M. on March 18th. (And materials will be provided for this event.)	(차와 관련된) 두 개의 행사[시간]가 있습니다. 첫 번째, '차 끓이기'에 대한 행사[시간]가 3월 3일 오후 3시부터 오후 4시까지 있습니다. 두 번째, '다도'에 대한 행사[시간]가 3월 18일 오후 2시부터 오후 4시까지 있습니다. (그리고 이 행사에는 자료가 제공될 것입니다.)

PART 4

Test 2

관리자들을 위한 세미나
Riverside 호텔
오전 10시~오후 1시

날짜	행사	발표자
7월 2일	관리자로서 침착함 유지하기	Emma Tanaka
7월 7일	프로젝트 관리자를 위한 지침	Thomas Mathews
7월 13일	성과가 높은 팀 발전시카카 취소됨	Frank Ray
7월 18일	리더십 기술: 중요한 습관	Jim Whitaker
7월 24일	채찍 위의 당근: 효과적인 인센티브	Beth Wang
7월 30일	서번트 리더십: 성공에 대한 통찰력	James Rogers

Hi, I am thinking of attending the upcoming seminars for managers, but I do not have the program with me. Can I ask you some questions?

안녕하세요. 저는 곧 있을 관리자들을 위한 세미나에 참가할 생각인데, 그 프로그램 표를 갖고 있지 않습니다. 제가 몇 가지 질문해도 되나요?

Q7 What time are the seminars being held, and what date is the first seminar?

세미나는 몇 시에 열리나요? 그리고 첫 세미나는 며칠에 있나요?

Q8 I heard that there is a seminar on 'Developing High-Performing Teams'. What date is that seminar?

저는 '성과가 높은 팀 발전시키기'에 대한 세미나가 있다고 들었습니다. 그 세미나가 며칠에 있나요?

Q9 I know that there will be several seminars on the leadership. Can you tell me about all the seminars dealing with the leadership?

저는 리더십에 대한 세미나가 있을 것이라고 알고 있습니다. 리더십을 다루는 모든 세미나에 대하여 말씀해주시겠어요?

| R7 | The seminars will be held from 10 A.M. to 1 P.M. And the first seminar is on July 2nd. | 세미나는 오전 10시부터 오후 1시까지 열릴 것입니다. 그리고 첫 세미나는 7월 2일에 있습니다. |

| R8 | **Actually[Unfortunately], (no.)** 'Developing High-Performing Teams' on July 13th has been canceled. (So you cannot attend the seminar.) | 사실[안타깝게도], (아닙니다.) 7월 13일에 '성과가 높은 팀 발전시키기'는 취소되었습니다. (그래서 당신은 그 세미나에 참가할 수 없습니다.) |

| R9 | **There are** two seminars[sessions] (on the leadership).
First, 'Leadership Skills: Important Habits' with Jim Whitaker is on July 18th.
Second, 'Servant Leadership: Insights into Success' with James Rogers is on July 30th. | (리더십에 대한) 두 개의 세미나[시간]가 있습니다.
첫 번째, Jim Whitaker와 함께하는 '리더십 기술: 중요한 습관'이 7월 18일에 있습니다.
두 번째, James Rogers와 함께하는 '서번트 리더십: 성공에 대한 통찰력'이 7월 30일에 있습니다. |

PART 4

Test 3

Eplus 마트
분기 회의 - 10월 2일 월요일

시간	의제	발표자
오전 9시 ~ 오전 9시 30분	이전 판매 활동 검토	Kelly Beckett
오전 9시 30분 ~ 오전 10시 30분	판매 분석 1. 피드백: 고객들 2. 성공담: 최고 판매량	Jennifer Ross
오전 10시 30분 ~ 오전 11시 30분	업데이트: 온라인 광고 1. 마케팅 트렌드 2. 웹 페이지: 디자인 및 설계	Angelina Winter
오전 11시 30분 ~ 오전 11시 45분	질의응답 시간	

Hi, this is Henry from the sales department. I know that we have a quarterly meeting on October 2nd, but I haven't got an e-mail about it. Can you answer a few questions about the meeting?

안녕하세요. 저는 영업부의 Henry입니다. 10월 2일에 분기 회의가 있는 것을 아는데 저는 그것에 대한 이메일을 받지 못했습니다. 회의에 대한 몇 가지 질문에 응답해 주시겠어요?

Q7 What is the first agenda for the meeting, and who will be speaking?

회의의 첫 번째 의제는 무엇인가요? 그리고 누가 발표할 건가요?

Q8 I need to leave at noon that day for a meeting with clients from Jacksonville Outfits. What will I miss if I leave the meeting at noon?

저는 Jacksonville Outfits 사의 고객들과 미팅하기 위해 그날 정오에 출발해야 합니다. 정오에 회의에서 나간다면 저는 무엇을 놓치게 되나요?

Q9 We're going to discuss online advertisements at the meeting. Can you tell me the detailed information on the online advertisements update?

우리는 회의에서 온라인 광고에 대하여 논의할 것입니다. 저에게 온라인 광고 업데이트에 대한 자세한 정보를 말씀해 주시겠어요?

R7	'Review of Previous Sales Activity' is at 9:00 A.M. by Kelly Beckett.	오전 9시 Kelly Beckett의 '이전 판매 활동 검토'입니다.
R8	**Fortunately[Actually],** the meeting will be held from 9:00 A.M. to 11:45 A.M. So, <u>you will not miss any of the meeting</u>[you won't miss anything].	다행히도[사실], 회의는 오전 9시부터 오전 11시 45분까지 열릴 것입니다. 그래서 당신은 어떤 회의도 놓치지 않을 것입니다[당신은 어떤 것도 놓치지 않을 것입니다].
R9	**There are** two (agenda) items on the online advertisements update (by Angelina Winter) from 10:30 A.M. to 11:30 A.M. **The first one is** 'marketing trends'. **The second one is** 'webpage: design and layout'. [The online advertisement update by Angelina Winter is from 10:30 A.M. to 11:30 A.M. including 'marketing trends' and 'webpage: design and layout.']	(Angelina Winter의) 온라인 광고 업데이트에 대한 두 개의 (의제) 항목이 오전 10시 30분부터 오전 11시 30분까지 있습니다. 첫 번째는 '마케팅 트렌드'입니다. 두 번째는 '웹 페이지: 디자인 및 설계'입니다.['마케팅 트렌드'와 '웹 페이지: 디자인 및 설계'를 포함한 Angelina Winter의 '온라인 광고 업데이트'는 오전 10시 30분부터 오전 11시 30분까지 있습니다.]

PART 4

Test 4

Castor 사 야유회 일정
4월 17일, Lake 캠프장

오전 9시	회사 주차장에서 전세 버스 탑승	
오전 10시 ~ 오전 11시	발표: 신년 계획	Louisa Castor
오전 11시 ~ 정오	시연: 신제품 출시	Candice Wu, 인사부
정오 ~ 오후 2시	점심식사	
오후 2시 ~ 오후 4시	토론: 신제품 마케팅	Neil Bryson, 영업부
오후 4시 ~ 오후 5시	팀 단합 활동	Carl Wallace, 마케팅부
오후 5시 ~ 오후 6시	배구 대회	
오후 6시	전세 버스로 다시 회사로 출발	

Hi, I am planning to participate in the Castor Company Retreat, but I misplaced the program and I can't find it. Could you answer my questions?

안녕하세요. 저는 Castor 사의 야유회에 참석할 계획인데 프로그램 표를 잃어버렸고 못 찾겠어요. 저의 질문에 응답해 주시겠어요?

Q7 What date is the company retreat being held, and where is it?

며칠에 회사 야유회가 열리나요? 그리고 어디에서 하나요?

Q8 Do I need to prepare for my own transportation to get to the retreat?

야유회에 가기 위해 교통수단을 준비해야 하나요?

Q9 I'm interested in finding out about new company products. Can you tell me about all the sessions on new products?

저는 회사 신제품에 대하여 알고 싶습니다. 신제품에 대한 모든 시간에 대해 말씀해주시겠어요?

| R7 | It will be held on April 17th at Lake Campground. | 그것은 4월 17일에 Lake 캠프장에서 열릴 것입니다. |

| R8 | **Actually, (no.)** a chartered bus will pick you up at the company parking lot at 9 A.M. | 사실, (아닙니다.) 전세 버스가 오전 9시에 회사 주차장에서 당신을 태울 것입니다. |

| R9 | **There are** two sessions (on new products). **First,** (the session with) the 'Demonstration of New Product Launches' is from 11 A.M. to noon with Candice Wu from the HR department. **Second,** (the session with) the 'Discussion of Marketing New Products' is from 2 P.M. to 4 P.M. with Neil Bryson from the Sales department. | (신제품에 대한) 두 개의 시간이 있습니다. 첫 번째, 인사부의 Candice Wu의 '신제품 출시 시연' (시간)이 오전 11시부터 정오까지 있습니다. 두 번째, 영업부의 Neil Bryson의 '신제품 마케팅 토론' (시간)이 오후 2시부터 오후 4시까지 있습니다. |

PART 4

Test 5

Cooksville 주민 센터
다가오는 지역 행사

날짜	행사	요금
8월 24일 ~ 28일	고전 영화의 주	11달러
8월 30일	지역 음악 소개	기부로 지불
9월 10일 ~ 15일	~~Cooksville 박람회~~(내부 수리로 취소됨)	
10월 7일	박물관의 날	모든 박물관 입장권: 9달러
10월 11일 ~ 17일	베이스볼 클래식	6달러(모든 수익금은 자선 단체에 기부)
10월 21일 ~ 29일	벼룩 시장	무료
11월 3일	음악 축제: 지역 대중 음악	13달러

Hello, I'm calling about the upcoming community events in Cooksville. I don't have the program with me. Could you help me with some information?

안녕하세요. 저는 Cooksville의 다가오는 지역 행사에 대하여 전화합니다. 저는 프로그램 표를 갖고 있지 않습니다. 몇 가지 정보와 관련해서 도움을 주시겠어요?

Q7 When is the first event, and how much is the ticket?

첫 행사는 언제인가요? 그리고 티켓은 얼마인가요?

Q8 I am bringing one of my guests to attend the community events held in September. What are the events?

저는 9월에 열리는 지역 행사에 참석하기 위해 저의 손님들 중 한 명을 데려갈 겁니다. 어떤 행사들이 있나요?

Q9 I am interested in music. Can you tell me all the music events held in Cooksville in detail?

저는 음악에 관심이 있습니다. 저에게 Cooksville에서 열리는 모든 음악 행사에 대하여 자세하게 말씀해주시겠어요?

R7	'Classical Movie Week' is from August 24th to 28th at 11 dollars.[The first event is 'Classic Movie Week' from August 24th to 28th, and the tickets cost 11 dollars (each).]	'고전 영화의 주'는 11달러로, 8월 24일부터 28일까지 있습니다.[첫 행사는 8월 24일부터 28일까지 '고전 영화의 주'입니다. 그리고 티켓은 (각각) 11달러입니다.]
R8	**Unfortunately[Actually],** the 'Cooksville Fair' from September 10th to 15th has been canceled due to renovation.[the event has been canceled due to renovation in September.] (Therefore, I am afraid you cannot attend any events in September.)	안타깝게도[사실], 9월 10일부터 15일까지 있는 'Cooksville 박람회'는 내부 수리로 취소되었습니다.[그 행사는 9월에 내부 수리로 취소되었습니다.] (따라서 유감이지만, 당신은 9월에 어떤 행사에도 참가할 수 없습니다.)
R9	**There are** two events (related to music). **First,** on August 30th, there is the 'Local Music Showcase' event. You can pay by donation for the fee. **Second,** on November 3rd, there is the 'Music Festival on Regional Pop Music'. You have to pay 13 dollars.	(음악과 관련된) 두 개의 행사가 있습니다. 첫 번째, 8월 30일에 '지역 음악 소개' 행사가 있습니다. 당신은 기부를 통해 요금을 지불하실 수 있습니다. 두 번째, 11월 3일에 '지역 대중 음악에 대한 음악 축제'가 있습니다. 당신은 13달러를 지불해야 합니다.

PART 4

Test 6

Adventure Biking 경주
6월부터 7월까지, 오전 9시 ~ 오후 6시

날짜	경주	트레일	거리
6월 6일	H&M 챔피언십	Calvinia Hills	13.2킬로미터
6월 14일	케이프 챌린지	Cape Winelands	16.0킬로미터
6월 21일	익스트림 단계 경주	Bidwell Trail	9.7킬로미터
7월 3일	트레인 런	Prince Albert	11.5킬로미터
7월 17일	가족 자전거 경주	Pretoria Park	16.0킬로미터

* 회원 필수 사항: 보호 장비

Hello, I am a member of Adventure Biking, and I would like to attend one of the upcoming race events. However, I don't have the event schedule, so I would like to get some information from you about them.

안녕하세요. 저는 Adventure Biking의 회원인데, 다가오는 경주 행사들 중 하나에 참가하고 싶습니다. 그러나 저는 행사 일정표를 갖고 있지 않아서, 그것들에 대해 당신에게서 몇 가지 정보를 얻고 싶습니다.

Q7 What is the first race, and what date is the event?

첫 경주는 무엇인가요? 그리고 그 행사는 며칠에 있나요?

Q8 As far as I know, I don't need to bring my own protective gear. Am I right?

제가 알기로는, 저는 개인 보호 장비를 가지고 갈 필요가 없습니다. 맞나요?

Q9 I am really interested in the 16-kilometer events. Please tell me all about the events that are 16 kilometers.

저는 16km 거리의 행사에 정말 관심 있습니다. 16km 거리의 행사에 대한 모든 것을 말씀해주세요.

R7	'H&M Championship' is on June 6th along Calvinia Hills and it is 13.2 kilometers.[There is the 'H&M Championship' race on June 6th along Calvinia Hills. And the length is 13.2 kilometers.]	6월 6일에 Calvinia Hills를 따라 'H&M 챔피언십'이 있고 그것은 13.2 킬로미터 입니다.['H&M 챔피언십' 경주가 6월 6일에 Calvinia Hills를 따라 있습니다. 그리고 그 거리는 13.2킬로미터 입니다.]
R8	Actually[Unfortunately], (no.) protective gear is required for members.[It is required for members.] (Therefore, you need to bring your own protective gear.)	사실[안타깝게도], (아닙니다.) 보호 장비는 회원 필수 사항입니다.[그것은 회원들에게 필수입니다.] (따라서 당신은 개인 보호 장비를 가져와야 합니다.)
R9	There are two trails (that are 16 kilometers). First, 'Cape Challenge' is on June 14th at Cape Winelands (and it is 16 kilometers).[The first one is 'Cape Challenge' on June 14th at Cape Winelands. (It is a 16-kilometer race.)] Second, 'Family Biking Race' is on July 17th at Pretoria Park (and it is 16 kilometers).[The second one is 'Family Biking Race' on July 17th at Pertoria Park. (It is another 16-kilometer race.)]	(16킬로미터 거리로 된) 두 개의 트레일이 있습니다. 첫 번째, '케이프 챌린지'가 6월 14일 Cape Winelands에서 있습니다. (그리고 그것은 16킬로미터입니다.) [첫 번째는 6월 14일 Cape Winelands 에서 '케이프 챌린지'입니다.(그것은 16킬로미터 경주입니다.)] 두 번째, '가족 자전거 경주'가 7월17일 Pretoria Park에서 있습니다. (그리고 그것은 16킬로미터입니다.) [두 번째는 7월 17일 Pretoria Park에서 '가족 자전 거 경주'입니다. (그것은 또 다른 16킬 로미터 경주입니다.)]

PART 4

Actual Test

Test 1
p.146

KC Body & Soul 체육관

Kansas 시, 58번가
겨울 특별 수업: 1월 5일 ~ 2월 4일
수업당 40달러, 1월 2일까지 등록 시 30달러

수업	요일	시간	참고 사항
필라테스	월요일	오후 3시 30분 ~ 오후 4시 30분	
호신술	화요일	오후 6시 ~ 오후 7시	초급 단계
파이트피트	수요일	오후 3시 ~ 오후 4시	경험 필요
격투기	목요일	오후 3시 30분 ~ 오후 4시 30분	경험 필요
요가	수요일	오후 4시 30분 ~ 오후 5시 30분	
무술	금요일	오후 6시 30분 ~ 오후 7시 30분	경험 필요

Hi, I saw a brochure of your fitness programs for winter, but I have misplaced it. And I was wondering if you could answer a few questions for me.

안녕하세요. 저는 당신의 겨울 운동 프로그램에 대한 소책자를 봤는데 그것을 잃어버렸습니다. 그래서 저를 위해 몇 가지 질문에 응답해 주실 수 있는지 궁금합니다.

Q7 Where is the KC Body and Soul Gym located? And on what date will the winter classes begin?

KC Body & Soul 체육관이 어디에 있나요? 그리고 겨울 수업은 며칠에 시작하나요?

Q8 I heard that the fee is 40 dollars. Is there any way that I can get rates lower than 40 dollars?

수업료가 40달러라고 들었습니다. 40달러보다 더 적은 비용을 낼 수 있는 방법이 있을까요?

Q9 I don't finish school until 5:30 P.M. Can you tell me all the classes that start after 5:30 P.M.?

저는 오후 5시 30분에 학교를 마칩니다. 오후 5시 30분 이후에 시작하는 모든 수업에 대해서 말씀 주시겠어요?

| R7 | It is on 58th Street in Kansas City. And the classes for winter will begin on January 5th. | 그것은 Kansas 시 58번가에 있습니다. 그리고 겨울 수업은 1월 5일에 시작할 것입니다. |

| R8 | **Fortunately**[Actually], (yes.) if you register for the class by January 2nd, the fee is 30 dollars. | 다행히[사실], (있습니다.) 1월 2일까지 수업을 등록하시면, 수업료가 30달러입니다. |

| R9 | **There are** two classes[sessions] (after 5:30 P.M). **First,** there is 'Self-Defence' on Tuesdays from 6:00 P.M. to 7:00 P.M. It is an entry-level class. **Second,** there is 'Martial Arts' on Fridays from 6:30 P.M. to 7:30 P.M. Experience is needed for that class. | (오후 5시 30분 이후에) 두 개의 수업이[시간이] 있습니다. 첫 번째, 매주 화요일 오후 6시부터 오후 7시까지 '호신술'이 있습니다. 그것은 초급용 수업입니다. 두 번째, 매주 금요일 오후 6시 30분부터 오후 7시 30분까지 '무술'이 있습니다. 그 수업은 경험이 필요합니다. |

PART 4

Test 2

직원 회의

Michigan 대학교, 회의실 5B호
5월 15일 월요일, 오전 10시 ~ 오후 12시 45분

오전 10시	신설 수업	Ellen Cranston
오전 10시 30분	멤버십 프로그램 a. 요금 인상 b. 추가 혜택	Mike Roberts
오전 11시	신입 사원 교육	Gina Barlow
오전 11시 30분	센터 변경 사항 a. 라커 룸 내부 수리 b. 테니스 코트 설치	Fred Coatman
오후 12시 15분	체육관 방침 변경 사항	Kaila Colbin

Hi, I am an employee at Michigan University, and I had a few questions about the staff meeting that's coming up. I had an agenda, but I seem to have lost it. Can you answer a few questions for me?

안녕하세요. 저는 Michigan 대학교 직원인데, 다가오는 직원 회의에 대하여 몇 가지 질문이 있습니다. 제가 안건 목록을 가지고 있었는데 잃어버린 듯합니다. 몇 가지 질문에 응답해 주시겠어요?

Q7 What time does the meeting start, and what is the first session?

회의는 몇 시에 시작하나요? 그리고 첫 시간은 무엇인가요?

Q8 I have an appointment at 1 P.M. What will I miss if I leave for my appointment?

저는 오후 1시에 약속이 있습니다. 제가 약속 때문에 나간다면 무엇을 놓치게 되나요?

Q9 I know that Fred Coatman will be speaking at the meeting. Can you tell me about what he will be speaking about?

저는 Fred Coatman이 회의에서 발표한다고 알고 있습니다. 그가 무엇에 대해서 발표할지 말씀해 주시겠어요?

R7 It starts at 10 A.M. And the first session is 'New Classes' by Ellen Cranston.

그것은 오전 10시에 시작합니다. 그리고 첫 시간은 Ellen Cranston의 '신설 수업'입니다.

R8 <u>Fortunately[Actually]</u>, the meeting ends at 12:45 P.M. So you will not miss anything.

다행히[사실], 그 회의는 오후 12시 45분에 끝납니다. 그래서 당신은 어떤 것도 놓치지 않을 것입니다.

R9 **There are** two items about 'Changes to the Center' at 11:30 A.M. by Fred Coatman.
The first one is about locker room renovations.
The second one is about tennis court construction.

오전 11시 30분에 Fred Coatman이 발표할 '센터 변경 사항'에 대한 두 가지 항목이 있습니다.
첫 번째는 라커 룸 내부 수리에 관한 것입니다.
두 번째는 테니스 코트 설치에 관한 것입니다.

PART 5 해결책 제안하기

Check-Up Test

Test 1 P.164

Hi, it's Sandy Russell calling from customer service. As you are the manager, I was hoping I could get some help from you with a problem. Our computers require some assembly when customers buy them. And this helps us keep our prices low. However, some customers have been having trouble assembling them. We included the instructions with every order, but we have been getting some complaints from customers. The customers have been making mistakes assembling the computers and consequently, they have faulty computers. I think we should do something and make it easier for the customers to use the computers. Then, we will have fewer complaints from people buying our computers. How do you think we can do this? Please call me back with any ideas you have. Again, this is Sandy at extension 743. Bye.

안녕하세요. 고객 서비스부에서 전화하는 Sandy Russell입니다. 당신이 관리자이기 때문에, 저는 어떤 문제에 대하여 당신에게서 도움을 얻기를 바랍니다. 우리 컴퓨터는 고객들이 그것들을 살 때 약간의 조립이 필요합니다. 그리고 이것은 우리가 가격을 낮게 유지하는 데 도움이 됩니다. 그러나 몇몇 고객들이 그것들을 조립하는 데 어려움을 겪고 있습니다. 우리는 모든 주문품에 설명서를 포함시켰지만 고객들로부터 불평을 받고 있습니다. 고객들은 컴퓨터를 조립하는 일에 실수를 하고 있고 그 결과, 그들은 결함 있는 컴퓨터를 가지게 됩니다. 저는 우리가 무언가를 해서 고객들이 컴퓨터를 더 쉽게 사용하도록 해야 한다고 생각합니다. 그러면 우리 컴퓨터를 사는 사람들로부터 불평을 덜 받게 될 것입니다. 우리가 어떻게 할 수 있을까요? 당신의 아이디어와 함께 저에게 전화하세요. 다시 한번, 저는 내선번호 743의 Sandy입니다. 안녕히 계세요.

▶ 첫인사	**Hello,** Ms. Russell.[Hi, Sandy.] **This is** James **returning your call.** **I just listened to your message and understand that there is a problem.** Russell 씨, 안녕하세요.[Sandy, 안녕하세요.] 당신의 전화에 회신하는 James입니다. 저는 막 당신의 메시지를 들었고 문제가 있다는 것을 이해했습니다.
▶ 문제 인식	**You said that there is a problem with** assembling our computers. <u>Some customers have been having trouble assembling the computers[There were some complaints about (assembling) our computers from customers]</u> (and we need to make it easier for our customers to use our computers). **(I'm sorry to hear that.)** 당신은 우리 컴퓨터를 조립하는 데 문제가 있다고 말했습니다. 몇몇 고객들이 컴퓨터를 조립하는 데 어려움을 겪고 있습니다.[고객들로부터 우리 컴퓨터(를 조립하는 것)에 대한 불평이 있었습니다.] (그리고 우리는 고객들이 컴퓨터를 더 쉽게 사용하도록 해야 합니다.) (그 얘기를 듣게 되어서 유감입니다.)

▶ 해결책	**And here is my suggestion.**[**And here are my suggestions.**] We can hold online training sessions (with video lectures) for customers. This way, they can learn how to assemble the computers more easily. **Or,** how about making manuals and guidebooks with more specific information? Then, customers can have enough information to assemble the computers. 「We can put up a notice on the Web site (with specific information about this issue[how to assemble the computers]) so that people can know about this.」 **I hope this will help us solve the problem.** 그래서 여기에 저의 제안(들)이 있습니다. 우리는 고객들을 위해 (비디오 강연과 함께) 인터넷 교육을 개설해도 됩니다. 이렇게 하면, 그들은 컴퓨터를 더 쉽게 조립하는 방법을 배울 수 있습니다. 아니면, 더 구체적인 정보가 있는 매뉴얼과 안내서를 만드는 것은 어때요? 그러면, 고객들이 컴퓨터를 조립하기 위한 충분한 정보를 얻을 수 있습니다. 우리는 사람들이 이것에 대해 알 수 있도록 (이 문제[컴퓨터를 조립하는 방법])에 대한 구체적인 정보와 함께) 웹 사이트에 공지해도 됩니다. 이것이 우리가 문제를 해결하는 데 도움이 되기를 바랍니다.
▶ 끝인사	**Please feel free to ask if you have any questions. Thank you.** 어떠한 질문이든 편하게 물어보세요. 감사합니다. As you know, my phone number is 652-9876. Once again, this is James returning your call about the problem (with the computers). 아시다시피, 제 전화번호는 652-9876입니다. 다시 한번, 저는 (컴퓨터) 문제에 관해 회신하는 James입니다.

> 참고

- 다음 표현들 뒤에서 문제점이 등장하는 경우가 많다.

  ① But 또는 However

  ② The problem is (that) ~ , The thing is (that) ~ , People complain (that) ~ ,
     People have trouble[a hard time/difficulty/problem] (in/with) ~

  ex **However**, some customers have been having trouble assembling them.

- 해결책을 추가할 때 Or/Also/In addition/Otherwise을 앞에 넣고, 효과 문장은 This way/I'm sure (that)/so that/Then을 써서 구분시킬 것.

  ex We can hold online training sessions with video lectures for customers. **This way**, they can learn how to use the computers more easily. **Or,** how about making manuals and guidebooks with more specific information? **Then,** customers can have enough information to assemble the computers.

- 「」부분과 같이 'We can put (up) a notice on the Web site ~ '는 대부분의 상황에 어울리므로 해결책이 떠오르지 않을 경우 만능 해결책으로 활용하기 좋다. 'people can know about this'는 만능 효과 문장이므로 함께 익혀 놓도록 한다.

  ex **We can put up a notice on the Web site** with specific information about how to assemble the computers so that **people can know about this**.

PART 5

Test 2

W: Before we finish our meeting, I would like to mention one more thing. Recently, we got feedback from the people who visit our public library, and they commented that we do not have programs for young adults, especially for local university students.

M: Right, we have various kinds of events and programs for teens and children but not many for young adults, like university students. Since we are located near several colleges, we should do something about it.

W: I want everyone to think about what we can do to make sure we are supportive of the community's needs. I'm afraid we have to call it a day. Please call me later with your suggestions on programs that we can have for university students so they are encouraged to visit the library more often. I'll be waiting for your call.

여: 회의를 마치기 전에, 저는 한 가지 더 언급하고 싶습니다. 최근에 우리 공공 도서관에 방문하는 사람들로부터 피드백을 받았는데, 그들은 젊은 성인들, 특히 이 지역 대학생들을 위한 프로그램이 없다고 언급했습니다.

남: 맞습니다. 십대들과 아이들을 위한 다양한 행사와 프로그램은 있지만 대학생들 같은 젊은 성인들을 위한 것들은 많지 않습니다. 우리는 몇몇 대학 주변에 위치해 있기 때문에 그것에 대해 무언가를 해야 합니다.

여: 우리가 지역 사회의 요구를 지원한다는 것을 확실히 하기 위해 우리가 할 수 있는 것들에 대해 여러분들이 생각해 보시기 바랍니다. 오늘은 이것으로 끝내야 할 것 같습니다. 대학생들이 도서관에 더 자주 방문하는 것을 장려하도록 우리가 할 수 있는 프로그램들에 대한 여러분의 제안들과 함께 나중에 저에게 전화하세요. 여러분의 전화를 기다리겠습니다.

	▶ 첫인사	**Hello[Hi], this is** Michael **calling about the agenda we discussed at the meeting.** 안녕하세요. 회의에서 우리가 의논했던 의제에 대해 전화하는 Michael입니다.
	▶ 문제 인식	**You said that there is a problem with** the programs at our library. Some people commented that we do not have programs for young adults, especially for local university students[we don't have many programs for young adults]. **(I'm sorry to hear that.)** 당신은 우리 도서관의 프로그램에 문제가 있다고 말했습니다. 몇몇 사람들이 젊은 성인들, 특히 이 지역 대학생들을 위한 프로그램이 없다고[우리는 젊은 성인들을 위한 프로그램이 많지 않다고] 언급했습니다. (그 얘기를 듣게 되어서 유감입니다.)
	▶ 해결책	**And here is my suggestion.[And here are my suggestions.]** We can hold a special event (for young adults) such as a reading program. This way, people can come to our library and learn more. **Or,** how about offering free classes such as a computer class? Then, people can be satisfied. And also, we can attract more university students to our library. We can put up a notice on the Web site (with specific information about this issue [with new programs]) so that people can know about this. **I hope this will help us solve the problem.** 그래서 여기에 저의 제안(들)이 있습니다. 우리는 독서 프로그램과 같은 (젊은 성인들을 위한) 특별한 행사를 개최해도 됩니다. 이렇게 하면, 사람들이 우리의 도서관에 와서 더 많은 것들을 배울 수 있습니다. 아니면, 컴퓨터 수업과 같은 무료 수업을 제공하는 것은 어때요? 그러면 사람들이 만족할 수 있습니다. 그리고 또한, 우리는 더 많은 대학생들을 도서관에 끌어들일 수 있습니다. 우리는 사람들이 이것에 대해 알 수 있도록 (이 문제에 대한 구체적인 정보와 함께[새로운 프로그램들과 함께]) 웹 사이트에 공지해도 됩니다. 이것이 우리가 문제를 해결하는 데 도움이 되기를 바랍니다.
	▶ 끝인사	**Please feel free to ask if you have any questions. Thank you.** 어떠한 질문이든 편하게 물어보세요. 감사합니다. As you know, my phone number is 479-1539. Once again, this is Michael calling about the agenda at the meeting. 아시다시피, 제 전화번호는 479-1539입니다. 다시 한번, 저는 회의의 의제에 대해 전화하는 Michael입니다.

- 문제의 모든 상황(전화/회의)에서 대부분의 답변자인 '나'는 같은 회사와 부서 또는 같은 회사지만 다른 부서의 사람이다. 만약 내가 거래처나 다른 회사 사람일 경우, 문제의 서두에서 확실하게 언급된다.

PART 5

Test 3

Hi, this is Allen Smith calling from Smith Sporting Goods. Since you are our marketing director, I need your ideas to deal with a problem we have. As you know, sports are getting more and more popular these days, and many people are paying more attention to professional sports and leisure activities than before. However, the issue is that people don't know about our store even though we have a wide range of sports equipment and sportswear. I want to use the trend to appeal to more customers. 『We have already advertised with TV commercials and on the Internet, but I think we can do more to increase sales.』 I'd like you to come up with some ideas to ensure that we can attract more customers to the store, taking advantage of this trend. Call me back as soon as you can. Again, this is Allen.

안녕하세요. Smith Sporting Goods에서 전화하는 Allen Smith입니다. 당신이 마케팅부 이사이기 때문에, 우리가 갖고 있는 문제를 처리하기 위해 당신의 아이디어가 필요합니다. 아시다시피, 요즘 스포츠는 더욱더 인기를 끌고 있고, 많은 사람들이 예전보다 전문적인 스포츠 및 레저 활동에 관심을 기울이고 있습니다. 하지만 문제는 우리가 매우 다양한 스포츠 장비와 의류를 갖고 있음에도 불구하고, 사람들이 우리 가게에 대해 모른다는 것입니다. 저는 더 많은 고객들의 흥미를 끌기 위해 이 트렌드를 활용하고 싶습니다. 우리는 이미 TV와 인터넷에 광고를 했지만 저는 판매량을 증가시키기 위해 더 많은 것들을 할 수 있다고 생각합니다. 이 트렌드를 활용하여 더 많은 고객들을 상점으로 확실히 끌어들일 수 있는 몇 가지 아이디어를 생각해보시기 바랍니다. 가능한 한 빨리 저에게 전화하세요. 다시 한번, 저는 Allen입니다.

▶ 첫인사	**Hello, Mr. Smith.[Hi, Allen.] This is** Kate **returning your call.** **I just listened to your message and understand that there is a problem.** Smith 씨, 안녕하세요.[Allen, 안녕하세요.] 당신의 전화에 회신하는 Kate입니다. 저는 막 당신의 메시지를 들었고 문제가 있다는 것을 이해했습니다.
▶ 문제 인식	**You said that there is a problem with** our sporting goods store. We have to attract more customers[people] (to our store). (This is because) Many people are paying more attention to professional sports and leisure activities than before.[There are not many customers (at our store).] **(I'm sorry to hear that.)** 당신은 우리의 스포츠 용품 상점에 문제가 있다고 말했습니다. 우리는 (상점에) 더 많은 고객들[사람들]을 끌어들여야 합니다. (왜냐하면) 많은 사람들이 예전보다 전문적인 스포츠 및 레저 활동에 더 많은 관심을 기울이고 있기 때문입니다.[(상점에) 고객들이 많지 않기 때문입니다.] (그 얘기를 듣게 되어서 유감입니다.)

▶ 해결책	**And here is my suggestion.**[And here are my suggestions.] We can make flyers and hand them out to people. This way, people can look at them and come to our store. **Also,** we can offer a discount coupon to customers. I'm sure (people will like it so) we can attract more customers to our store. 「We can put up a notice on the Web site (with more specific information about our store) so that we can appeal to more customers.」 I hope this will help us solve the problem. 그래서 여기에 저의 제안(들)이 있습니다. 우리는 전단지를 만들어서 사람들에게 배포해도 됩니다. 이렇게 하면, 사람들이 그것들을 보고 상점에 올 수 있습니다. 또한, 우리는 고객들에게 할인 쿠폰을 제공해도 됩니다. 저는 (사람들이 그것을 좋아해서) 상점에 더 많은 고객들을 끌어들일 수 있다고 확신합니다. 우리는 더 많은 고객들의 흥미를 끌기 위해 (상점에 대한 더 구체적인 정보와 함께) 웹 사이트에 공지해도 됩니다. 이것이 우리가 문제를 해결하는 데 도움이 되기를 바랍니다.
▶ 끝인사	**Please feel free to ask if you have any questions. Thank you.** 어떠한 질문이든 편하게 물어보세요. 감사합니다. As you know, my phone number is 9973-0075. Once again, this is Kate returning your call about the problem (with our sporting goods store). 아시다시피, 제 전화번호는 9973-0075입니다. 다시 한번, 저는 (우리의 스포츠 용품 상점의) 문제에 관해 회신하는 Kate입니다.

> 참고

- 메세지의 「 」 부분과 같이 '가능한 해결책'을 언급했을 경우, 제시된 해결책을 피해서 다른 해결책을 제시해야 한다. 만약 문제에서 언급된 해결책을 그대로 쓸 경우에는 부가 설명으로 내용을 보완하지 않으면 해결책을 알맞게 제시하지 못한 답안이 된다.

- 답변의 「 」 부분은 만능 해결책 문장 'We can put up a notice on the Web site'에 언급한 해결책 내용을 보완해서 전개했다. 만능 해결책 문장 뒤에 'with more specific information about…' 또는 'with specific information about this issue…'를 붙여 활용해도 좋다.

* 문제에서 가능한 해결책 제시:

  ex We have already advertised on TV commercials and on the Internet but I think we can do more to increase sales.

* 문제에서 언급된 해결책을 그대로 썼지만 부가 설명으로 보완:

  ex We can advertise on the Internet[We can put up a notice on the Web site] with more specific information about our store so that we can appeal to more customers.

PART 5

Test 4

M: I would like to mention a problem that just came up. Recently, we hired new staff at our hotel. They are very efficient and fast learners, so our management is very satisfied with their job performance. However, they made a major mistake yesterday by overbooking guests.

W: Yes, I heard that they made reservations for about 70 guests for the same night. We only have 40 rooms in our hotel. It is going to be a big problem unless we figure out what to do about this.

M: Right, we'd better fix this problem as soon as possible before it affects our reputation as one of the best hotels in the industry. I'm sure there will be some things we can do to keep customers satisfied with us even though we cannot offer the rooms that they have reserved. If any of you here have suggestions on how to best handle this situation, please call me later today.

남: 저는 방금 제기된 문제를 언급하고 싶습니다. 최근에 우리 호텔에서 신입 사원들을 고용했습니다. 그들은 매우 유능하고 일을 빨리 배워서 경영진들은 그들의 성과에 매우 만족합니다. 그러나 그들이 어제 손님들을 초과 예약하는 큰 실수를 했습니다.

여: 네, 저도 그들이 같은 날 밤에 대략 70명의 손님을 예약했다고 들었습니다. 우리 호텔에는 40개의 객실이 있을 뿐입니다. 이것에 대해 할 수 있는 것을 파악하지 못한다면 큰 문제가 될 것입니다.

남: 맞습니다. 업계 최고의 호텔 중 하나로서 우리의 명성에 영향을 미치기 전에 가능한 한 빨리 이 문제를 처리하는 것이 좋습니다. 비록 고객들에게 예약된 객실을 제공하지 못할지라도, 그들이 계속 만족할 수 있도록 우리가 할 수 있는 것들이 몇 가지 있을 것이라고 확신합니다. 여기 있는 여러분 중 누군가 이 상황을 가장 잘 처리할 수 있는 방법에 대한 제안이 있다면, 오늘 저에게 전화하세요.

▶ 첫인사	**Hello[Hi], this is** Rachel **calling about the agenda we discussed at the meeting.** 안녕하세요. 회의에서 우리가 의논했던 의제에 대해 전화하는 Rachel입니다.	
▶ 문제 인식	**You said that there is a problem with** our hotel reservations. Our new staff made a mistake yesterday by overbooking guests[There were some mistakes with the reservations made by our staff] (and we need to keep our customers satisfied with our hotel). **(I'm sorry to hear that.)** 당신은 우리의 호텔 예약에 문제가 있다고 말했습니다. 우리 신입 사원들이 어제 손님들을 초과 예약하는 실수를 했습니다.[우리 직원들에 의해 예약에 몇 가지 실수가 있었습니다.] (그리고 우리는 고객들이 우리 호텔에 계속 만족하게 해야 합니다.) (그 얘기를 듣게 되어서 유감입니다.)	
▶ 해결책	**And here is my suggestion.[And here are my suggestions.]** I know another good hotel nearby, and I can give you the contact information. I'm sure they will have rooms available. **Otherwise,** as compensation, we can offer a discount coupon to the customers so that they can be satisfied (and will keep using our hotel). **In addition,** we should issue an apology by sending out an e-mail to our customers. (I'm sure this can be very helpful.) **I hope this will help us solve the problem.** 그래서 여기에 저의 제안(들)이 있습니다. 저는 근처에 있는 다른 좋은 호텔을 알고 있고 당신에게 연락 정보를 알려줄 수 있습니다. 저는 그들에게 이용할 수 있는 객실이 있을 것이라고 확신합니다. 그렇지 않으면, 고객들이 만족할 수 있게 (그리고 우리 호텔을 계속 이용할 수 있게), 우리는 보상으로 고객들에게 할인 쿠폰을 제공해도 됩니다. 게다가, 우리는 고객들에게 이메일을 보냄으로써 사과를 표시해야 합니다. (저는 이것이 매우 도움이 될 것이라고 확신합니다.) 이것이 우리가 문제를 해결하는 데 도움이 되기를 바랍니다.	
▶ 끝인사	**Please feel free to ask if you have any questions. Thank you.** 어떠한 질문이든 편하게 물어보세요. 감사합니다. As you know, my phone number is 347-3854. Once again, this is Rachel calling about the agenda at the meeting. 아시다시피, 제 전화번호는 347-3854입니다. 다시 한번, 저는 회의의 의제에 대해 전화하는 Rachel입니다.	

PART 5

Practice Test

Test 1
P.180

Hello, this is Steve Cooper at Prime Furniture store. As you are the manager of our furniture store, you can help me solve a problem that we have. Last week, one of our clients ordered office chairs for his company. We delivered the chairs yesterday, but it seems that we delivered the wrong model. The client needs the chairs by this weekend, but at the moment, we don't have any of the right model in stock. We are getting a shipment of the correct model he ordered next week, but we need to do something in the meantime. We should do our best because this is a corporate business, and he is one of our loyal customers. I don't know how to handle this, so I'm hoping you can find a way to keep the business going without any problem and make our client satisfied. Once again, this is Steve Cooper.

안녕하세요. Prime Furniture 상점의 Steve Cooper입니다. 당신은 우리 가구점의 관리자이기 때문에, 우리가 갖고 있는 문제를 해결하는 것을 도와줄 수 있을 것입니다. 지난주에, 우리의 고객들 중 한 명이 그의 회사에서 쓸 사무용 의자들을 주문했습니다. 우리는 그 의자들을 어제 배송했는데 잘못된 모델을 배달한 듯합니다. 그 고객은 이번 주말까지 그 의자들이 필요하지만, 현재 알맞은 모델의 재고가 없습니다. 우리는 그가 주문한 알맞은 모델의 운송품을 다음 주에 받지만, 그동안 무언가를 해야 합니다. 왜냐하면 이것은 기업 거래이고, 그는 우리의 단골 고객들 중 한 명이기 때문에 우리는 최선을 다해야 합니다. 저는 이것을 어떻게 처리해야 할지 모르겠습니다. 그래서 저는 당신이 아무 문제 없이 거래를 계속 진행하고 고객을 만족시킬 수 있는 방법을 찾아낼 것이라 희망합니다. 다시 한번, 저는 Steve Cooper입니다.

▶ 첫인사	**Hello,** Mr. Cooper.**[Hi,** Steve.**]** This is Amy **returning your call.** **I just listened to your message and understand that there is a problem.** Cooper 씨, 안녕하세요.[Steve, 안녕하세요.] 당신의 전화에 회신하는 Amy입니다. 저는 막 당신의 메시지를 들었고 문제가 있다는 것을 이해했습니다.	
▶ 문제 인식	**You said that there is a problem with** the delivery at our furniture store. We delivered the wrong model of chairs[There were some mistakes with a delivery of chairs by our store] (and the client needs the right chairs by this weekend[quickly]). **(I'm sorry to hear that.)** 당신은 우리 가구점의 배송에 문제가 있다고 말했습니다. 우리는 잘못된 모델의 의자들을 배송했습니다.[우리 상점에 의하여 의자 배송에 몇 가지 실수가 있었습니다.] (그리고 그 고객은 이번 주말까지[빨리] 알맞은 의자들이 필요합니다.) (그 얘기를 듣게 되어서 유감입니다.)	
▶ 해결책	**And here is my suggestion.[And here are my suggestions.]** I think it is a good idea to borrow the right chairs from our branch nearby and send them immediately. This way, our client can receive the chairs in time. **Otherwise,** as compensation, we can offer a discount coupon to the client so that he can be satisfied (and will keep using our store). **In addition,** we should issue an apology by sending out an e-mail to the client. (I'm sure this can be very helpful.) **I hope this will help us solve the problem.** 그래서 여기에 저의 제안(들)이 있습니다. 저는 근처에 있는 우리 지점에서 알맞은 의자들을 빌려서 그것들을 즉시 보내는 것이 좋은 아이디어라고 생각합니다. 이렇게 하면, 고객이 시간 안에 의자들을 받을 수 있습니다. 그렇지 않으면, 고객이 만족할 수 있도록 (그리고 우리의 상점을 계속 이용할 수 있도록) 우리는 보상으로 고객에게 할인 쿠폰을 제공해도 됩니다. 게다가, 우리는 고객에게 이메일을 보냄으로써 사과를 표시해야 합니다. (저는 이것이 매우 도움이 될 것이라고 확신합니다.) 이것이 우리가 문제를 해결하는 데 도움이 되기를 바랍니다.	
▶ 끝인사	**Please feel free to ask if you have any questions. Thank you.** 어떠한 질문이든 편하게 물어보세요. 감사합니다. As you know, my phone number is 973-7749. Once again, this is Amy returning your call about the problem (with the delivery of chairs). 아시다시피, 제 전화번호는 973-7749입니다. 다시 한번, 저는 (의자 배송) 문제에 관해 회신하는 Amy입니다.	

PART 5

Test 2

M: The next topic for our manager's meeting is the sales staff training. As you all know, we've been preparing for the busy holiday season. This year, we hired new salespeople, and we need to train them. Our experienced sales associates usually train the new staff, but the problem is that they are all tied up with their work and cannot find time to train those new people.

W: Yes, it's true. Last year, the experienced staff in sales had to train new employees while working at the store, and they couldn't train the new hires properly. It made the service slow, and we got many complaints from customers.

M: I guess it's time to think about different ways this season. So, my question is how to manage our training process this time without slowing down our service during the holiday season. As this holiday is just around the corner, please call me with your ideas by tomorrow. This is all we have to cover for today's meeting. I'll be waiting for your call.

남: 관리자 회의의 다음 주제는 영업 사원 교육입니다. 모두 아시다시피, 우리는 바쁜 휴가철을 준비하고 있습니다. 올해, 우리는 새로운 영업 사원들을 고용했고, 그들을 교육시켜야 합니다. 보통 우리의 숙련된 영업 사원들이 신입 사원들을 교육시키지만, 문제는 그들이 모두 그들의 일로 매우 바빠서 신입 사원들을 교육시킬 시간이 없다는 것입니다.

여: 네, 맞습니다. 작년에는 영업부의 숙련된 직원들이 매장에서 근무하면서 신입 사원들을 교육시켜야 했고, 그들은 신입 사원들을 제대로 교육시킬 수 없었습니다. 그로 인해 서비스가 지체되었고 우리는 고객들로부터 많은 불평을 받았습니다.

남: 저는 이번 시즌에는 다른 방법을 생각할 때라고 생각합니다. 그래서 저의 질문은 이번에는 휴가철 동안 서비스를 지체시키지 않고 교육 과정을 어떻게 관리할 것인지입니다. 휴일이 임박했기 때문에 내일까지 여러분의 아이디어와 함께 저에게 전화하세요. 여기까지가 오늘 회의에서 다룰 모든 내용입니다. 여러분의 전화를 기다리겠습니다.

▶ 첫인사	**Hello[Hi], this is** Chloe **calling about the agenda we discussed at the meeting.** 안녕하세요. 회의에서 우리가 의논했던 의제에 대해 전화하는 Chloe입니다.
▶ 문제 인식	**You said that there is a problem with** training the new staff at our store. Our experienced sales associates are all tied up with their work and cannot find time to train those new people.[We have to train new staff (but our experienced staff are too busy to do it).] **(I'm sorry to hear that.)** 당신은 우리 상점의 신입 사원 교육에 문제가 있다고 말했습니다. 우리의 숙련된 영업 사원들이 모두 그들의 일로 매우 바빠서 신입 사원들을 교육시킬 시간이 없습니다.[우리는 신입 사원들을 교육시켜야 합니다. (하지만 우리의 숙련된 직원들이 그것을 하기에는 너무 바쁩니다.)] (그 얘기를 듣게 되어서 유감입니다.)
▶ 해결책	**And here is my suggestion.[And here are my suggestions.]** We can hold online training sessions (with video lectures) for our new staff. This way, they can learn things more easily. **Or,** how about holding a training workshop for our new staff? Then, we can train the staff in a short time (without any problem). We can put up a notice on the Web site (with specific information about this issue[with manuals and guidebooks]) so that people can know about this[so that the new staff can review this anytime]. **I hope this will help us solve the problem.** 그래서 여기에 저의 제안(들)이 있습니다. 우리는 신입 사원들을 위해 (비디오 강연과 함께) 인터넷 교육을 개설해도 됩니다. 이렇게 하면, 그들은 더 쉽게 배울 수 있습니다. 아니면, 신입 사원들을 위한 교육 워크숍을 여는 것은 어때요? 그러면 우리는 (아무 문제없이) 짧은 시간 안에 직원들을 교육시킬 수 있습니다. 우리는 사람들이 이것을 알 수 있도록[신입 사원들이 언제든지 이것을 검토할 수 있도록] (이 문제에 대한 구체적인 정보와 함께[매뉴얼과 안내서와 함께]) 웹 사이트에 공지해도 됩니다. 이것이 우리가 문제를 해결하는 데 도움이 되기를 바랍니다.
▶ 끝인사	**Please feel free to ask if you have any questions. Thank you.** 어떠한 질문이든 편하게 물어보세요. 감사합니다. As you know, my phone number is 437-3449. Once again, this is Chloe calling about the agenda at the meeting. 아시다시피, 제 전화번호는 437-3449입니다. 다시 한번, 저는 회의의 의제에 대해 전화하는 Chloe입니다.

PART 5

Test 3

Hi, this is Katherine Darcy calling for the head of the customer service department. I'm calling because I'm looking for some tips and advice on rewarding our employees. As you know, we are always very busy during and after the New Year's holidays since it is when we get the most complaints from customers. This year, the busy season went surprisingly smoothly thanks to the hard work of all our staff at the customer service department. Therefore, I think it is a good idea to reward the staff for getting through this season. There are two proposals I'm thinking about to offer to our employees, and I would like your advice on choosing the best one. We can either throw an employee appreciation party or give all the employees small things such as gift cards. We can only do one of those suggestions because we don't have enough in the budget to do both. Please call me back and let me know which one you think is better. Thank you.

안녕하세요. 고객 서비스부 부서장님께 전화하는 Katherine Darcy입니다. 저는 직원들에게 보상하는 것에 대한 몇 가지 팁과 조언을 구하려고 전화합니다. 아시다시피, 우리는 신년 휴가 동안 그리고 그 후에 항상 매우 바쁩니다. 왜냐하면 그때가 고객들로부터 가장 많은 불평을 받는 시기이기 때문입니다. 올해에는 고객 서비스 부서의 모든 직원들의 노고 덕분에 그 바쁜 시즌이 놀랍도록 순조롭게 지났습니다. 따라서 저는 이번 시즌을 잘 마무리한 직원들에게 보상을 하는 것이 좋은 아이디어라고 생각합니다. 직원들에게 제공하려고 제가 생각한 두 가지 제안이 있고, 가장 좋은 방법을 선택하는 것에 대해 당신의 조언을 원합니다. 우리는 직원 감사 파티를 열거나 상품권 같은 작은 것들을 모든 직원들에게 줄 수 있습니다. 우리는 둘 다 할 수 있는 충분한 예산이 없기 때문에, 이 제안 중 하나만 할 수 있습니다. 저에게 전화해서 어떤 것이 더 좋다고 생각하는지 알려 주세요. 감사합니다.

▶ 첫인사	**Hello, Ms. Darcy.[Hi, Katherine.] This is** Matt **returning your call.** **I just listened to your message and understand that there is a problem.** Darcy 씨, 안녕하세요.[Katherine, 안녕하세요.] 당신의 전화에 회신하는 Matt입니다. 저는 막 당신의 메시지를 들었고 문제가 있다는 것을 이해했습니다.
▶ 문제 인식	**You said that there is a problem with** rewarding the employees at our company. You want to know how to choose the best way to reward employees at our company. [We have to choose the best way to reward employees at our company.] **(I'm sorry to hear that.)** 당신은 우리 회사 직원들에게 보상하는 것에 문제가 있다고 말했습니다. 당신은 우리 회사 직원들에게 보상하는 가장 좋은 방법을 어떻게 선택하는지 알고 싶어 합니다.[우리는 우리 회사 직원들에게 보상하는 가장 좋은 방법을 선택해야 합니다.] (그 얘기를 듣게 되어서 유감입니다.)
▶ 해결책	And here is my suggestion.[And here are my suggestions.] I think it's a good idea to throw an employee appreciation party[give all the employees small things such as gift cards]. I'm sure employees can be satisfied and happy. **Or,** we can hold a meeting to find out more about what they like. This way, we can choose the best option to reward people. We can put up a notice on the Web site (with surveys about this issue[how to choose the best way to reward employees]) so that we can collect ideas from many people. **I hope this will help us solve the problem.** 그래서 여기에 저의 제안(들)이 있습니다. 저는 직원 감사 파티를 여는 것[상품권과 같은 작은 것들을 모든 직원들에게 주는 것]이 좋은 아이디어라고 생각합니다. 저는 직원들이 만족해하고 즐거워할 것이라고 확신합니다. 아니면, 우리는 그들이 무엇을 좋아하는지 더 알아내기 위해 회의를 열어도 됩니다. 이렇게 하면, 사람들에게 보상하는 최고의 방안을 선택할 수 있습니다. 우리는 많은 사람들로부터 아이디어를 수집할 수 있도록 (이 문제[직원들에게 보상하는 최고의 방법을 어떻게 선택하는지]에 대한 설문조사와 함께) 웹 사이트에 공지해도 됩니다. 이것이 우리가 문제를 해결하는 데 도움이 되기를 바랍니다.
▶ 끝인사	**Please feel free to ask if you have any questions. Thank you.** 어떠한 질문이든 편하게 물어보세요. 감사합니다. As you know, my phone number is 688-3947. Once again, this is Matt returning your call about the problem (with rewarding the employees). 아시다시피, 제 전화번호는 688-3947입니다. 다시 한번, 저는 (직원들에게 보상하는) 문제에 관해 회신하는 Matt입니다.

PART 5

Test 4

I have one last agenda item for the management meeting today. I would like to discuss an issue that we had last Black Friday at our cosmetics store. We are normally busy during this season, and it was even busier last season. We offer complimentary gift-wrapping with every purchase. However, this took a lot of time at the checkout counters. As a result, many customers had to wait for a long time until they could get their purchase gift-wrapped. Therefore, we got a lot of complaints from customers last year. This year, we are still going to offer gift-wrapping, but we want to make the process more efficient. We need to do something to provide faster service to customers during this busy season. Please think about how we can improve the service and call me later with your suggestions.

오늘 경영진 회의의 마지막 한 가지 의제 항목이 있습니다. 저는 지난 Black Friday에 우리의 화장품 매장에서 있었던 문제에 대하여 의논하고 싶습니다. 우리는 보통 이 시즌 동안 바쁘고 지난 시즌은 훨씬 더 바빴습니다. 우리는 모든 구매품에 무료 선물 포장을 제공합니다. 그러나 이것은 계산대에서 오랜 시간이 걸렸습니다. 그 결과, 많은 고객들이 그들의 구매품에 선물 포장을 받기까지 오랜 시간을 기다려야 했습니다. 따라서, 우리는 작년에 고객들로부터 많은 불평을 받았습니다. 올해에도 우리는 여전히 선물 포장을 제공할 것이지만 이 과정을 더 효율적으로 진행하고 싶습니다. 우리는 이 바쁜 시즌 동안 고객들에게 더 빠른 서비스를 제공하기 위해 무언가를 해야 합니다. 우리가 어떻게 서비스를 개선할 수 있는지에 대해 생각하시고 여러분의 제안과 함께 저에게 나중에 전화하세요.

	첫인사	**Hello[Hi], this is** Eric **calling about the agenda we discussed at the meeting.** 안녕하세요. 회의에서 우리가 의논했던 의제에 대해 전화하는 Eric입니다.
	문제 인식	**You said that there is a problem with** the gift-wrapping service at our store. Many customers had to wait for a long time until they could get their purchase gift wrapped.[There were some complaints about the gift-wrapping service from the customers (because people had to wait for a long time to get the service).] **(I'm sorry to hear that.)** 당신은 우리 상점의 선물 포장 서비스에 문제가 있다고 말했습니다. 많은 고객들이 그들의 구매품에 선물 포장을 받기까지 오랜 시간을 기다려야 했습니다.[고객들로부터 선물 포장 서비스에 대한 불평이 있었습니다. (왜냐하면 사람들이 그 서비스를 받기 위해 오랜 시간을 기다려야 했기 때문입니다.)] (그 얘기를 듣게 되어서 유감입니다.)
	해결책	**And here is my suggestion.[And here are my suggestions.]** We can hold special training sessions for staff members about this service. This way, they can learn how to do the work more efficiently and faster. **Or,** how about hiring part-time staff so that we can get some help (and save time doing the work)? We can put up a notice on the Web site (with specific information about this issue[how to do the work faster]) so that people can know about this[so that our staff can review this] (and provide the service faster). **I hope this will help us solve the problem.** 그래서 여기에 저의 제안(들)이 있습니다. 우리는 직원들을 위해 이 서비스에 대한 특별 교육을 개설해도 됩니다. 이렇게 하면, 그들은 그 일을 더 효율적이고 빠르게 하는 방법을 배울 수 있습니다. 아니면, 우리가 도움을 받을 수 있도록 (그리고 그 일에 시간을 절약할 수 있도록) 시간제 직원을 고용하는 것은 어때요? 우리는 사람들이 이것에 대해 알 수 있도록[직원들이 이것을 검토할 수 있도록] (그리고 그 서비스를 더 빨리 제공하기 위해) (이 문제[그 일을 더 빠르게 하는 방법]에 대한 구체적인 정보와 함께) 웹 사이트에 공지해도 됩니다. 이것이 우리가 문제를 해결하는 데 도움이 되기를 바랍니다.
	끝인사	**Please feel free to ask if you have any questions. Thank you.** 어떠한 질문이든 편하게 물어보세요. 감사합니다. As you know, my phone number is 439-7544. Once again, this is Eric calling about the agenda at the meeting. 아시다시피, 제 전화번호는 439-7544입니다. 다시 한번, 저는 회의의 의제에 대해 전화하는 Eric입니다.

PART 5

Test 5

Hi, this is Christina Swindle, the owner of Bayside Mall. Since you are the head of the customer service department, I need your advice. As you know, we have many international tourists coming every year to our shopping mall. Last year, it was even busier than ever. However, we ran into some problems last year. Since the visitors were from all around the world, our front desk staff had trouble communicating with them. The tourists speak many different languages, but our employees only speak English. Furthermore, people seem to have a hard time navigating the mall, because the mall is very large and has many stores. This year, we need to make some changes so our visitors can get around the shopping mall easily and have a more pleasant time while visiting the mall. We're running out of time as the holiday season is coming up and we should accommodate the international visitors at the shopping mall. Please call me with your idea on how to deal with this situation. Again, this is Christina.

안녕하세요. Bayside Mall의 사장 Christina Swindle입니다. 당신이 고객 서비스부 부장이기 때문에, 저는 당신의 조언이 필요합니다. 아시다시피, 우리 쇼핑몰에 매년 오는 많은 해외 관광객들이 있습니다. 작년에는 그 어느 때보다 훨씬 더 바빴습니다. 그러나 우리는 작년에 몇 가지 문제에 직면했습니다. 방문객들이 전세계에서 왔기 때문에, 우리의 안내 데스크 직원들은 그들과 의사소통하는 것에 어려움을 겪었습니다. 관광객들은 많은 다른 언어들로 말을 하지만 우리의 직원들은 영어로만 말할 수 있습니다. 게다가, 쇼핑몰이 매우 크고 상점들이 많기 때문에 사람들이 쇼핑몰을 찾아다니는 데 어려움을 겪는 것 같습니다. 올해에는 방문객들이 쇼핑몰을 방문하는 동안 쉽게 돌아다닐 수 있고 더 유쾌한 시간을 보낼 수 있도록 우리는 변화해야 합니다. 휴가철이 다가오고 있고 쇼핑몰에서 해외 방문객들을 수용해야 하기 때문에 시간이 촉박합니다. 이 상황을 어떻게 처리할지에 대한 당신의 아이디어와 함께 저에게 전화하세요. 다시 한번, 저는 Christina입니다.

	첫인사	**Hello,** Ms. Swindle.**[Hi, Christina.] This is** Daniel **returning your call.** **I just listened to your message and understand that there is a problem.** Swindle 씨, 안녕하세요.[Christina, 안녕하세요.] 당신의 전화에 회신하는 Daniel입니다. 저는 막 당신의 메시지를 들었고 문제가 있다는 것을 이해했습니다.
	문제 인식	**You said that there is a problem with** communicating with the customers at our shopping mall. Our front desk staff had trouble communicating with customers (from other countries). And also, some customers had a hard time navigating the mall. **(I'm sorry to hear that.)** 당신은 우리 쇼핑몰에서 고객들과 의사소통에 문제가 있다고 말했습니다. 우리의 안내 데스크 직원들은 (다른 나라에서 온) 고객들과 의사소통하는 것에 어려움을 겪었습니다. 그리고 또한, 몇몇 고객들은 쇼핑몰을 찾아다니는 것에 어려움을 겪었습니다. (그 얘기를 듣게 되어서 유감입니다.)
	해결책	**And here is my suggestion.[And here are my suggestions.]** We can hold special training sessions for staff members about this. This way, they can learn how to communicate with customers from other countries more efficiently. **Or,** how about making manuals and guidebooks with more specific information? Then, our staff can learn how to help international customers. **In addition,** we should put up signs at the mall so that the customers can find places more easily. We can put up a notice on the Web site (with specific information about this issue[how to communicate with international customers]) so that people can know about this [so that our staff can review this] (and perform the service without any problem). **I hope this will help us solve the problem.** 그래서 여기에 저의 제안(들)이 있습니다. 우리는 직원들을 위해 이것에 대한 특별 교육을 개설해도 됩니다. 이렇게 하면, 그들은 다른 나라에서 온 고객들과 더 효율적으로 의사소통하는 방법을 배울 수 있습니다. 아니면, 더 구체적인 정보가 있는 매뉴얼과 안내서를 만드는 것은 어때요? 그러면 직원들이 해외 고객들을 돕는 방법을 배울 수 있습니다. 게다가, 우리는 고객들이 장소를 더 쉽게 찾을 수 있도록 상점가에 표지판들을 세워야 합니다. 우리는 사람들이 이것에 대해 알 수 있도록[직원들이 이것을 검토할 수 있도록] (그리고 아무 문제없이 서비스를 제공할 수 있도록) (이 문제[해외 고객들과 의사소통하는 방법]에 대한 구체적인 정보와 함께) 웹 사이트에 공지해도 됩니다. 이것이 우리가 문제를 해결하는 데 도움이 되기를 바랍니다.
	끝인사	**Please feel free to ask if you have any questions. Thank you.** 어떠한 질문이든 편하게 물어보세요. 감사합니다. As you know, my phone number is 359-0973. Once again, this is Daniel returning your call about the problem (with communicating with the customers). 아시다시피, 제 전화번호는 359-0973입니다. 다시 한번, 저는 (고객들과 의사소통하는) 문제에 관해 회신하는 Daniel입니다.

PART 5

Test 6

W: And the last thing to discuss on today's agenda is the wellness program for the employees at our company. As you all know, we decided to create a program on the wellness issues in the workplace, offering several workshops and lectures. But the thing is that there haven't been many attendees even though we advertised on the office board.

M: I wonder why people are not applying for the program. We are also holding a presentation on how to stay mindful of health at the workplace this Saturday. I think it would be beneficial if our employees participated.

W: Right, the presentation will be very helpful to the employees if they attend. But, we cannot obligate them to register for the program. So, I need all of you to think about how we can increase the number of participants at the presentation. Call me later today with your ideas.

여: 그리고 오늘 의제에서 의논할 마지막 내용은 우리 회사 직원들을 위한 건강 관리 프로그램입니다. 모두 아시다시피, 우리는 워크숍과 강연을 제공하면서, 직장에서 건강 관리 문제에 대한 프로그램을 만들기로 결정했습니다. 그러나 문제는 우리가 사내 게시판에 광고를 했음에도 불구하고 참가자들이 많지 않았다는 것입니다.

남: 저는 왜 사람들이 그 프로그램을 신청하지 않는지 모르겠습니다. 우리는 또한 이번 주 토요일에 직장에서 건강에 유의하는 방법에 대한 강연을 개최합니다. 우리 직원들이 참석한다면 유익할 것이라고 생각합니다.

여: 맞습니다. 직원들이 참가한다면 그 강연은 그들에게 매우 도움이 될 것입니다. 그러나 우리는 그들에게 그 프로그램에 등록하라고 강요할 수 없습니다. 그래서 저는 여러분 모두가 어떻게 그 강연의 참석자 수를 늘릴 수 있을지 생각하길 바랍니다. 여러분의 아이디어와 함께 오늘 저에게 전화하세요.

▶ 첫인사	**Hello[Hi], this is** Miles **calling about the agenda we discussed at the meeting.** 안녕하세요. 회의에서 우리가 의논했던 의제에 대해 전화하는 Miles입니다.
▶ 문제 인식	**You said that there is a problem with** the wellness program for the employees at our company. There haven't been many attendees even though we advertised on the office board. [We have to attract more people (at the wellness program) (because there are not many people at the wellness program for our employees).] **(I'm sorry to hear that.)** 당신은 우리 회사 직원들을 위한 건강 관리 프로그램에 문제가 있다고 말했습니다. 우리는 사내 게시판에 광고를 했지만, 참가자들이 많지 않았습니다.[우리는 (건강 관리 프로그램에) 더 많은 사람들을 끌어들여야 합니다. (왜냐하면 직원들을 위한 건강 관리 프로그램에 사람들이 많지 않기 때문입니다.)] (그 얘기를 듣게 되어서 유감입니다.)
▶ 해결책	**And here is my suggestion.[And here are my suggestions.]** We can make flyers and hand them out to people. This way, people can look at them and come to[participate in] our program. **Otherwise,** we can put up posters in the company lounge[lunchroom] so that employees can know about this[our wellness program]. We can put up a notice on the Web site (with more specific information about our wellness program) so that we can attract more people. **I hope this will help us solve the problem.** 그래서 여기에 저의 제안(들)이 있습니다. 우리는 전단지를 만들어서 사람들에게 배포해도 됩니다. 이렇게 하면, 사람들이 그것들을 보고 우리의 프로그램에 올[참석할] 수 있습니다. 그렇지 않으면, 우리는 직원들이 이것[건강관리 프로그램]에 대해 알 수 있도록 회사 휴게실[식당]에 포스터를 게시해도 됩니다. 우리는 더 많은 사람들을 끌어들일 수 있도록 (건강 관리 프로그램에 대한 더 구체적인 정보와 함께) 웹 사이트에 공지해도 됩니다. 이것이 우리가 문제를 해결하는 데 도움이 되기를 바랍니다.
▶ 끝인사	**Please feel free to ask if you have any questions. Thank you.** 어떠한 질문이든 편하게 물어보세요. 감사합니다. As you know, my phone number is 479-5534. Once again, this is Miles calling about the agenda at the meeting. 아시다시피, 제 전화번호는 479-5534입니다. 다시 한번, 저는 회의의 의제에 대해 전화하는 Miles입니다.

PART 5

Actual Test

Test 1 p.186

Speaking of the year-end party, I'd like to talk about the concern I have. As you know, we hold a large party to celebrate our top salespeople of the year. This year is no different and it is scheduled for the end of the month. However, the problem is that this year's profits have not been as high as we were predicting, so we have a much smaller budget for the year-end party. We still want to show our appreciation for the work our employees have done this year. But now, we have to do it with less money. We'll need to figure out what to do to hold this party with a smaller budget. Once you've thought of a plan, please call me individually to describe it. I'll be waiting for your call. Thanks.

연말 파티에 관해 말하자면, 저는 제가 갖고 있는 걱정에 대해 얘기하고 싶습니다. 아시다시피, 우리는 올해 최고의 영업 사원들을 축하하는 큰 파티를 개최합니다. 올해도 다를 바가 없고 그것은 이번 달 말에 예정되어 있습니다. 그러나 문제는 올해의 수익이 우리가 예상했던 것만큼 높지 않다는 것입니다. 그래서 우리는 연말 파티에 훨씬 더 적은 예산을 갖고 있습니다. 우리는 여전히 올해 직원들이 한 일에 대해 감사를 표하고 싶습니다. 그러나 당장은 적은 금액으로 그것을 해야 합니다. 우리는 더 적은 예산으로 이 파티를 개최하기 위해 무엇을 해야 할지 생각해 내야 합니다. 일단 여러분이 계획을 생각해 내면, 각자 저에게 전화해서 설명하세요. 여러분의 전화를 기다리겠습니다. 감사합니다.

▶ 첫인사	**Hello[Hi], this is** Susie **calling about the agenda we discussed at the meeting.** 안녕하세요. 회의에서 우리가 의논했던 의제에 대해 전화하는 Susie입니다.	
▶ 문제 인식	**You said that there is a problem with** holding the year-end party. This year's profits have not been as high as we were predicting, so we have a much smaller budget for the year-end party.[We don't have enough money for the year-end party (and we need to hold this party with a smaller budget).] **(I'm sorry to hear that.)** 당신은 연말 파티 개최에 문제가 있다고 말했습니다. 올해의 수익이 우리가 예상했던 것만큼 높지 않았습니다. 그래서 우리는 연말 파티에 훨씬 더 적은 예산을 갖고 있습니다.[우리는 연말 파티를 위한 충분한 돈을 갖고 있지 않습니다. (그리고 우리는 더 적은 예산으로 파티를 개최해야 합니다.)] (그 얘기를 듣게 되어서 유감입니다.)	
▶ 해결책	**And here is my suggestion.[And here are my suggestions.]** I think it's a good idea to give the employees prizes such as gift cards or extra vacation days. I'm sure (this will not cost us much money, and) employees can be satisfied and happy. **Or,** we can use a cheaper restaurant (to hold the party). I know a good restaurant[place] and I can give you the contact information. This way, we can hold the party with a smaller budget[without any problem]. We can put up a notice on the Web site (with surveys about this issue[how to choose the best way to hold the party] so that we can collect ideas from many people. **I hope this will help us solve the problem.** 그래서 여기에 저의 제안(들)이 있습니다. 저는 직원들에게 상품권이나 포상 휴가와 같은 상을 주는 것이 좋은 아이디어라고 생각합니다. 저는 (이것은 많은 비용이 들지 않을 것이고) 직원들이 만족해하고 기뻐할 수 있다고 확신합니다. 아니면, 우리는 (파티를 개최하기 위해) 더 저렴한 음식점을 이용해도 됩니다. 저는 좋은 음식점[장소]을 알고 있고 당신에게 연락 정보를 알려줄 수 있습니다. 이렇게 하면, 우리는 더 적은 예산으로[아무 문제없이] 파티를 개최할 수 있습니다. 우리는 많은 사람들로부터 아이디어를 수집하기 위하여 (이 문제[파티를 개최하는 가장 좋은 방법을 어떻게 선택할지]에 대한 설문조사와 함께) 웹 사이트에 공지해도 됩니다. 이것이 우리가 문제를 해결하는 데 도움이 되기를 바랍니다.	
▶ 끝인사	**Please feel free to ask if you have any questions. Thank you.** 어떠한 질문이든 편하게 물어보세요. 감사합니다. As you know, my phone number is 479-5285. Once again, this is Susie calling about the agenda at the meeting. 아시다시피, 제 전화번호는 479-5285입니다. 다시 한번, 저는 회의의 의제에 대해 전화하는 Susie입니다.	

PART 5

Test 2

Hi, this is John Becker. As the head of the department, could you give me some suggestions on a problem that we have? At MOTT Solutions, Brian has been supervising an important project for a large client. However, he has handed in his two weeks' notice today. Obviously, this will create a problem for us because he is leading this web design project. The project is only halfway done so there is still a lot of work to do after Brian quits his job at the company. We want the project to go as smoothly as possible despite this situation. We should do something to ensure that the transition goes smoothly so we don't create any problems with this important task. I hope you can tell me how to take care of this matter and finish the project as scheduled. Again, this is John at extension 688. Thanks.

안녕하세요. 저는 John Becker입니다. 부장으로서, 우리가 갖고 있는 문제에 대해 제안을 해주시겠습니까? MOTT Solutions 사에서 Brian은 주요 고객에 대한 중요한 프로젝트를 관리했습니다. 그러나 그가 오늘 2주 후에 퇴사하겠다는 사직서를 제출했습니다. 그가 이 웹 디자인 프로젝트를 이끌고 있기 때문에 분명히 이것은 우리에게 문제를 일으킬 것입니다. 그 프로젝트는 단지 절반만이 진행되어서 Brian이 회사를 그만둔 후에도 여전히 해야 할 일이 많습니다. 이러한 상황에도 불구하고, 우리는 그 프로젝트가 가능한 한 순조롭게 진행되길 원합니다. 우리는 인수인계가 순조롭게 진행되어서 이 중요한 업무에 아무 문제도 일어나지 않도록 확실히 하기 위해 무언가를 해야 합니다. 어떻게 이 문제를 처리하고 예정대로 프로젝트를 마쳐야 할지 알려 주시기 바랍니다. 다시 한번, 저는 내선번호 688의 John입니다. 감사합니다.

▶ 첫인사	**Hello,** Mr. Becker.**[Hi,** John.**] This is** Silvia **returning your call.** **I just listened to your message and understand that there is a problem.** Becker 씨, 안녕하세요.[John, 안녕하세요.] 당신의 전화에 회신하는 Silvia입니다. 저는 막 당신의 메시지를 들었고 문제가 있다는 것을 이해했습니다.
▶ 문제 인식	**You said that there is a problem with** the project at our company. <u>Brian has been supervising an important project for a large client. However, he has handed in his two weeks' notice today.</u>[You want to know how to handle the project (because the person in charge is leaving the company).] **(I'm sorry to hear that.)** 당신은 우리 회사의 프로젝트에 문제가 있다고 말했습니다. Brian은 주요 고객에 대한 중요한 프로젝트를 관리했습니다. 그러나 그가 오늘 2주 후에 퇴사하겠다는 사직서를 제출했습니다.[당신은 그 프로젝트를 어떻게 다뤄야 할지 알고 싶어 합니다. (왜냐하면 담당자가 회사를 떠날 것이기 때문입니다.)] (그 얘기를 듣게 되어서 유감입니다.)
▶ 해결책	**And here is my suggestion.**[And here are my suggestions.] We can hire experienced staff (for the project) so that we can get some help (and complete the task in time). **Otherwise,** we can use the staff (who know how to handle the project) from our branch nearby so that we can finish the work without any problem. <u>We can put up a notice on the Web site (with specific information about this issue[how to choose the best person to handle the project]) so that we can get recommendations from people</u> (to find another person). **I hope this will help us solve the problem.** 그래서 여기에 저의 제안(들)이 있습니다. 우리가 도움을 얻을 수 있도록 (그리고 시간 내에 그 일을 끝낼 수 있도록) (그 프로젝트에) 숙련된 직원을 고용해도 됩니다. 그렇지 않으면, 우리가 아무 문제없이 그 일을 끝낼 수 있도록 근처에 있는 우리 지점으로부터 (그 프로젝트를 다루는 방법을 아는) 직원을 데려와도 됩니다. 우리는 (다른 사람을 찾기 위해) 사람들로부터 추천을 받을 수 있도록 (이 문제[그 프로젝트를 다룰 최고의 사람을 선택하는 방법]에 대한 구체적인 정보와 함께) 웹 사이트에 공지해도 됩니다. 이것이 우리가 문제를 해결하는 데 도움이 되기를 바랍니다.
▶ 끝인사	**Please feel free to ask if you have any questions. Thank you.** 어떠한 질문이든 편하게 물어보세요. 감사합니다. As you know, my phone number is 344-7889. Once again, this is Silvia returning your call about the problem (with the project). 아시다시피, 제 전화번호는 344-7889입니다. 다시 한번, 저는 (프로젝트) 문제에 관해 회신하는 Silvia입니다.

PART 6　의견 제시하기

Check-Up Test

Test 1 (p.206)

Do you prefer owning a home or renting?
Give reasons and examples to support your opinion.

당신은 집을 소유하는 것을 선호하나요? 아니면 임대하는 것을 선호하나요?
당신의 의견을 뒷받침하기 위한 이유와 예시를 제시하세요.

근거 하나, 예시 하나

서론	**I prefer** owning a home (to renting).	저는 (임대하는 것보다) 집을 소유하는 것을 선호합니다.
본론 [근거]	**And the reason is that** it is more comfortable, so I can have a good time. **For example,** until last year, <u>my father owned a home</u> (so my family lived in our home)[(my family lived in our home because) <u>my father owned a house</u>]. And it was very comfortable (because we could do whatever we wanted at our home,) so my family could have a pleasant time (almost every day). That's why it was a good experience for me. And also, it was more beneficial for me (because we didn't have to spend money on moving).	그리고 그 이유는 그것이 더 편해서 좋은 시간을 보낼 수 있기 때문입니다. 예를 들면, 작년까지 제 아버지는 집을 소유했습니다. (그래서 제 가족은 우리 집에서 살았습니다.) [아버지가 집을 소유했기 때문에 제 가족은 우리 집에서 살았습니다.] 그리고 (우리는 집에서 원하는 건 무엇이든 할 수 있었기 때문에) 그것은 매우 편했습니다. 그래서 우리 가족은 (거의 매일) 즐거운 시간을 보낼 수 있었습니다. 그래서 그것은 저에게 좋은 경험이었습니다. 그리고 또한, 그것은 저에게 더 이로웠습니다. (왜냐하면 우리는 이사에 돈을 쓸 필요가 없었기 때문입니다.)
결론 [마무리]	**For this reason, I like** owning a home.	이러한 이유로, 저는 집을 소유하는 것을 좋아합니다.

근거 두 개, 예시 하나

서론	**I prefer** owning a home (to renting).	저는 (임대하는 것보다) 집을 소유하는 것을 선호합니다.
본론 [근거 1]	**And there are two reasons for that.** **First,** (when owning a home,) we can save money (because we don't have to spend money on moving to other places or buying a new house). That's why it is more beneficial for me.	그리고 그 이유는 두 가지 있습니다. 첫 번째, (집을 소유하면,) 돈을 절약할 수 있습니다. (왜냐하면 다른 장소로 이사하거나 새 집을 사는 데 돈을 쓸 필요가 없기 때문입니다.) 그래서 그것은 저에게 더 이롭습니다.
본론 [근거 2]	**Second,** it is more comfortable, so I can have a good time. **For example,** until last year, my father owned a home (so my family lived in our home)[(my family lived in our home because) my father owned a house]. And it was very comfortable (because we could do whatever we wanted at our home,) so my family could have a pleasant time (almost every day). That's why it was a good experience for me.	두 번째, 그것이 더 편해서 좋은 시간을 보낼 수 있습니다. 예를 들면, 작년까지 제 아버지는 집을 소유했습니다. (그래서 제 가족은 우리 집에서 살았습니다.) [아버지가 집을 소유했기 때문에 제 가족은 우리 집에서 살았습니다.] 그리고 (우리는 집에서 원하는 건 무엇이든 할 수 있었기 때문에) 그것은 매우 편했습니다. 그래서 우리 가족은 (거의 매일) 즐거운 시간을 보낼 수 있었습니다. 그래서 그것은 저에게 좋은 경험이었습니다.
결론 [마무리]	**For these reasons, I like** owning a home.	이러한 이유들로, 저는 집을 소유하는 것을 좋아합니다.

참고

다음과 같이 같은 내용이 다른 질문 유형으로 출제될 수 있다.

▶ Choose A or B (or C)

Q	Some people prefer[like] to own a home. Others[Other people] prefer to rent. Which do you think is better?		
R	서론	I think **it is better that people own a home.**	
	마무리	For these reasons, I believe **it is better that people own a home.**	

선택 유형 질문(Some/Others로 구성)의 경우 가주어(It)와 진주어(that절)를 사용해 답변하는 연습을 할 것. 이 때 종속접속사 that 뒤에 Some/Others를 제외한 질문 문장을 그대로 넣는다.

PART 6

Test 2

Do you agree or disagree with this statement?
People should know how to cook.
Give reasons and examples to support your opinion.

다음 진술에 동의하나요? 아니면 동의하지 않나요?
사람들은 요리하는 법을 알아야 합니다.
당신의 의견을 뒷받침하기 위한 이유와 예시를 제시하세요.

근거 하나, 예시 하나

서론	**I agree that** people should know how to cook.	저는 사람들이 요리하는 법을 알아야 한다는 것에 동의합니다.
본론 [근거]	**And the reason is that** it is more convenient (for us to know how to cook). **For example,** two weeks ago, (when I was at home alone,) I cooked some food by myself because I knew how to cook. And it was very convenient (for me to prepare some food quickly). (Also, I could save money on buying food.) That's why it was a good experience for me. And also, it was more beneficial for me (because I could save money and time).	그리고 그 이유는 (우리가 요리하는 법을 아는 것이) 더 편리하기 때문입니다. 예를 들면, 2주 전, (제가 집에 혼자 있었을 때,) 저는 요리하는 법을 알았기 때문에 몇 가지 음식을 직접 만들었습니다. 그리고 (음식을 빨리 준비하는 일은 저에게) 매우 편리했습니다. (또한, 저는 음식을 사는 데 돈을 절약할 수 있었습니다.) 그래서 그것은 저에게 좋은 경험이었습니다. 그리고 또한, 그것은 저에게 더 이로웠습니다. (왜냐하면 저는 돈과 시간을 절약할 수 있었기 때문입니다.)
결론 [마무리]	**For this reason, I think** people should know how to cook.	이러한 이유로, 저는 사람들이 요리하는 법을 알아야 한다고 생각합니다.

근거 두 개, 예시 하나

서론	**I agree that** people should know how to cook.	저는 사람들이 요리하는 법을 알아야 한다는 것에 동의합니다.
본론 [근거 1]	**And there are two reasons for that. First,** (when[if] I know how to cook,) I can save money (because I don't have to pay for buying expensive food). **That's why it is more beneficial for me.**	그리고 그 이유는 두 가지 있습니다. 첫 번째, (제가 요리하는 법을 안다면,) (비싼 음식을 사는 데 돈을 지불할 필요가 없기 때문에) 돈을 절약할 수 있습니다. 그래서 그것은 저에게 더 이롭습니다.
본론 [근거 2]	**Second,** it is more convenient (for us to know how to cook). **For example,** two weeks ago, (when I was at home alone,) I cooked some food by myself because I knew how to cook. And it was very convenient (for me to prepare some food quickly). **That's why it was a good experience for me.**	두 번째, (우리가 요리하는 법을 아는 것이 저에게) 더 편리합니다. 예를 들면, 2주 전, (제가 집에 혼자 있었을 때,) 저는 요리하는 법을 알았기 때문에 몇 가지 음식을 직접 만들었습니다. 그리고 (음식을 빨리 준비하는 일은) 매우 편리했습니다. 그래서 그것은 저에게 좋은 경험이었습니다.
결론 [마무리]	**For these reasons, I think** people should know how to cook.	이러한 이유들로, 저는 사람들이 요리하는 법을 알아야 한다고 생각합니다.

추가 모범 답변

서론 문장
- I agree[think] that(종속 접속사) ~.
- = I agree with the (above) statement that(동격) ~.
- = I agree with the (above) statement. (짧게 전개할 경우)

마무리 문장 서론 문장의 동의 표현으로 바꿔서 쓰는 것이 좋으므로 agree 대신 think를 쓸 것.

ex [서론] I **agree** that people should know how to cook.
　　[결론] I **think** that people should know how to cook.

1-1. 근거 하나, 과거 예시 하나

서론	**I agree that** people should know how to cook.
본론 [근거]	**And the reason is that** it is more convenient (for us to know how to cook). **For example,** two weeks ago, (when I was at home alone,) I cooked some food by myself because I knew how to cook. And it was very convenient (for me to prepare some food quickly). (Also, I could save money on buying food.) **That's why it was a good experience for me. And also, it was more beneficial for me** (because I could save money and time).
결론 [마무리]	**For this reason, I think** people should know how to cook.

PART 6

1-2. 근거 하나, 현재시제로 뒷받침한 문장

서론	**I agree that** people should know how to cook.
본론 [근거]	**And the reason is that** it is more convenient (for us to know how to cook). If I know how to cook, it is very convenient (for me to prepare some food quickly). (Also, I can save money on buying food.) That's why it is more beneficial for me (because I can save money and time).
결론 [마무리]	**For this reason**, I think people should know how to cook.

- 1-1은 근거 하나, 과거 예시 하나로 전개했고, 1-2는 근거 하나에 현재시제로 뒷받침한 문장을 넣어 전개한 경우이다.
- 1-1은 전체적으로 1-2보다 길고 구체적인 내용으로 전개할 수 있고, 같은 내용(단어, 구문)을 과거시제로 전환하여 반복 활용할 수 있으므로 가장 좋다.
- 1-2는 과거 예시가 아니므로, For example 대신 If/When 접속사를 쓰고 뒷받침 문장을 현재시제로 넣는다. 또한, 만능 문장 'That's why it was a good experience for me.'는 쓰지 않는다. 하지만 내용에 어울릴 경우, 'That's why it is more beneficial for me.' 문장을 활용해도 좋다.

2-1. 근거 두 개, 과거 예시 하나

서론	**I agree that** people should know how to cook.
본론 [근거 1]	**And there are two reasons for that.** **First,** (when[if] I know how to cook,) I can save money (because I don't have to pay for buying expensive food). That's why it is more beneficial for me.
본론 [근거 2]	**Second,** it is more convenient (for us to know how to cook). **For example,** two weeks ago, (when I was at home alone,) I cooked some food by myself because I knew how to cook. And it was very convenient (for me to prepare some food quickly). That's why it was a good experience for me.
결론 [마무리]	**For these reasons, I think** people should know how to cook.

2-2. 근거 두 개, 현재시제로 뒷받침한 문장

서론	**I agree that** people should know how to cook.
본론 [근거 1]	**And there are two reasons for that.** **First,** (when[if] I know how to cook,) I can save money (because I don't have to pay for buying expensive food). That's why it is more beneficial for me.
본론 [근거 2]	**Second,** it is more convenient (for us to know how to cook). (When[If] I know how to cook,) it is very convenient for me to prepare some food quickly.
결론 [마무리]	**For these reasons, I think** people should know how to cook.

- 2-1은 근거 두 개, 과거 예시 하나로 전개했고, 2-2는 근거 두 개에 현재시제로 뒷받침 문장을 넣어 전개한 경우이다. 근거 두 개와 과거 예시 하나로 전개해 나가는 것이 가장 좋지만, 시간이 촉박할 경우 근거 1처럼 근거 2도 현재시제로 전개해도 된다.
- 2-2 구성을 적용해야 할 경우, 근거 1은 2-1 위의 구성과 같이 만능 문장 'That's why it is more beneficial for me.'를 그대로 적용한다. 근거 2는 과거 예시가 아니므로 만능 문장 'That's why it was a good experience for me.'는 쓰지 않는다.

Test 3

Which of the following attributes is the most important for a supervisor to have?

- Problem-solving skills
- Communication skills
- Organizational skills

Use specific ideas and examples to support your opinion.

다음 중 어떤 것이 상사가 갖추어야 할 가장 중요한 특성인가요?
- 문제 해결 능력
- 의사소통 능력
- 조직 관리 능력

당신의 의견을 뒷받침하기 위한 구체적인 아이디어와 예시를 들어주세요.

근거 하나, 예시 하나

서론	**(I think)** Problem-solving skills are the most important for a supervisor to have.	문제 해결 능력이 상사가 갖추어야 할 가장 중요한 것입니다(라고 생각합니다).
본론 [근거]	**And the reason is that** it is more efficient, so our performance is better. **For example,** two months ago, when I worked in[for] my old team, my manager had good problem-solving skills, and they were very efficient (because he could take care of[deal with] many difficult problems such as conflicts among co-workers and finishing urgent tasks in time). Therefore, we could get better results. That's why it was a good experience for us. And also, it was more beneficial for us.	그리고 그 이유는 그것이 더 효율적이어서 우리의 성과가 더 좋아지기 때문입니다. 예를 들면, 2개월 전, 제가 이전 팀에서 일했을 때, 제 상사는 훌륭한 문제 해결 능력을 갖추고 있었고 (동료들 간의 갈등이나 시간 내에 긴급한 업무를 끝내는 것과 같은 많은 어려운 문제들을 처리할 수 있었기 때문에) 그것은 매우 효율적이었습니다. 따라서 우리는 더 좋은 결과를 얻을 수 있었습니다. 그래서 그것은 우리에게 좋은 경험이었습니다. 그리고 또한, 그것은 우리에게 더 이로웠습니다.
결론 [마무리]	**For this reason, (I believe)** the most important thing (for a supervisor to have) is problem-solving skills.	이러한 이유로, (상사가 갖추어야 할) 가장 중요한 것은 문제 해결 능력입니다(라고 믿습니다).

PART 6

근거 두 개, 예시 하나

서론	(I think) Problem-solving skills are the most important for a supervisor to have.	문제 해결 능력이 상사가 갖추어야 할 가장 중요한 것입니다(라고 생각합니다).
본론 [근거 1]	And there are two reasons for that. First, (if my supervisor has good problem-solving skills,) I can be motivated at work, so I can work harder (because he can do[complete] the work more easily). That's why it is more beneficial for the company.	그리고 그 이유는 두 가지 있습니다. 첫 번째, (제 상사가 훌륭한 문제 해결 능력을 갖추고 있다면,) (그가 일을 더 쉽게 할[완료할] 수 있기 때문에) 저는 직장에서 동기 부여될 수 있어서 더 열심히 일할 수 있습니다. 그래서 그것은 회사에 더 이롭습니다.
본론 [근거 2]	Second, it is more efficient, so our performance is better. For example, two months ago, when I worked in[for] my old team, my manager had good problem-solving skills, and they were very efficient (because he could take care of[deal with] many difficult problems such as conflicts among co-workers and finishing urgent tasks in time). Therefore, we could get better results. That's why it was a good experience for us.	두 번째, 그것이 더 효율적이어서 우리의 성과가 더 좋아집니다. 예를 들면, 2개월 전, 제가 이전 팀에서 일했을 때, 제 상사는 훌륭한 문제 해결 능력을 갖추고 있었고 (동료들 간의 갈등이나 시간 내에 긴급한 업무를 끝내는 것과 같은 많은 어려운 문제들을 처리할 수 있었기 때문에) 그것은 매우 효율적이었습니다. 따라서 우리는 더 좋은 결과를 얻을 수 있었습니다. 그래서 그것은 우리에게 좋은 경험이었습니다.
결론 [마무리]	For these reasons, (I believe) the most important thing (for a supervisor to have) is problem-solving skills.	이러한 이유들로, (상사가 갖추어야 할) 가장 중요한 것은 문제 해결 능력입니다(라고 믿습니다).

- 위 문제는 의문사 'which + 수식어구' 형태의 질문으로, which(의문 대명사 - 주격)가 단수이기 때문에 단수 동사 is를 썼다. 그러나 답변할 때에는 선택지가 모두 복수이므로 which자리에 선택지 중 하나를 주어로 쓰고 복수 동사 are로 전환하여 답변해야 정확하다.

> Which of the following attributes is the most important for a supervisor to have?
> - Problem-solving skills
> - Communication skills
> - Organizational skills

R Problem-solving skills **are** the most important for a supervisor to have.

Test 4

What are the advantages of reading customer reviews when shopping online?
Use specific reasons and examples to support your opinion.

인터넷에서 쇼핑할 때 고객 후기를 읽는 일의 장점들은 무엇입니까?
당신의 의견을 뒷받침하기 위한 구체적인 이유와 예시를 들어주세요.

근거 하나, 예시 하나

서론	**(I think) There is an advantage of** reading customer reviews when shopping online.	인터넷에서 쇼핑할 때 고객 후기를 읽는 일의 장점이 있습니다(라고 생각합니다).
본론 [근거]	**And the reason is that** it is reliable (so I can get accurate information). **For example,** two weeks ago, when I bought a product on the Internet, I read customer reviews. And they were reliable (because people had experience in using the product and posted the comments about it there). Therefore, I could get accurate information (from them). (And I could buy a good product.) That's why it was a good experience for me. And also, it was more beneficial for me.	그리고 그 이유는 그것이 신뢰할 만하기 때문입니다. (그래서 저는 정확한 정보를 얻을 수 있습니다.) 예를 들면, 2주 전, 제가 인터넷에서 제품을 샀을 때, 저는 고객 후기를 읽었습니다. 그리고 (사람들이 그 제품을 사용한 경험이 있었고 그것에 대해 의견을 그곳에 게시했기 때문에) 그것들은 신뢰할 만했습니다. 따라서 저는 (그것들로부터) 정확한 정보를 얻을 수 있었습니다. (그리고 저는 좋은 제품을 살 수 있었습니다.) 그래서 그것은 저에게 좋은 경험이었습니다. 그리고 또한, 그것은 저에게 더 이로웠습니다.
결론 [마무리]	**For this reason, (I believe) this is the advantage** (of reading customer reviews when shopping online).	이러한 이유로, 이것이 (인터넷에서 쇼핑할 때 고객 후기를 읽는 일의) 장점입니다(라고 믿습니다).

PART 6

근거 두 개, 예시 하나

서론	**(I think) There are some advantages of** reading customer reviews when shopping online.	인터넷에서 쇼핑할 때 고객 후기를 읽는 일의 몇 가지 장점들이 있습니다(라고 생각합니다).
본론 [근거 1]	**And there are two reasons for that. First,** (it is more helpful for me, so) I can save time. (This is because I don't have to spend a lot of time on getting useful tips.) That's why it is more beneficial for me.	그리고 그 이유는 두 가지 있습니다. 첫 번째, (그것이 저에게 더 도움이 되어서) 시간을 절약할 수 있습니다. (왜냐하면 저는 유용한 팁을 얻는 데 많은 시간을 소비할 필요가 없기 때문입니다.) 그래서 그것은 저에게 더 이롭습니다.
본론 [근거 2]	**Second,** it is reliable (so I can get accurate information). **For example,** two weeks ago, when I bought a product on the Internet, I read customer reviews. And they were reliable (because people had experience in using the product and posted the comments about it there). Therefore, I could get accurate information (from them). (And I could buy a good product.) That's why it was a good experience for me.	두 번째, 그것은 신뢰할 만합니다. (그래서 저는 정확한 정보를 얻을 수 있습니다.) 예를 들면, 2주 전, 제가 인터넷에서 제품을 샀을 때, 저는 고객 후기를 읽었습니다. 그리고 (사람들이 그 제품을 사용한 경험이 있었고 그것에 대해 의견을 그곳에 게시했기 때문에) 그것들은 신뢰할 만했습니다. 따라서 저는 (그것들로부터) 정확한 정보를 얻을 수 있었습니다. (그리고 저는 좋은 제품을 살 수 있었습니다.) 그래서 그것은 저에게 좋은 경험이었습니다.
결론 [마무리]	**For these reasons, (I believe) these are the advantages (of** reading customer reviews when shopping online**).**	이러한 이유들로, 이것들이 (인터넷에서 쇼핑할 때 고객 후기를 읽는 일의) 장점들입니다(라고 믿습니다).

Advantage유형의 경우, 근거 하나, 예시 하나로 답변할 때 서론 문장을 ⓐ 'There is an advantage of ~.' 혹은 ⓑ 'The advantage of ~ is ....'로 써도 된다. 단, ⓑ를 쓸 경우는 근거 문장을 바로 붙여야 하므로 'And the reason is that ...' 구문은 제외되어야 한다. 마무리 문장에서도 ⓐ나 ⓑ를 써도 된다. 근거가 두 개일 경우, 서론 문장은 'There are some advantages of ~.'를 쓰고, 마무리 문장은 'These are the advantages of ~.'를 쓸 것.

* 근거 하나, 예시 하나

ⓐ 서론 적용

[서론] (I think) There is an **advantage of** reading customer reviews when shopping online. [근거] And the reason is that it is reliable (so I can get accurate information).

ⓑ 서론 적용

[서론] (I think) The **advantage of** reading customer reviews when shopping online **is** that [근거] it is reliable (so I can get accurate information).

ⓒ 마무리 적용

[마무리] For this reason, (I believe) this is the **advantage** (of reading customer reviews when shopping online).

ⓓ 마무리 적용

[마무리] For this reason, (I believe) the **advantage** (of reading customer reviews when shopping online) **is that** [근거] it is reliable (so I can get accurate information).

▶ Advantage/Disadvantage

- Advantage와 Disadvantage 두 가지 경우를 항상 같이 연습해야 한다. Disadvantage 유형은 Advantage의 근거 문장에서 more 대신 not을 써서 답하면 된다. 만능 문장에서는 good experience 대신 bad experience로 전환해서 적용한다.
- Advantage는 Positive Effect(긍정적인 효과)/Benefit(이점, 혜택)로, Disadvantage는 Negative Effect(부정적인 효과)로 바꿔서 출제되기도 한다.

> What are the disadvantages of reading customer reviews when shopping online?
> Use specific reasons and examples to support your opinion.
>
> 인터넷에서 쇼핑할 때 고객 후기를 읽는 일의 단점들은 무엇입니까?
> 당신의 의견을 뒷받침하기 위한 구체적인 이유와 예시를 들어주세요.

PART 6

근거 하나, 예시 하나

서론	(I think) There is a disadvantage of reading customer reviews when shopping online.	인터넷에서 쇼핑할 때 고객 후기를 읽는 일의 단점이 있습니다(라고 생각합니다).
본론 [근거]	And the reason is that it is not reliable (so I cannot get accurate information). For example, two weeks ago, when I bought a product on the Internet, I read customer reviews. And they were not reliable (because there was a lot of false information[because people posted a lot of false information there]). So I couldn't get accurate information (from them). (And I couldn't buy a good product.) That's why it was a bad experience for me. And also, it was not beneficial for me.	그리고 그 이유는 그것이 신뢰할 만하지 않기 때문입니다. (그래서 저는 정확한 정보를 얻을 수 없습니다.) 예를 들면, 2주 전, 제가 인터넷에서 제품을 샀을 때, 저는 고객 후기를 읽었습니다. 그리고 (많은 잘못된 정보들이 있었기 때문에[사람들이 많은 잘못된 정보들을 그곳에 게시했기 때문에]) 그것들은 신뢰할 만하지 않았습니다. 그래서 저는 (그것들로부터) 정확한 정보를 얻을 수 없었습니다. (그리고 저는 좋은 제품을 살 수 없었습니다.) 그래서 그것은 저에게 나쁜 경험이었습니다. 그리고 또한, 그것은 저에게 이롭지 않았습니다.
결론 [마무리]	For this reason, (I believe) this is the disadvantage (of reading customer reviews when shopping online).	이러한 이유로, 이것이 (인터넷에서 쇼핑할 때 고객 후기를 읽는 일의) 단점입니다(라고 믿습니다).

근거 두 개, 예시 하나

서론	(I think) There are some disadvantages of reading customer reviews when shopping online.	인터넷에서 쇼핑할 때 고객 후기를 읽는 일의 몇 가지 단점들이 있습니다(라고 생각합니다).
본론 [근거 1]	And there are two reasons for that. First, (it is not helpful for me, so) I can waste my time. (This is because there can be too many things on the customer reviews. Therefore, I have to spend a lot of time on getting useful tips there.) That's why it is not beneficial for me.	그리고 그 이유는 두 가지 있습니다. 첫 번째, (그것은 도움이 되지 않아서) 저는 시간을 낭비할 수 있습니다. (왜냐하면 고객 후기에는 너무 많은 것들이 있을 수 있기 때문입니다. 따라서 그곳에서 유용한 팁을 얻는 일에 많은 시간을 소비해야 합니다.) 그래서 그것은 저에게 이롭지 않습니다.
본론 [근거 2]	Second, it is not reliable (so I cannot get accurate information). For example, two weeks ago, when I bought a product on the Internet, I read customer reviews. And they were not reliable (because there was a lot of false information[because people posted a lot of false information there]). So I couldn't get accurate information (from them). (And I couldn't buy a good product.) That's why it was a bad experience for me.	두 번째, 그것은 신뢰할 만하지 않습니다. (그래서 저는 정확한 정보를 얻을 수 없습니다.) 예를 들면, 2주 전, 제가 인터넷에서 제품을 샀을 때, 저는 고객 후기를 읽었습니다. 그리고 (많은 잘못된 정보들이 있었기 때문에[사람들이 많은 잘못된 정보들을 그곳에 게시했기 때문에]) 그것들은 신뢰할 만하지 않았습니다. 그래서 저는 (그것들로부터) 정확한 정보를 얻을 수 없었습니다. (그리고 저는 좋은 제품을 살 수 없었습니다.) 그래서 그것은 저에게 나쁜 경험이었습니다.
결론 [마무리]	For these reasons, (I believe) these are the disadvantages (of reading customer reviews when shopping online).	이러한 이유들로, 이것들이 (인터넷에서 쇼핑할 때 고객 후기를 읽는 일의) 단점들입니다(라고 믿습니다).

Practice Test

p.222

When learning about other cultures, would you rather go on vacation to other countries or read travel books?
Use specific ideas and examples to support your opinion.

다른 문화를 배울 때, 당신은 다른 나라로 휴가를 갈 것인가요? 아니면 여행 책을 읽을 것인가요?
당신의 의견을 뒷받침하기 위한 구체적인 아이디어와 예시를 드세요.

근거 하나, 예시 하나

서론	When learning about other cultures, I would rather go on vacation to other countries.	다른 문화를 배울 때, 저는 다른 나라로 휴가를 갈 것입니다.
본론 [근거]	**And the reason is that** it is more helpful for me, so I can learn more things. **For example,** two months ago, I went on vacation to Los Angeles, and it was really helpful for me (as I met a lot of people there), so I could learn more things (about other culture and customs). [so I could know the culture and customs very well.] That's why it was a good experience for me. And also, it was more beneficial for me.	그리고 그 이유는 그것이 저에게 더 도움이 되어서 더 많은 것들을 배울 수 있기 때문입니다. 예를 들면, 2개월 전, 저는 로스앤젤레스로 휴가를 갔고 그것이 정말 도움이 되었습니다. (그곳에서 많은 사람들과 만났기 때문입니다.) 그래서 저는 (다른 문화와 관습에 대한) 더 많은 것들을 배울 수 있었습니다.[그래서 저는 그 문화와 관습을 잘 알 수 있었습니다.] 그래서 그것은 저에게 좋은 경험이었습니다. 그리고 또한, 그것은 저에게 더 이로웠습니다.
결론 [마무리]	**For this reason,** I would rather go on vacation to other countries (when learning about other cultures).	이러한 이유로, (다른 문화를 배울 때) 저는 다른 나라로 휴가를 갈 것입니다.

PART 6

근거 두 개, 예시 하나

서론	When learning about other cultures, I would rather go on vacation to other countries.	다른 문화를 배울 때, 저는 다른 나라로 휴가를 갈 것입니다.
본론 [근거 1]	And there are two reasons for that. **First,** it is more enjoyable (to learn things at the site because I can experience many things there). That's why it is more beneficial for me.	그리고 그 이유는 두 가지 있습니다. 첫 번째, (많은 것들을 경험할 수 있기 때문에 현지에서 배우는 일은) 더 즐겁습니다. 그래서 그것은 저에게 더 이롭습니다.
본론 [근거 2]	**Second,** it is more helpful for me, so I can learn more things. **For example,** two months ago, I went on vacation to Los Angeles, and it was really helpful for me (as I met a lot of people there), so I could learn more things (about other culture and customs)[so I could know the culture and customs very well]. That's why it was a good experience for me.	두 번째, 그것이 저에게 더 도움이 되어서 더 많은 것들을 배울 수 있습니다. 예를 들면, 2개월 전, 저는 로스앤젤레스로 휴가를 갔고 그것이 정말 도움이 되었습니다. (그곳에서 많은 사람들과 만났기 때문입니다.) 그래서 저는 (다른 문화와 관습에 대한) 더 많은 것들을 배울 수 있었습니다.[그래서 저는 그 문화와 관습을 잘 알 수 있었습니다.] 그래서 그것은 저에게 좋은 경험이었습니다.
결론 [마무리]	**For these reasons,** I would rather go on vacation to other countries (when learning about other cultures).	이러한 이유들로, (다른 문화를 배울 때) 저는 다른 나라로 휴가를 갈 것입니다.

Test 2

Which do you think is better, living in the same place all of your life or moving frequently and living in many different places throughout your life?
Give reasons and examples to support your opinion.

평생 같은 장소에서 사는 것과 자주 이사하며 많은 다른 장소들에서 사는 것 중, 당신은 어떤 것이 더 좋다고 생각하나요?
당신의 의견을 뒷받침하기 위한 이유와 예시를 제시하세요.

근거 하나, 예시 하나

서론	**I think** it is better to live in the same place all of my life.	저는 평생 같은 장소에서 사는 것이 더 좋다고 생각합니다.
본론 [근거]	**And the reason is that** it is more affordable, so we can save money. **For example,** until last year, I lived in the same place, and it was very affordable, so I could save money (because I didn't have to spend extra money on moving to other places or buying a new house). That's why it was a good experience for me. And also, it was more beneficial for me.	그리고 그 이유는 그것이 더 저렴해서 돈을 절약할 수 있기 때문입니다. 예를 들면, 작년까지 저는 같은 장소에서 살았는데 그것은 매우 저렴해서 저는 돈을 절약할 수 있었습니다. (왜냐하면 다른 장소로 이사하거나 새 집을 사는 일에 추가적인 돈을 쓸 필요가 없었기 때문입니다.) 그래서 그것은 저에게 좋은 경험이었습니다. 그리고 또한, 그것은 저에게 더 이로웠습니다.
결론 [마무리]	**For this reason, I believe** living in the same place all of my life is better.	이러한 이유로, 저는 평생 같은 장소에서 사는 것이 더 좋다고 믿습니다.

근거 두 개, 예시 하나

서론	**I think** it is better to live in the same place all of my life.	저는 평생 같은 장소에서 사는 것이 더 좋다고 생각합니다.
본론 [근거 1]	**And there are two reasons for that. First,** it is more comfortable to live in the same place (because we know the neighborhood and the neighbors very well). (Therefore, we can go to any place in that area and get along with people more easily.) That's why it is more beneficial for me.	그리고 그 이유는 두 가지 있습니다. 첫 번째, (우리는 동네와 이웃 사람들을 매우 잘 알기 때문에) 같은 장소에서 사는 것이 더 편합니다. (따라서 우리는 그 지역에서 어떤 장소든 갈 수 있고 사람들과 더 쉽게 어울릴 수 있습니다.) 그래서 그것은 저에게 더 이롭습니다.
본론 [근거 2]	**Second,** it is more affordable, so we can save money. **For example,** until last year, I lived in the same place, and it was very affordable, so I could save money (because I didn't have to spend extra money on moving to other places or buying a new house). That's why it was a good experience for me.	두 번째, 그것이 더 저렴해서 돈을 절약할 수 있습니다. 예를 들면, 작년까지 저는 같은 장소에서 살았는데 그것은 매우 저렴해서 저는 돈을 절약할 수 있었습니다. (왜냐하면 다른 장소로 이사하거나 새 집을 사는 일에 추가적인 돈을 쓸 필요가 없었기 때문입니다.) 그래서 그것은 저에게 좋은 경험이었습니다.
결론 [마무리]	**For these reasons, I believe** living in the same place all of my life is better.	이러한 이유들로, 저는 평생 같은 장소에서 사는 것이 더 좋다고 믿습니다.

PART 6

Test 3

Do you think that the best employees are those who complete their work in the shortest amount of time? Why?
Give reasons or examples to support your opinion.

최고의 직원은 가장 짧은 시간 안에 일을 끝내는 직원이라고 생각하나요? 그 이유는 무엇인가요?
당신의 의견을 뒷받침하기 위한 이유와 예시를 제시하세요.

근거 하나, 예시 하나

서론	**I think that** the best employees are those who complete their work in the shortest amount of time.	저는 최고의 직원은 가장 짧은 시간 안에 일을 끝내는 직원이라고 생각합니다.
본론 [근거]	**And the reason is that** it is more efficient, so our performance is better. **For example,** two months ago, when I worked in[for] my old team[department/company], my team members finished the work fast, and it was very efficient (because we could check and review more tasks). Therefore, we could get better results (more easily[more efficiently]). That's why it was a good experience for us. And also, it was more beneficial for us.	그리고 그 이유는 그것이 더 효율적이어서 우리의 성과가 더 좋아지기 때문입니다. 예를 들면, 2개월 전, 제가 이전 팀[부서/회사]에서 일했을 때, 제 팀원들은 일을 빨리 끝냈고 (우리가 더 많은 업무를 확인하고 검토할 수 있었기 때문에) 그것은 매우 효율적이었습니다. 따라서 우리는 더 좋은 결과를 (더 쉽게[더 효율적으로]) 얻을 수 있었습니다. 그래서 그것은 우리에게 좋은 경험이었습니다. 그리고 또한, 그것은 우리에게 더 이로웠습니다.
결론 [마무리]	**For this reason, I believe** the best employees are those who complete their work fast[in the shortest amount of time].	이러한 이유로, 저는 최고의 직원은 빨리[가장 짧은 시간 안에] 일을 끝내는 직원이라고 믿습니다.

근거 두 개, 예시 하나

서론	**I think that** the best employees are those who complete their work in the shortest amount of time.	저는 최고의 직원은 가장 짧은 시간 안에 일을 끝내는 직원들이라고 생각합니다.
본론 [근거 1]	**And there are two reasons for that.** **First,** when completing the work fast, it is more helpful for the company (because employees can do more things at work). (In addition, they can have more free time to relax, so they can go back to work with a positive mind.) That's why it is more beneficial for the company.	그리고 그 이유는 두 가지 있습니다. 첫 번째, 일을 빨리 끝내면 (직원들이 직장에서 더 많은 것들을 할 수 있기 때문에) 회사에 더 도움이 됩니다. (게다가, 쉴 수 있는 여유 시간이 더 많아서 그들은 긍정적인 마음으로 업무에 복귀할 수 있습니다.) 그래서 그것은 회사에 더 이롭습니다.
본론 [근거 2]	**Second,** it is more efficient, so our performance is better. **For example,** two months ago, when I worked in[for] my old team[department/company], my team members finished the work fast, and it was very efficient (because we could check and review more tasks). Therefore, we could get better results (more easily[more efficiently]). That's why it was a good experience for us.	두 번째, 그것이 더 효율적이어서 우리의 성과가 더 좋아집니다. 예를 들면, 2개월 전, 제가 이전 팀[부서/회사]에서 일했을 때, 제 팀원들은 일을 빨리 끝냈고 (우리가 더 많은 업무를 확인하고 검토할 수 있었기 때문에) 그것은 매우 효율적이었습니다. 따라서 우리는 더 좋은 결과를 (더 쉽게[더 효율적으로]) 얻을 수 있었습니다. 그래서 그것은 우리에게 좋은 경험이었습니다.
결론 [마무리]	**For these reasons, I believe** the best employees are those who complete their work fast[in the shortest amount of time].	이러한 이유들로, 저는 최고의 직원은 빨리[가장 짧은 시간 안에] 일을 끝내는 직원이라고 믿습니다.

PART 6

Test 4

Do you agree or disagree with the following statement?
Companies should prohibit employees from using social networking Web sites in the workplace.
Give specific reasons and examples to support your opinion.

다음 진술에 동의하나요? 아니면 동의하지 않나요?
회사들은 직원들의 직장 내 소셜 네트워크 웹 사이트 사용을 금지해야 한다.
당신의 의견을 뒷받침하기 위한 구체적인 이유와 예시를 제시하세요.

근거 하나, 예시 하나

서론	**I agree that** companies should prohibit employees from using social networking Web sites in the workplace.	저는 회사들이 직원들의 직장 내 소셜 네트워크 웹 사이트 사용을 금지해야 한다는 것에 동의합니다.
본론 [근거]	**And the reason is that** it[using social networking services] can bother other people at work. **For example,** one year ago, when I worked in my old department, my colleague (on my left side) used social networking Web sites at work[in the workplace]. And it bothered[disturbed] me (a lot). (So I couldn't concentrate on the work as she was chatting, laughing, and doing all kinds of silly gestures.) That's why it was a bad experience for me. And also, it was not beneficial for me (because I couldn't work harder).	그리고 그 이유는 그것[소셜 네트워크 서비스를 사용하는 것]은 직장에서 다른 사람들을 방해할 수 있기 때문입니다. 예를 들면, 1년 전, 제가 이전 부서에서 일했을 때, (제 왼쪽에 있던) 동료가 직장에서 소셜 네트워크 웹 사이트를 사용했습니다. 그리고 그것이 저를 (많이) 방해했습니다. (그래서 저는 일에 집중할 수 없었습니다. 왜냐하면 그녀가 채팅하고 웃고 온갖 바보 같은 몸짓을 했기 때문입니다.) 그래서 그것은 저에게 나쁜 경험이었습니다. 그리고 또한, 그것은 저에게 이롭지 않습니다. (왜냐하면 저는 더 열심히 일할 수 없었기 때문입니다.)
결론 [마무리]	**For this reason, I think that** companies should prohibit employees from using social networking Web sites in the workplace.	이러한 이유로, 저는 회사들이 직원들의 직장 내 소셜 네트워크 웹 사이트 사용을 금지해야 한다고 생각합니다.

근거 두 개, 예시 하나

서론	**I agree that** companies should prohibit employees from using social networking Web sites in the workplace.	저는 회사들이 직원들의 직장 내 소셜 네트워크 웹 사이트 사용을 금지해야 한다는 것에 동의합니다.
본론 [근거 1]	**And there are two reasons for that. First,** if employees use social networking Web sites at work, (they cannot work harder, so) it is not helpful for the company (because they waste a lot of time on doing SNS such as Facebook and Twitter). **That's why it is not beneficial for the company.**	그리고 그 이유는 두 가지 있습니다. 첫 번째, 만약 직원들이 직장에서 소셜 네트워크 웹 사이트를 사용한다면, (그들은 더 열심히 일할 수 없어서) 그것은 회사에 도움이 되지 않습니다. (왜냐하면 그들은 페이스북이나 트위터와 같은 SNS를 하는 것에 많은 시간을 낭비하기 때문입니다.) 그래서 그것은 회사에 이롭지 않습니다.
본론 [근거 2]	**Second,** it[using social networking services] can bother other people at work. **For example,** one year ago, when I worked in my old department, my colleague (on my left side) used social networking Web sites at work[in the workplace]. And it bothered[disturbed] me (a lot). (So I couldn't concentrate on the work as she was chatting, laughing, and doing all kinds of silly gestures.) **That's why it was a bad experience for me.**	두 번째, 그것[소셜 네트워크 서비스를 사용하는 것]은 직장에서 다른 사람들을 방해할 수 있습니다. 예를 들면, 1년 전, 제가 이전 부서에서 일했을 때, (제 왼쪽에 있던) 동료가 직장에서 소셜 네트워크 웹 사이트를 사용했습니다. 그리고 그것이 저를 (많이) 방해했습니다. (그래서 저는 일에 집중할 수 없었습니다. 왜냐하면 그녀가 채팅하고 웃고 온갖 바보 같은 몸짓을 했기 때문입니다.) 그래서 그것은 저에게 나쁜 경험이었습니다.
결론 [마무리]	**For these reasons, I think that** companies should prohibit employees from using social networking Web sites in the workplace.	이러한 이유들로, 저는 회사들이 직원들의 직장 내 소셜 네트워크 웹 사이트 사용을 금지해야 한다고 생각합니다.

PART 6

Test 5

Do you think that it is important for children to participate in sports or other activities outside of school?
Use specific ideas and examples to support your opinion.

아이들이 학교 교육 외에 스포츠나 다른 활동에 참가하는 것이 중요하다고 생각하나요?
당신의 의견을 뒷받침하기 위한 구체적인 아이디어와 예시를 드세요.

근거 하나, 예시 하나

서론	**I think that** it is important for children to participate in sports or other activities outside of school.	저는 아이들이 학교 교육 외에 스포츠나 다른 활동에 참가하는 것이 중요하다고 생각합니다.
본론 [근거]	**And the reason is that** it is more enjoyable, so they can relieve their stress. **For example,** when I was an elementary school student, I participated in sports and other activities outside of school. And it was very enjoyable (for me), so I could relieve stress. (Furthermore, I could go back to school with a positive mind and study harder.) That's why it was a good experience for me. And also, it was more beneficial for me.	그리고 그 이유는 그것이 더 즐거워서 그들은 스트레스를 해소할 수 있습니다. 예를 들면, 제가 초등학생 때, 저는 학교 교육 외에 스포츠와 다른 활동에 참가했습니다. 그리고 그것이 (저에게) 매우 즐거워서 저는 스트레스를 해소할 수 있었습니다. (게다가, 저는 긍정적인 마음으로 학교로 돌아가서 더 열심히 공부할 수 있었습니다.) 그래서 그것은 저에게 좋은 경험이었습니다. 그리고 또한, 그것은 저에게 더 이로웠습니다.
결론 [마무리]	**For this reason, I believe that** it is important for children to participate in sports or other activities outside of school[children should participate in sports or other activities outside of school].	이러한 이유로, 저는 아이들이 학교 교육 외에 스포츠나 다른 활동에 참가하는 것이 중요하다[아이들은 학교 교육 외에 스포츠나 다른 활동에 참가해야 한다]고 믿습니다.

근거 두 개, 예시 하나

서론	**I think that** it is important for children to participate in sports or other activities outside of school.	저는 아이들이 학교 교육 외에 스포츠나 다른 활동에 참가하는 것이 중요하다고 생각합니다.
본론 [근거 1]	**And there are two reasons for that. First,** (when participating in sports or other activities outside of school,) it is more helpful for children's health (because they can increase stamina and build up muscles). **That's why it is more beneficial for them.**	그리고 그 이유는 두 가지 있습니다. 첫 번째, (학교 교육 외에 스포츠나 다른 활동에 참가하면,) 아이들의 건강에 더 도움이 됩니다. (왜냐하면 그들은 체력을 키우고 근육을 만들 수 있기 때문입니다.). 그래서 그것은 그들에게 더 이롭습니다.
본론 [근거 2]	**Second,** it is more enjoyable, so they can relieve their stress. **For example,** when I was an elementary school student, I participated in sports and other activities outside of school. And it was very enjoyable (for me), so I could relieve stress. (Furthermore, I could go back to school with a positive mind and study harder.) **That's why it was a good experience for me.**	두 번째, 그것이 더 즐거워서 그들은 스트레스를 해소할 수 있습니다. 예를 들면, 제가 초등학생 때, 저는 학교 교육 외에 스포츠와 다른 활동에 참가했습니다. 그리고 그것이 (저에게) 매우 즐거워서 저는 스트레스를 해소할 수 있었습니다. (게다가, 저는 긍정적인 마음으로 학교로 돌아가서 더 열심히 공부할 수 있었습니다.) 그래서 그것은 저에게 좋은 경험이었습니다.
결론 [마무리]	**For these reasons, I believe that** it is important for children to participate in sports or other activities outside of school[children should participate in sports or other activities outside of school].	이러한 이유들로, 저는 아이들이 학교 교육 외에 스포츠나 다른 활동에 참가하는 것이 중요하다[아이들은 학교 교육 외에 스포츠나 다른 활동에 참가해야 한다]고 믿습니다.

PART 6

Test 6

What are some negative effects of giving money to children for doing housework such as washing laundry?
Use specific ideas and examples to support your opinion.

세탁과 같은 집안일을 한 아이들에게 돈을 주는 것의 부정적인 영향들은 무엇인가요?
당신의 의견을 뒷받침하기 위한 구체적인 아이디어와 예시를 드세요.

근거 하나, 예시 하나

서론	**(I think) There is a negative effect of** giving money to children for doing housework such as washing laundry.	세탁과 같은 집안일을 한 아이들에게 돈을 주는 것의 부정적인 영향이 있습니다(라고 생각합니다).
본론 [근거]	**And the reason is that** it is not helpful [effective] for children's development. **For example,** when I was an elementary school student, I did housework such as washing laundry, and my mother gave money to me (as a reward). And it was not helpful[effective] for my development (because I always wanted a reward for doing any kind of work[because I didn't do other housework when my mother didn't give me money/because I didn't do other housework without being paid]). That's why it was a bad experience for me. And also, it was not beneficial for me.	그리고 그 이유는 그것이 아이들의 발달에 도움이 되지[효과적이지] 않기 때문입니다. 예를 들면, 제가 초등학생 때, 저는 세탁과 같은 집안일을 했고 저의 어머니는 저에게 (보상으로) 돈을 줬습니다. 그리고 그것은 저의 발달에 도움이 되지[효과적이지] 않았습니다. (왜냐하면 저는 어떤 일을 하든 항상 보상을 원했기 때문입니다[왜냐하면 어머니가 저에게 돈을 주지 않을 때는 다른 집안일을 하지 않았기 때문입니다/왜냐하면 저는 돈을 받지 않으면 다른 집안일을 하지 않았기 때문입니다].) 그래서 그것은 저에게 나쁜 경험이었습니다. 그리고 또한, 그것은 저에게 이롭지 않았습니다.
결론 [마무리]	**For this reason, (I believe) this is the negative effect (of** giving money to children for doing housework such as washing laundry).	이러한 이유로, 이것이 (세탁과 같은 집안일을 한 아이들에게 돈을 주는 것의) 부정적인 영향입니다(라고 믿습니다).

근거 두 개, 예시 하나

서론	**(I think) There are some negative effects of** giving money to children for doing housework such as washing laundry.	세탁과 같은 집안일을 한 아이들에게 돈을 주는 것의 몇 가지 부정적인 영향들이 있습니다(라고 생각합니다).
본론 [근거 1]	**And there are two reasons for that. First,** (when giving money to children for doing housework such as washing laundry,) they can waste money because children cannot make the right decision. When they have more money than before, they can spend money buying any kind of thing. **That's why it is not beneficial for them.**	그리고 그 이유는 두 가지 있습니다. 첫 번째, (세탁과 같은 집안일을 한 아이들에게 돈을 주면,) 그들은 돈을 낭비할 수 있습니다. 왜냐하면 아이들은 올바른 결정을 하지 못하기 때문입니다. 그들이 이전보다 더 많은 돈을 갖게 되면, 그들은 어떤 물건이든 사는 일에 돈을 소비할 수 있습니다. 그래서 그것은 그들에게 이롭지 않습니다.
본론 [근거 2]	**Second,** it is not helpful[effective] for children's development. **For example,** when I was an elementary school student, I did housework such as washing laundry, and my mother gave money to me (as a reward). And it was not helpful[effective] for my development (because I always wanted a reward for doing any kind of work[because I didn't do other housework when my mother didn't give me money/because I didn't do other housework without being paid]). **That's why it was a bad experience for me.**	두 번째, 그것은 아이들의 발달에 도움이 되지[효과적이지] 않습니다. 예를 들면, 제가 초등학생 때, 저는 세탁과 같은 집안일을 했고 저의 어머니는 저에게 (보상으로) 돈을 줬습니다. 그리고 그것은 저의 발달에 도움이 되지[효과적이지] 않았습니다. (왜냐하면 저는 어떤 일을 하든 항상 보상을 원했기 때문입니다[왜냐하면 어머니가 저에게 돈을 주지 않을 때는 다른 집안일을 하지 않았기 때문입니다/왜냐하면 저는 돈을 받지 않으면 다른 집안일을 하지 않았기 때문입니다].) 그래서 그것은 저에게 나쁜 경험이었습니다.
결론 [마무리]	**For these reasons, (I believe) these are the negative effects (of** giving money to children for doing housework such as washing laundry).	이러한 이유들로, 이것들이 (세탁과 같은 집안일을 한 아이들에게 돈을 주는 것의) 부정적인 영향들입니다(라고 믿습니다).

PART 6

 Actual Test

Test 1 p.228

What are the disadvantages of using the Internet as a main source of news? Use specific reasons and examples to support your opinion.

뉴스의 주요 출처로 인터넷을 이용하는 것의 단점들은 무엇입니까?
당신의 의견을 뒷받침하기 위한 구체적인 이유와 예시를 드세요.

▶ 질문 유형 ▶▶ Advantage/Disadvantage [의문사 의문문(주격, 주격 보어)]
▶ 주제 ▶▶ ② 정보(조언/의견) ⑤ 인터넷

근거 하나, 예시 하나

서론	**(I think) There is a disadvantage of** using the Internet as a main source of news.	뉴스의 주요 출처로 인터넷을 이용하는 것의 단점이 있습니다(라고 생각합니다).
본론 [근거]	**And the reason is that** it is not reliable (so I cannot get accurate information). **For example,** last week, I watched the Internet news[I used the Internet as a main source of news], and it was not reliable (because there was a lot of false information[people posted a lot of false information there]). Therefore, I couldn't get accurate information (from the Internet). That's why it was a bad experience for me. And also, it was not beneficial for me.	그리고 그 이유는 그것이 신뢰할 만하지 않기 때문입니다. (그래서 저는 정확한 정보를 얻을 수 없습니다.) 예를 들면, 지난주에, 저는 인터넷 뉴스를 봤고 [저는 뉴스의 주요 출처로 인터넷을 이용했고], 그것은 신뢰할 만하지 않았습니다. (왜냐하면 많은 잘못된 정보들이 있었기 때문입니다.[사람들이 많은 잘못된 정보들을 그곳에 게시했기 때문입니다.]) 따라서 저는 (인터넷에서) 정확한 정보를 얻을 수 없었습니다. 그래서 그것은 저에게 나쁜 경험이었습니다. 그리고 또한, 그것은 저에게 이롭지 않았습니다.
결론 [마무리]	**For this reason, (I believe) this is the disadvantage (of** using the Internet as a main source of news).	이러한 이유로, 이것이 (뉴스의 주요 출처로 인터넷을 이용하는 것의) 단점입니다(라고 믿습니다).

근거 두 개, 예시 하나

서론	(I think) There are some disadvantages of using the Internet as a main source of news.	뉴스의 주요 출처로 인터넷을 이용하는 것의 몇 가지 단점들이 있습니다(라고 생각합니다).
본론 [근거 1]	And there are two reasons for that. First, (when watching the Internet news [when using the Internet as a main source of news],) it is bad for the health of my eyes. (Therefore, I cannot concentrate on reading the Internet news for a long time.) That's why it is not beneficial for me.	그리고 그 이유는 두 가지 있습니다. 첫 번째, (인터넷 뉴스를 보면[뉴스의 주요 출처로 인터넷을 이용하면],) 저의 눈 건강에 나쁩니다. (따라서 저는 인터넷 뉴스를 읽는 데 오랫동안 집중할 수 없습니다.) 그래서 그것은 저에게 이롭지 않습니다.
본론 [근거 2]	Second, it is not reliable (so I cannot get accurate information). For example, last week, I watched the Internet news[I used the Internet as a main source of news], and it was not reliable (because there was a lot of false information[people posted a lot of false information there]). Therefore, I couldn't get accurate information (from the Internet). That's why it was a bad experience for me.	두 번째, 그것은 신뢰할 만하지 않습니다. (그래서 저는 정확한 정보를 얻을 수 없습니다.) 예를 들면, 지난주에, 저는 인터넷 뉴스를 봤고[저는 뉴스의 주요 출처로 인터넷을 이용했고], 그것은 신뢰할 만하지 않았습니다. (왜냐하면 많은 잘못된 정보들이 있었기 때문입니다.[사람들이 많은 잘못된 정보들을 그곳에 게시했기 때문입니다.]) 따라서 저는 (인터넷에서) 정확한 정보를 얻을 수 없었습니다. 그래서 그것은 저에게 나쁜 경험이었습니다.
결론 [마무리]	For these reasons, (I believe) these are the disadvantages (of using the Internet as a main source of news).	이러한 이유들로, 이것들이 (뉴스의 주요 출처로 인터넷을 이용하는 것의) 단점들입니다(라고 믿습니다).

PART 6

Test 2

Some people think that managers and employees should be able to socialize outside of work. Other people think that they should not be able to socialize outside of work. Which do you think is better and why?

어떤 사람들은 상사와 직원들이 직장 밖에서 어울릴 수 있어야 한다고 생각합니다. 다른 사람들은 그들이 직장 밖에서는 어울리지 말아야 한다고 생각합니다.
당신은 어떤 것이 더 좋다고 생각하며 그 이유는 무엇인가요?

▶ 질문 유형 ▶▶　　Choose A or B (or C) [의문사 의문문(주격, 주격 보어)]
▶ 주제 ▶▶　　⑧ 회사/직장 상황　③ 일/직업/경력

근거 하나, 예시 하나

서론	**I think (that)** it is better for managers and employees to be able to socialize outside of work.	저는 상사와 직원들이 직장 밖에서 어울릴 수 있는 것이 더 좋다고 생각합니다.
본론 [근거]	**And the reason is that** it is more efficient, so our performance is better (at work). **For example,** two years ago, when I worked in[for] my old team, my manager and employees socialized outside of work[our group had dinner together after work]. And it was very efficient (because we could learn more things from our supervisor that we couldn't deal with at the office). Therefore, our team could get better results (at that time). That's why it was a good experience for us. And also, it was more beneficial for us.	그리고 그 이유는 그것이 더 효율적이어서 (직장에서) 우리의 성과가 더 좋아지기 때문입니다. 예를 들면, 2년 전, 제가 이전 팀에서 일했을 때, 제 상사와 직원들은 직장 밖에서 어울렸습니다. [우리의 그룹은 퇴근 후에 함께 저녁 식사를 했습니다.] 그리고 그것은 매우 효율적이었습니다. (왜냐하면 우리가 사무실에서 다룰 수 없었던 더 많은 것들을 상사로부터 배울 수 있었기 때문입니다.) 따라서 우리 팀은 (그 당시에) 더 좋은 결과를 얻을 수 있었습니다. 그래서 그것은 우리에게 좋은 경험이었습니다. 그리고 또한, 그것은 우리에게 더 이로웠습니다.
결론 [마무리]	**For this reason, I believe that** managers and employees should be able to socialize outside of work.	이러한 이유로, 저는 상사와 직원들이 직장 밖에서 어울릴 수 있어야 한다고 믿습니다.

근거 두 개, 예시 하나

서론	**I think (that)** it is better for managers and employees to be able to socialize outside of work.	저는 상사와 직원들이 직장 밖에서 어울릴 수 있는 것이 더 좋다고 생각합니다.
본론 [근거 1]	**And there are two reasons for that. First,** (when socializing outside of the workplace,) it is more helpful for us. (This is because we can have a good relationship with the manager, so we can work in a more comfortable environment.) **That's why it is more beneficial for us.**	그리고 그 이유는 두 가지 있습니다. 첫 번째, (직장 밖에서 어울리면) 우리에게 더 도움이 됩니다. (왜냐하면 상사와 좋은 관계를 가질 수 있어서 더 편한 환경에서 일할 수 있기 때문입니다.) 그래서 그것은 우리에게 더 이롭습니다.
본론 [근거 2]	**Second,** it is more efficient, so our performance is better (at work). **For example,** two years ago, when I worked in[for] my old team, my manager and employees socialized outside of work[our group had dinner together after work]. And it was very efficient (because we could learn more things from our supervisor that we couldn't deal with at the office). Therefore, our team could get better results (at that time). **That's why it was a good experience for us.**	두 번째, 그것이 더 효율적이어서 (직장에서) 우리의 성과가 더 좋아집니다. 예를 들면, 2년 전, 제가 이전 팀에서 일했을 때, 제 상사와 직원들은 직장 밖에서 어울렸습니다. [우리의 그룹은 퇴근 후에 함께 저녁 식사를 했습니다.] 그리고 그것은 매우 효율적이었습니다. (왜냐하면 우리가 사무실에서 다룰 수 없었던 더 많은 것들을 상사로부터 배울 수 있었기 때문입니다.) 따라서 우리 팀은 (그 당시에) 더 좋은 결과를 얻을 수 있었습니다. 그래서 그것은 우리에게 좋은 경험이었습니다.
결론 [마무리]	**For these reasons, I believe that** managers and employees should be able to socialize outside of work.	이러한 이유들로, 저는 상사와 직원들이 직장 밖에서 어울릴 수 있어야 한다고 믿습니다.

Final Test 1

Q 1-2

Q1

Fascinating Apparel will be holding / our annual warehouse sale / this weekend↘. // We have clothes for every season / and carry a wide variety of brands↘. // Come / and see our large selection of women's↗, men's↗, and children's clothing↘, / all reduced twenty to forty percent↘. // Come down to our store today, / and check out the lowest prices around / at our warehouse sale↘. //

Fascinating Apparel은 이번 주말에 연례 창고 정리 세일을 합니다. 우리는 사계절의 옷을 가지고 있고 매우 다양한 브랜드를 취급합니다. 오셔서 20퍼센트에서 40퍼센트까지 모두 할인하는 다양한 여성용, 남성용 및 아동용 의류를 구경하세요. 오늘 저희 상점에 오셔서 주변에서 가장 저렴한 가격을 창고 정리 세일에서 확인하시기 바랍니다.

Q2

Thank you / for flying with JetGold Airways↘. // We are pleased to offer / the industry's best entertainment system / on all our flights↘. // To begin, / please press the On button / and tap Start on the screen↘. // We offer you the latest movies↗, popular TV shows↗, and all kinds of music↘. // First, however, / please pay attention to the flight attendants / for the in-flight safety demonstration↘. //

JetGold Airways를 이용해 주셔서 감사합니다. 우리는 모든 항공편에서 업계 최고의 오락 시스템을 제공하게 되어 기쁩니다. 시작하려면 On 버튼을 누르시고 화면에서 Start를 누르시기 바랍니다. 우리는 최신 영화, 인기 TV쇼 및 모든 종류의 음악을 제공합니다. 하지만 먼저, 기내 안전 설명을 위해 승무원들에게 주의를 기울이시기 바랍니다.

Q 3

장소	**This picture was taken** <u>outdoors</u>[on the road].	이 사진은 실외에서[도로에서] 찍혔습니다.
중심 대상	**The first thing I see (in this picture) is** <u>a few</u> [some] people. On the left side of the picture, there are three people standing next to the traffic light. One of them is wearing a red jacket, and the others are wearing blue jackets. **I think** they are waiting for the traffic light to change.[**I think** they are neighbors.] In the middle, I can see a yellow train next to the blue pole. **I think** the train is leaving the station.	(이 사진에서) 첫 번째로 보이는 것은 몇 명의 사람들입니다. 사진의 왼쪽에, 신호등 옆에 서 있는 세 명의 사람들이 있습니다. 그들 중 한 명은 빨간색 재킷을 입고 있고, 다른 사람들은 파란색 재킷을 입고 있습니다. 저는 그들이 신호등이 바뀌기를 기다리고 있다고 생각합니다.[저는 그들이 이웃이라고 생각합니다.] 가운데에, 파란색 기둥 옆에 노란색 기차가 보입니다. 저는 기차가 역을 떠나고 있다고 생각합니다.
배경	**In the background of the picture**[In the back]**,** I can see some stores and buildings with flags. I can also see people walking on the sidewalk.	사진의 뒷배경에[뒷부분에], 상점들과 깃발들이 달린 건물들이 보입니다. 인도를 걸어가는 사람들도 보입니다.
마무리	**Generally, it seems like** it is somewhat busy on the road.	전반적으로, 도로가 다소 혼잡한 것 같습니다.

Final Test 1

Q 4-6

Imagine that an American marketing firm is doing research in your country. You have agreed to participate in a telephone interview about purchasing products.

미국의 한 마케팅 회사가 당신의 나라에서 설문조사를 한다고 상상해 보세요. 당신은 제품 구매에 대한 전화 인터뷰 참여에 동의했습니다.

Q4 What was the last product you bought? How did you buy it?

당신이 마지막으로 구매했던 제품은 무엇이었나요? 당신은 그것을 어떻게 구매했나요?

Q5 How frequently do you shop for products online? Why do you purchase them online?

당신은 얼마나 자주 인터넷에서 제품을 구매하나요? 그것들을 인터넷에서 구매하는 이유가 무엇인가요?

Q6 Which of the following features would you look for if you bought a product online? Why?
- Customer reviews
- Advertisements
- Pictures with descriptions

당신이 인터넷에서 제품을 구매한다면, 다음 특징들 중 어떤 것을 살필 건가요? 그 이유는 무엇인가요?
- 고객 후기
- 광고
- 설명이 있는 사진

R4	첫 문장	The last product I bought was clothes. (And) I bought them on[from/through] the Internet.	제가 마지막으로 구매했던 제품은 옷이었습니다. (그리고) 저는 그것들을 인터넷에서 구매했습니다.
	추가 문장	**This is because** it was very affordable for me (to buy clothes from an online store).	왜냐하면 (온라인 매장에서 옷을 구매하는 것은) 매우 저렴했기 때문입니다.
R5	첫 문장	I shop for products online twice a month. (And) I purchase them online because it is fast and more convenient for me (to buy products on the Internet) (so I can save time).	저는 한 달에 두 번 인터넷에서 제품을 구매합니다. (그리고) 저는 그것들을 인터넷에서 구매합니다. 왜냐하면 (인터넷에서 제품을 구매하는 것이) 빠르고 더 편리하기 때문입니다. (그래서 저는 시간을 절약할 수 있습니다.)
	추가 문장	**And also,** there are a wide range of products at online stores.	그리고 또한, 온라인 매장에는 다양한 제품들이 있습니다.

R6	첫 문장	I would look for customer reviews if I bought a product online.	인터넷에서 제품을 구매한다면, 저는 고객 후기를 살필 것입니다.
	추가 문장	**This is because** they are reliable, so I can know about the products very well. **And also,** I can learn more things about the product as people post[put] various kinds of information in the online review.	왜냐하면 그것들은 신뢰할 만해서 그 제품에 대해 매우 잘 알 수 있기 때문입니다. 그리고 또한, 사람들이 온라인 후기에 다양한 정보를 게시하기 때문에 저는 제품에 대해 더 많은 것을 알 수 있습니다.
	마무리	**Therefore,** (if I bought a product online,) I would pay attention to [think about/consider/look for] customer reviews.	따라서 (인터넷에서 제품을 구매한다면,) 저는 고객 후기에 주의를 기울일 것입니다[생각할 것입니다/고려할 것입니다/살필 것입니다].

Final Test 1

Q 7-9

Bernard Sackman의 출장
12월 4일 ~ 12월 9일

출발 항공편 - 12월 4일	American Air 항공기 EA274편
Los Angeles 출발	오전 11시
Las Vegas 도착	오후 12시 5분

호텔
LV Palace 호텔

Hoover로 당일 출장 - 12월 7일	
Hoover로 출발	오전 10시
Las Vegas로 돌아옴 (당일)	오후 8시

돌아오는 항공편 - 12월 9일	American Air 항공기 EA293편
Las Vegas 출발	오후 5시
Los Angeles 도착	오후 6시 5분

Hi, this is Bernard Sackman calling about my business trip next week. I seem to have lost my itinerary, and I was wondering if you could answer a few questions for me.

안녕하세요. 다음 주 저의 출장에 대해 전화하는 Bernard Sackman입니다. 제가 일정표를 잃어버린 것 같은데, 저에게 몇 가지 질문에 응답해 주실 수 있는지 궁금합니다.

Q7 What time am I leaving Los Angeles, and what time do I land in Las Vegas?

저는 몇 시에 Los Angeles를 출발하고 몇 시에 Las Vegas에 도착하나요?

Q8 I know I have a trip to Hoover. How many days will I stay in Hoover?

저는 Hoover로 출장이 있다는 것을 압니다. 저는 Hoover에서 며칠 동안 머무나요?

Q9 Can you give me all the details about my return flight back to Los Angeles?

Los Angeles로 돌아오는 항공편에 대한 모든 세부 내용을 말씀해 주시겠어요?

R7 You will depart from Los Angeles at 11:00 A.M., and you will land in Las Vegas at 12:05 P.M.

당신은 오전 11시에 Los Angeles에서 출발할 것이고 오후 12시 5분에 Las Vegas에 도착할 것입니다.

R8 **Actually,** you will arrive back in Las Vegas at 8:00 P.M. on the same day.

사실, 당신은 같은 날 오후 8시에 Las Vegas로 돌아올 것입니다.

R9 You will depart from Las Vegas on American Air Flight EA293 at 5:00 P.M. on December 9th. And you will arrive back in Los Angeles at 6:05 P.M.

당신은 12월 9일 오후 5시에 American Air 항공기 EA293편으로 Las Vegas에서 출발할 것입니다. 그리고 오후 6시 5분에 Los Angeles로 돌아올 것입니다.

Q 10

W: Thanks for coming to the meeting today. I called this meeting to talk about a problem at our restaurant. We are really happy that we are doing good business during brunch, so our brunch service is quite busy. But the issue is with the dinner service. Our dinner business is not doing as well as brunch, and I know that we can do better.

M: Yes, I know. We have advertised in local magazines about our dinner menu, but it has not been very effective. We have a great selection of dinner options, and I think people will really enjoy it. I think it would be great if we could get more people in the restaurant during dinner.

W: Right, we need to come up with some ideas other than advertising to get more diners at the restaurant. Please call me later and let me know what we should do to attract more customers to the restaurant during dinner.

여: 오늘 회의에 와주셔서 감사합니다. 저는 우리 음식점 문제에 대해 의논하기 위해 회의를 소집했습니다. 우리는 브런치 시간 동안에 영업이 잘되어서 브런치 서비스가 꽤 바쁜 것에 매우 기쁩니다. 그러나 문제는 저녁식사 서비스입니다. 저녁 식사 영업은 브런치 영업만큼 잘되고 있지 않고 전 우리가 더 잘할 수 있다고 생각합니다.

남: 네, 알고 있습니다. 우리는 지역 잡지에 저녁 메뉴에 대한 광고를 냈지만, 그것은 별로 효과적이지 않았습니다. 우리는 다양한 저녁 메뉴가 있고 사람들이 그것을 정말 좋아할 것이라고 생각합니다. 우리가 저녁 시간 동안 음식점에 더 많은 사람들을 오게 하면 좋을 것입니다.

여: 맞습니다. 우리는 음식점에 더 많은 저녁 손님을 모으기 위해 광고 외에 몇 가지 아이디어를 생각해 내야 합니다. 나중에 저에게 전화해서 저녁 시간 동안 음식점에 더 많은 고객들을 끌어들이기 위해 무엇을 해야 하는지 알려주세요.

▶ 첫인사	**Hello[Hi], this is Jacob calling about the agenda we discussed at the meeting.** 안녕하세요. 회의에서 우리가 의논했던 의제에 대해 전화하는 Jacob입니다.
▶ 문제 인식	**You said that there is a problem with** the dinner service. <u>Our dinner business is not doing as well as brunch. We have advertised in local magazines about our dinner menu, but it has not been very effective.</u> [We have to attract more people (to the restaurant) because there are not many customers for our dinner at the restaurant.] (**I'm sorry to hear that.**) 당신은 저녁식사 서비스에 문제가 있다고 말했습니다. 우리의 저녁식사 영업은 브런치 영업만큼 잘되고 있지 않습니다. 우리는 지역 잡지에 저녁 메뉴에 대한 광고를 냈지만, 그것은 별로 효과적이지 않았습니다.[우리는 (음식점에) 더 많은 사람들을 끌어 들여야 합니다. 왜냐하면 음식점에 저녁 식사 손님들이 많지 않기 때문입니다.] (그 얘기를 듣게 되어서 유감입니다.)

Final Test 1

▶ 해결책	**And here is my suggestion.[And here are my suggestions.]** We can make flyers and hand them out to people. This way, people can look at them and come to (try the dinner menu at) our restaurant. **Also,** we can offer a discount coupon for the dinner menu to customers. I'm sure (people will like it, so) we can attract more customers to our restaurant. We can put up a notice on the Web site (with more specific information about the dinner menu) so that we can appeal to more people. **I hope this will help us solve the problem.** 그래서 여기에 저의 제안(들)이 있습니다. 우리는 전단지를 만들어서 사람들에게 배포해도 됩니다. 이렇게 하면, 사람들은 그것들을 보고 우리 음식점에 (저녁 메뉴를 먹어 보러) 올 수 있습니다. 또한, 고객들에게 저녁 메뉴에 대한 할인 쿠폰을 제공해도 됩니다. 저는 (사람들이 그것을 좋아해서) 음식점에 더 많은 고객들을 끌어들일 수 있다고 확신합니다. 우리는 더 많은 사람들의 흥미를 끌기 위해 (저녁 메뉴에 대한 더 구체적인 정보와 함께) 웹 사이트에 공지해도 됩니다. 이것이 우리가 문제를 해결하는 데 도움이 되기를 바랍니다.
▶ 끝인사	**Please feel free to ask if you have any questions. Thank you.** 어떠한 질문이든 편하게 물어보세요. 감사합니다. As you know, my phone number is 055-6432. Once again, this is Jacob calling about the agenda at the meeting. 아시다시피, 제 전화번호는 055-6432입니다. 다시 한번, 저는 회의의 의제에 대해 전화하는 Jacob입니다.

Q 11

Describe some advantages of accepting a job offer in a different country.
Use specific reasons and examples to support your opinion.

다른 나라에서 직업 제의를 받아들이는 일의 몇 가지 장점들을 설명하세요.
당신의 의견을 뒷받침하기 위한 구체적인 이유와 예시를 들어주세요.

R1

서론	**(I think that) There is an advantage of** accepting a job offer in a different country.	다른 나라에서 직업 제의를 받아들이는 일의 장점이 하나 있습니다(라고 생각합니다).
본론 [근거]	**And the reason is that** it is more helpful for me to widen my view. **For example,** earlier in my career, I took a job in Japan[I worked at a company in Japan]. And it was really helpful for me because I met a lot of Japanese people, and I learned a lot about their cultures, so I could broaden my view. That's why it was a good experience for me. And also, it was more beneficial for me.	그리고 그 이유는 시야를 넓히는 데 도움이 되기 때문입니다. 예를 들면, 제 경력 초기에, 저는 일본에서 직업을 가졌습니다[저는 일본에 있는 회사에서 일했습니다]. 그리고 저는 많은 일본 사람들을 만났고, 그들의 문화에 대해 많이 배워서 시야를 넓힐 수 있었기 때문에 저에게 정말 도움이 되었습니다. 그래서 그것은 저에게 좋은 경험이었습니다. 그리고 또한, 그것은 저에게 더 이로웠습니다.
결론 [마무리]	**For this reason, (I believe)** this is the **advantage (of** accepting a job offer in a different country**)**.	이러한 이유로, 이것이 (다른 나라에서 직업 제의를 받아들이는 일의) 장점입니다(라고 믿습니다).

R2

서론	**(I think that) There are some advantages of** accepting a job offer in a different country.	다른 나라에서 직업 제의를 받아들이는 일의 몇 가지 장점들이 있습니다(라고 생각합니다).
본론 [근거 1]	**And there are two reasons for that.** **First,** it is very enjoyable (to take a job abroad[to work overseas] because I can live in a new and different environment and experience many things there).	그리고 그 이유는 두 가지 있습니다. 첫 번째, (새롭고 다른 환경에서 살 수 있고 그곳에서 많은 것들을 경험할 수 있기 때문에 해외에서 직업을 갖는 것은[해외에서 일하는 것은]) 매우 즐겁습니다.
본론 [근거 2]	**Second,** it is more helpful for me because I can widen my view. **For example,** earlier in my career, I took a job in Japan[I worked at a company in Japan]. And it was really helpful for me because I met a lot of Japanese people, and I learned a lot about their cultures, so I could broaden my view. That's why it was a good experience for me.	두 번째, 시야를 넓힐 수 있기 때문에 저에게 더 도움이 됩니다. 예를 들면, 제 경력 초기에, 저는 일본에서 직업을 가졌습니다[저는 일본에 있는 회사에서 일했습니다]. 그리고 저는 많은 일본 사람들을 만났고, 그들의 문화에 대해 많이 배워서 시야를 넓힐 수 있었기 때문에 저에게 정말 도움이 되었습니다. 그래서 그것은 저에게 좋은 경험이었습니다.
결론 [마무리]	**For these reasons, (I believe)** these are the **advantages (of** accepting a job offer in a different country**)**.	이러한 이유들로, 이것들이 (다른 나라에서 직업 제의를 받아들이는 일의) 장점들입니다(라고 믿습니다).

Final Test 2

Q 1-2

Q1

You have reached Long Beach Properties↘. // Currently, / all of our lines are busy↘. // If you're interested in more information / about our real estate, / you can visit our Web site at any time↘. // If you would like to leave a message, / please stay on the line↘. // Please leave your name↗and phone number↘ / with your message / after the beep↘. //

Long Beach Properties에 연락하셨습니다. 현재 모든 전화가 통화 중입니다. 저희 부동산에 대한 더 많은 정보에 관심이 있으시면, 언제든지 저희 웹 사이트에 방문하실 수 있습니다. 메시지를 남기길 원하시면, 잠시만 기다려 주시기 바랍니다. '삐' 소리 후 메시지에 당신의 이름과 전화번호를 남겨 주세요.

Q2

Here's the latest traffic information / from Channel Seven News↘. // Starting this weekend, / a large section of Riverside Freeway / will be closed for construction↘. // Work will be done / to repave the roadway↗, install new traffic lights↗, and add bicycle lanes↘. // During this period, / all motorists are advised to take detours / through Route fifty-seven↗and Interstate ten↘. //

Channel Seven News의 최신 교통 정보입니다. 이번 주말부터 Riverside Freeway의 대부분 지역이 공사로 인해 폐쇄될 것입니다. 작업은 도로 재포장, 새 신호등 설치 그리고 자전거 전용 도로 추가를 위한 것입니다. 이 기간 동안 모든 운전자들은 Route 57과 Interstate 10으로 우회하시기를 권장합니다.

Q 3

장소	This picture was taken indoors[in a building].	이 사진은 실내에서[건물 안에서] 찍혔습니다.
중심 대상	**The first thing I see (in this picture) is** some people. On the left side of the picture, there are two people sitting at a table. One of them is a woman. She is crossing her legs while looking at a man. The other is a man wearing a blue suit, and he is looking at the woman. On the right, there are three people standing while talking to each other. One of them is carrying a black bag. In the back, I can see two people standing while talking to each other as well. **I think** they are discussing something about their work.[**I think** they are colleagues.]	(이 사진에서) 첫 번째로 보이는 것은 몇 명의 사람들입니다. 사진의 왼쪽에, 테이블에 앉아 있는 두 명의 사람들이 있습니다. 그들 중 한 명은 여자입니다. 그녀는 어떤 남자를 보면서 다리를 꼬고 있습니다. 다른 사람은 파란색 정장을 입은 한 남자이고, 그는 여자를 보고 있습니다. 오른쪽에, 서로 대화하면서 서 있는 세 명의 사람들이 있습니다. 그들 중 한 명은 검은색 가방을 들고 있습니다. 뒷부분에, 서로 얘기하면서 서 있는 두 명의 사람들도 보입니다. 저는 그들이 일에 관한 무언가를 의논하고 있다고 생각합니다.[저는 그들이 동료라고 생각합니다.]
배경	**Around them,** I can see some white poles, walls, and many windows.	그들 주위에, 몇 개의 하얀 기둥, 벽 그리고 많은 창문들이 보입니다.
마무리	**Generally, it seems like** it is very busy in the building.	전반적으로, 건물 안이 매우 혼잡한 것 같습니다.

Final Test 2

Q 4-6

Imagine that a telephone service company is doing research in your area. You have agreed to participate in a telephone interview about using phones.

한 전화 서비스 회사가 당신의 지역에서 설문조사를 한다고 상상해 보세요. 당신은 전화 사용에 대한 전화 인터뷰 참여에 동의했습니다.

Q4 How much time do you spend using a telephone per day? And how much of that is on a smartphone?

당신은 하루에 얼마나 많은 시간을 전화 사용에 소비하나요? 그리고 그중 얼마나 많은 시간을 스마트폰에 소비하나요?

Q5 Do you use the same telephone service provider for your smartphone and home telephone? Why or why not?

당신은 스마트폰과 집 전화를 같은 전화 서비스 제공업체에서 이용하나요? 그 이유는 무엇인가요?

Q6 What factors would you pay the most attention to when changing your current telephone service provider to a different one?

현재의 전화 서비스 제공업체를 다른 업체로 바꾼다면 당신은 어떤 요소에 가장 주의를 기울일 것인가요?

R4	첫 문장	I spend (about) 30 minutes using a telephone per day. <u>And all of that is on a smartphone.</u>[And I spend about 20 minutes on a smartphone.]	저는 하루에 (대략) 30분을 전화 사용에 소비합니다. 그리고 그중 모든 시간을 스마트폰에 소비합니다.[그리고 저는 대략 20분을 스마트폰에 소비합니다.]
	추가 문장	I mostly use smartphone because I can use it anytime anywhere.	저는 주로 스마트폰을 사용합니다. 왜냐하면 저는 그것을 언제 어디서든 사용할 수 있기 때문입니다.
R5	첫 문장	(Yes,) I use the same telephone service provider for my smartphone and home telephone. I use KT because it is more affordable (than other companies).	(네,) 저는 스마트폰과 집 전화를 같은 전화 서비스 제공업체에서 이용합니다. 저는 KT를 이용합니다. 왜냐하면 그것은 (다른 업체들보다) 더 저렴하기 때문입니다.
	추가 문장	**And also,** it is a popular company (in Korea) and has good service.	그리고 또한, 그것은 (한국에서) 인기 있는 회사로, 좋은 서비스를 보유하고 있습니다.

R6	첫 문장	I would pay the most attention to the reputation[popularity] (of the company) when changing my current telephone service provider to a different one.	현재의 전화 서비스 제공업체를 다른 업체로 바꾼다면 저는 (회사의) 평판[인기]에 가장 주의를 기울일 것입니다.
	추가 문장	**This is because** famous[popular] companies are more reliable. (Therefore, I can trust their service.) **And also,** famous[popular] companies (such as KT) have better services. (They offer wide network coverage and cheap data services.) (These services are very important to me when choosing mobile telephone services.)	왜냐하면 유명한[인기 있는] 회사들은 더 신뢰할 만하기 때문입니다. (따라서 저는 그들의 서비스를 믿을 수 있습니다.) 그리고 또한, (KT와 같은) 유명한[인기 있는] 회사들은 더 좋은 서비스를 보유하고 있습니다. (그들은 넓은 네트워크 허용 범위와 저렴한 데이터 서비스를 제공합니다.) (이동 전화 서비스를 선택할 때 이러한 서비스들은 저에게 매우 중요합니다.)
	마무리	**Therefore,** (when changing my current telephone service provider to a different one,) I would consider the reputation[popularity] (of the company) the most.	따라서 (현재의 전화 서비스 제공업체를 다른 업체로 바꾼다면,) 저는 (회사의) 평판[인기]을 가장 고려할 것입니다.

Final Test 2

Q 7-9

Carl Mears
일리노이 주 60621 시카고, 700 North Branch 가 (Mears81@gmail.com)

면접 직책: Jefferson 호텔 레스토랑 파티시에
경력: Paul's Bakery 파티시에 (2014 ~ 현재)
　　　　Crown Donuts 보조 제빵사 (2011 ~ 2014)
학력: 요리학 학사 - Kendall 대학 (2011)
　　　　페이스트리 자격증 - CA 교육 기관 (2008)
특기: 한국어 유창 / 프랑스어 대화 가능
　　　　회계 소프트웨어 능숙
추천서: 요청 시 가능

Hello, this is Roger calling from Human Resources. I have an interview this afternoon with Carl Mears, but I have misplaced his résumé. Could you answer a few questions about his résumé?

안녕하세요. 저는 인사부에서 전화하는 Roger입니다. 저는 오늘 오후에 Carl Mears와 면접이 있는데, 그의 이력서를 잃어버렸습니다. 그의 이력서에 대한 몇 가지 질문에 응답해 주시겠어요?

Q7 Where did he get his certificate in pastry, and when?

그는 어디에서 페이스트리 자격증을 취득했나요? 그리고 언제 취득했나요?

Q8 We have many Korean chefs that already work in the restaurant. Is there anything on his résumé that shows that he can communicate with them?

우리는 이미 레스토랑에서 일하는 많은 한국인 주방장들이 있습니다. 이력서에 그가 그들과 의사소통할 수 있음을 보여주는 것이 있나요?

Q9 Can you tell me about his work history in detail?

저에게 그의 경력에 대해 자세히 말씀해 주시겠어요?

R7 Carl Mears got his certificate in pastry from CA Institute in 2008.

Carl Mears는 2008년에 CA 교육 기관에서 페이스트리 자격증을 취득했습니다.

R8 **Fortunately[Actually],** (yes.) the résumé shows that he is fluent in Korean.

다행히도[사실은], (있습니다.) 이력서는 그가 한국어에 유창하다는 것을 보여주고 있습니다.

R9 **There are** two work experiences.
First, he was an assistant baker at Crown Donuts from 2011 to 2014.
Second, he has been working as a pastry chef at Paul's Bakery from 2014 to present.

두 개의 경력이 있습니다.
첫 번째, 그는 2011년부터 2014년까지 Crown Donuts 사에서 보조 제빵사였습니다.
두 번째, 그는 2014년부터 지금까지 Paul's Bakery에서 파티시에로 일하고 있습니다.

Q 10

Hi. This is Jennifer, the manager of Charlie's Donut. As my assistant, I was wondering what you can do to solve an issue that we have at our donut store. You probably know that recently there have been too many unsold donuts left over. Because some days we sell more donuts than other days and run out of them, we can't make fewer every day. In addition, we can't sell them the next day as they are not fresh. We are just throwing away the leftover donuts and losing money on this. I don't know what to do with the donuts at the end of the day. Please call me back and let me know if you can suggest anything for this matter. Again, this is Jennifer. You can reach me on my mobile phone. Thank you.

안녕하세요. Charlie's Donut의 매니저인 Jennifer입니다. 제 조수로서, 저는 우리의 도넛 가게에서 우리가 갖고 있는 문제를 해결하기 위해 당신이 무엇을 할 수 있을지 궁금합니다. 당신은 최근에 판매되지 않은 도넛이 너무 많이 남아 있다는 것을 아마 아실 겁니다. 어떤 날에는 다른 날보다 도넛을 더 많이 팔아서 바닥나기 때문에, 매일 도넛을 더 적게 만들 수는 없습니다. 게다가, 그것들은 신선하지 않기 때문에 다음 날에 팔 수도 없습니다. 우리는 남은 도넛들을 그냥 버리고 있고, 이로 인해 손해를 보고 있습니다. 저는 영업을 마감하는 시간에 그 도넛들로 무엇을 해야 할지 모르겠습니다. 당신이 이 문제에 대해 어떤 것이든 제안할 수 있다면, 저에게 다시 전화해서 알려 주세요. 다시, 저는 Jennifer입니다. 제 휴대 전화로 연락하세요. 감사합니다.

▶ 첫인사	**Hello[Hi], Jennifer. This is Rick returning your call. I just listened to your message and understand that there is a problem.** Jennifer, 안녕하세요. 저는 당신의 전화에 회신하는 Rick입니다. 저는 막 당신의 메시지를 들었고 문제가 있다는 것을 이해했습니다.
▶ 문제 인식	**You said that there is a problem with** leftover donuts. <u>Recently, there have been too many unsold donuts left over. We are just throwing them away and losing money on this.</u>[There are too many donuts left (over) at our store (and we need to do something about this because we are losing money on this).] **(I'm sorry to hear that.)** 당신은 남은 도넛들에 문제가 있다고 말했습니다. 최근에 판매되지 않은 도넛이 너무 많이 남아 있었습니다. 우리는 그 도넛을 그냥 버리고 있고, 이로 인해 손해를 보고 있습니다.[우리 가게에는 너무 많은 도넛들이 남아 있습니다. (그리고 이로 인해 손해를 보고 있기 때문에 우리는 무언가를 해야 합니다.)] (그 얘기를 듣게 되어서 유감입니다.)

Final Test 2

▶ 해결책	**And here is my suggestion.[And here are my suggestions.]** I think it is a good idea to sell the leftover donuts at a discounted price. In this way, people can buy them. **Otherwise,** how about donating the donuts to the community? I'm sure people (in the local area) will be satisfied and happy. By doing this, we can also leave a good impression. We can put up a notice on the Web site (with surveys about this issue[how to take care of the leftover donuts]) so that we can collect ideas from many people. **I hope this will help us solve the problem.** 그래서 여기에 저의 제안(들)이 있습니다. 저는 남은 도넛을 할인 가격에 파는 것이 좋은 아이디어라고 생각합니다. 이렇게 하면, 사람들이 그것들을 살 수도 있습니다. 그렇지 않으면, 지역 사회에 남은 도넛을 기부하는 것은 어떤가요? 저는 (지역) 사람들이 만족하고 기뻐할 것이라 확신합니다. 이렇게 함으로써, 우리는 좋은 인상도 남길 수 있습니다. 우리는 많은 사람들로부터 아이디어를 얻기 위해 (이 문제[남은 도넛을 어떻게 처리할지]에 대한 설문 조사와 함께) 웹 사이트에 공지해도 됩니다. 이것이 우리가 문제를 해결하는 데 도움이 되기를 바랍니다.
▶ 끝인사	**Please feel free to ask if you have any questions. Thank you.** 질문 있으시면, 편하게 물어보세요. 감사합니다. As you know, my phone number is 565-3210. Once again, this is Rick returning your call about the problem (with the leftover donuts). 아시다시피, 제 전화번호는 565-3210입니다. 다시 한번, 저는 (남은 도넛의) 문제에 관하여 회신하는 Rick입니다.

Q 11

Which of the following would be the most difficult at work?
- Having a new supervisor
- Learning a new skill
- Performing a project by yourself

Use specific ideas and examples to support your opinion.

다음 중 어떤 것이 직장에서 가장 어려울 것 같나요?
- 새로운 관리자와 일하는 것
- 새로운 기술을 배우는 것
- 혼자 프로젝트를 수행하는 것

당신의 의견을 뒷받침하기 위한 구체적인 아이디어와 예시를 들어주세요.

R1

서론	**(I think that)** Having a new supervisor would be the most difficult at work.	새로운 관리자와 일하는 것이 직장에서 가장 어려울 것입니다(라고 생각합니다).
본론 [근거]	**And the reason is that** it is not efficient for us to get better performance. **For example,** two months ago, when I worked in my old team, we had a new manager, and it was not efficient (because he couldn't take care of[deal with] many difficult problems such as conflicts among co-workers and finishing urgent tasks in time). (He was not familiar with our team members and work.) Therefore, we couldn't get better results easily. That's why it was a bad experience for us. And also, it was not beneficial for us.	그리고 그 이유는 우리가 더 나은 성과를 얻는 데 효율적이지 않기 때문입니다. 예를 들면, 2개월 전, 제가 이전 팀에서 일했을 때, 우리는 새로운 관리자와 일했고 그것은 효율적이지 않았습니다. (왜냐하면 그는 동료들 간의 갈등이나 시간 내에 긴급한 업무를 끝내는 것과 같은 많은 어려운 문제들을 처리할 수 없었기 때문입니다.) (그는 우리 팀원들과 업무를 잘 알지 못했습니다.) 따라서 우리는 더 좋은 결과를 쉽게 얻을 수 없었습니다. 그래서 그것은 우리에게 나쁜 경험이었습니다. 그리고 또한, 그것은 우리에게 이롭지 않았습니다.
결론 [마무리]	**For this reason, (I believe)** having a new manager would be the most difficult in the workplace.	이러한 이유로, 새로운 관리자와 일하는 것이 직장에서 가장 어려울 것입니다(라고 믿습니다).

Final Test 2

R2

서론	**(I think that)** Having a new supervisor would be the most difficult at work.	새로운 관리자와 일하는 것이 직장에서 가장 어려울 것입니다(라고 생각합니다).
본론 [근거 1]	**And there are two reasons for that.** **First,** (if we have a new manager,) we can waste time (because we need to spend some time getting to know each other). (In addition, if a new manager changes a lot of things, we have to spend more time to get used to them.) That's why it is unhelpful for us.	그리고 그 이유는 두 가지 있습니다. 첫 번째, (우리가 새로운 관리자와 일한다면,) (서로를 알기 위해 시간을 보내야 하기 때문에) 우리는 시간을 낭비할 수 있습니다. (게다가, 새로운 관리자가 많은 것들을 바꾼다면, 우리는 그것들에 익숙해지기 위하여 더 많은 시간을 소비해야 합니다.) 그래서 그것은 우리에게 도움이 되지 않습니다.
본론 [근거 2]	**Second,** it is not efficient for us to get better performance. **For example,** two months ago, when I worked in my old team, we had a new manager, and it was not efficient (because he couldn't take care of[deal with] many difficult problems such as conflicts among co-workers and finishing urgent tasks in time). (He was not familiar with our team members and work.) Therefore, we couldn't get better results easily. That's why it was a bad experience for us.	두 번째, 우리가 더 나은 성과를 얻는 데 효율적이지 않습니다. 예를 들면, 2개월 전, 제가 이전 팀에서 일했을 때, 우리는 새로운 관리자와 일했고 그것은 효율적이지 않았습니다. (왜냐하면 그는 동료들 간의 갈등이나 시간 내에 긴급한 업무를 끝내는 것과 같은 많은 어려운 문제들을 처리할 수 없었기 때문입니다.) (그는 우리 팀원들과 업무를 잘 알지 못했습니다.) 따라서 우리는 더 좋은 결과를 쉽게 얻을 수 없었습니다. 그래서 그것은 우리에게 나쁜 경험이었습니다.
결론 [마무리]	**For these reasons, (I believe)** having a new manager would be the most difficult in the workplace.	이러한 이유들로, 새로운 관리자와 일하는 것이 직장에서 가장 어려울 것입니다(라고 믿습니다).

Final Test 3

Q 1-2

Q1

This weekend, / the East Coast will get its first hurricane of this season↘. // Although it is expected to be a weak category three, / residents are advised to stay indoors↘. // The hurricane season has arrived earlier, / but experts forecast / that this season will be a short one↘. // We'll be back to the usual sunny↗, fair↗, and warm weather↘ / shortly↘. //

이번 주말에 East Coast는 이번 시즌의 첫 허리케인을 겪게 될 것입니다. 비록 약한 3등급으로 예상되지만, 주민 여러분은 실내에 있을 것을 권장합니다. 허리케인 시즌이 더 일찍 왔지만 전문가들은 이번 시즌이 짧을 것이라고 예상합니다. 우리는 곧 평상시의 화창하고 맑고 따뜻한 날씨로 돌아올 것입니다.

Q2

Welcome / to the North Shore High School Talent Show↘. // Our actors have been preparing for the event for months / hoping to become the winners of this year's talent show↘. // During the performance, / student clubs will be selling food and drinks / to raise funds for their activities↘. // Please turn off your mobile phones, / and have a great time↘. //

North Shore High School Talent Show에 오신 것을 환영합니다. 우리의 배우들은 올해의 탤런트 쇼의 우승자가 되기를 희망하면서 수개월 동안 이 행사를 준비했습니다. 공연 중에, 학생 클럽들은 그들의 활동을 위한 기금을 모금하기 위하여 음식과 음료를 판매할 것입니다. 여러분의 휴대폰 전원을 끄시고 좋은 시간 보내시기 바랍니다.

Final Test 3

Q 3

장소	This picture was taken <u>indoors[in an office]</u>.	이 사진은 실내에서[사무실에서] 찍혔습니다.
중심 대상	**The first thing I see (in this picture) is** some people (sitting on the chairs). In the middle of the picture, there is a woman wearing a blue top (and a dark skirt). She is standing next to a flip chart while smiling. On the left side of the picture, I can see a woman with black hair, and she is holding a pen and a notebook. On the right side of the picture, there is a man wearing a blue shirt, and he is crossing his legs. In front of them, there are two men. One of them is typing on a laptop computer, and the other is looking at a diary. **I think** they are having a meeting.[I think they are colleagues.]	(이 사진에서) 첫 번째로 보이는 것은 (의자에 앉아 있는) 몇 명의 사람들입니다. 사진의 가운데에, 파란색 상의(와 어두운 색 스커트)를 입은 한 여자가 있습니다. 그녀는 웃으면서 플립 차트 옆에 서 있습니다. 사진의 왼쪽에, 검은 머리의 한 여자가 보이고, 그녀는 펜과 노트를 들고 있습니다. 사진의 오른쪽에, 파란색 셔츠를 입은 한 남자가 있고 그는 다리를 꼬고 있습니다. 그들 앞에, 두 명의 남자가 있습니다. 그들 중 한 명은 노트북 컴퓨터에 타이핑하고 있고, 다른 사람은 수첩을 보고 있습니다. 저는 그들이 회의를 하고 있다고 생각합니다.[저는 그들이 직장 동료라고 생각합니다.]
배경	**In the background of the picture[In the back]**, I can see some green trees and a building outside the window.	사진의 뒷배경에[뒷부분에], 창문 밖으로 녹색 나무들과 건물 한 채가 보입니다.
마무리	**Generally, it seems like** they are having a good time.	전반적으로, 그들은 좋은 시간을 보내고 있는 것 같습니다.

Q 4-6

Imagine that a British pet magazine is writing an article about pets in your area. You have agreed to participate in a telephone interview about raising pets.

영국의 한 애완동물 잡지사가 당신의 지역에서 애완동물에 대한 기사를 쓴다고 상상해 보세요. 당신은 애완동물 기르기에 대한 전화 인터뷰 참여에 동의했습니다.

Q4 What sort of pet is the most popular in your area? Do you have one?

어떤 종류의 애완동물이 당신의 지역에서 가장 인기 있나요? 당신에게는 애완동물이 있나요?

Q5 Besides the price, what is the most important aspect when buying a pet? Why?

가격 이외에도, 애완동물을 구매할 때 가장 중요한 측면은 무엇인가요? 그 이유는 무엇인가요?

Q6 What are some drawbacks of keeping pets?

애완동물을 기르는 것의 단점들은 무엇인가요?

R4	첫 문장	Dogs are the most popular in my area. Yes, I have one.	저의 지역에서는 개가 가장 인기 있습니다. 네, 저는 애완동물을 한 마리 기르고 있습니다.
	추가 문장	He is very cute (and I enjoy jogging with him in the morning).	그는 매우 귀엽습니다. (그리고 저는 아침에 그와 조깅하는 것을 즐깁니다.)
R5	첫 문장	Besides the price, size is the most important aspect when buying a pet. This is because I personally like small pets.	가격 이외에도, 애완동물을 구매할 때 크기가 가장 중요한 측면입니다. 왜냐하면 저는 개인적으로 작은 애완동물을 좋아하기 때문입니다.
	추가 문장	**And also,** it is easier and more comfortable for me to raise small pets.	그리고 또한, 작은 애완동물을 기르는 것이 더 쉽고 편합니다.
R6	첫 문장	(I think) The drawback of keeping pets is that it takes a lot of money.	애완동물을 기르는 것의 단점은 돈이 많이 든다는 것입니다(라고 생각합니다).
	추가 문장	When keeping pets, I have to spend a lot of money on buying food for them. (**And also,** I need to spend a lot of time taking care of the pets such as bathing and playing with them.)	애완동물을 기르면, 저는 그들을 위한 음식을 사는 데 많은 돈을 소비해야 합니다. (그리고 또한, 저는 애완동물을 목욕시키고 놀아주는 것과 같이 그들을 돌보는 데 많은 시간을 소비해야 합니다.)
	마무리	**Therefore,** I believe keeping pets takes a lot of money[this is the drawback of keeping pets/these are the drawbacks of keeping pets].	따라서 애완동물을 기르는 것은 돈이 많이 든다고 믿습니다[이것이 애완동물을 기르는 것의 단점입니다/이것들이 애완동물을 기르는 것의 단점들입니다].

Final Test 3

Q 7-9

The Privilege 호텔
면접 일정: 6월 2일

시간	입사 지원자	직책	경력
오전 10:00 ~ 오전 10:30	Matt Carter	호텔 안내원	2년
오전 10:30 ~ 오전 11:00	Steven Upton	부지배인	6년
오전 11:00 ~ 오전 11:30	Mary Howard	접수원	1년
오전 11:30 ~ 정오	Pat Robertson	웨이터	1년
오후 01:00 ~ 오후 01:30	Anna Wilson	접수원	2년
오후 01:30 ~ 오후 02:00	Justin Lee	주방장	4년

Hi, this is the general manager of the Privilege Hotel, and I will be conducting interviews with several candidates on June 2nd. But I misplaced my interview sheets. Could you please answer some questions for me?

안녕하세요. 저는 Privilege 호텔의 총지배인이며 6월 2일에 몇 명의 지원자들과 면접을 진행할 것입니다. 그러나 저는 면접표를 잃어버렸습니다. 몇 가지 질문에 응답해주시겠어요?

Q7 What time does the interview start, and who am I supposed to interview first?

면접은 몇 시에 시작하나요? 그리고 제가 누구를 처음으로 면접할 예정인가요?

Q8 One of my colleagues recommended Pat Robertson, and he applied for the concierge position. Is this correct?

저의 동료 중 한 명이 Pat Robertson을 추천했는데, 그는 호텔 안내원직에 지원했어요. 맞나요?

Q9 I believe experience is one of the most important factors in good employees. As far as I know, some of the applicants have many years of experience. Can you tell me which applicants have experience in hospitality for more than three years?

저는 좋은 직원들의 가장 중요한 요소 중 하나가 경력이라고 믿습니다. 제가 알기로는, 몇 명의 지원자들이 다년간의 경력을 가지고 있습니다. 어떤 지원자들이 서비스업에서 3년 이상의 경력을 가지고 있는지 말씀해 주시겠어요?

R7	The interview with Matt Carter for the concierge position is from 10:00 A.M. to 10:30 A.M.[The interview starts at 10:00 A.M., and you are supposed to interview Matt Carter first.]	Matt Carter와의 호텔 안내원직 면접이 오전 10시부터 오전 10시 30분까지 있습니다. [면접은 오전 10시에 시작하고 당신은 Matt Carter를 처음 면접할 예정입니다.]
R8	**Actually, (no.)** the interview with Pat Robertson is for the waiter position, and it is from 11:30 A.M. to noon.[Pat Robertson is applying for the waiter position.]	사실, (아닙니다.) Pat Robertson과 면접은 웨이터직 면접이며, 오전 11시 30분부터 정오까지 있습니다.[Pat Robertson은 웨이터직에 지원합니다.]
R9	**There are** two applicants. **First,** Steven Upton is interviewing for the assistant manager position from 10:30 A.M. to 11:00 A.M., and he has 6 years of experience. [**The first one is** Steven Upton, who is interviewing for the assistant manager position from 10:30 A.M. to 11:00 A.M., and he has 6 years of experience.] **Second,** Justin Lee is interviewing for the chef position from 1:30 P.M. to 2:00 P.M., and he has 4 years of experience.[**The second one is** Justin Lee, who is interviewing for the chef position from 1:30 P.M. to 2:00 P.M., and he has 4 years of experience.]	두 명의 지원자가 있습니다. 첫 번째, Steven Upton이 오전 10시 30분부터 오전 11시까지 부지배인직 면접을 볼 것이며, 그는 6년의 경력을 가지고 있습니다.[첫 번째는 오전 10시 30분부터 오전 11시까지 부지배인직 면접을 볼 Steven Upton이며, 그는 6년의 경력을 가지고 있습니다.] 두 번째, Justin Lee가 오후 1시 30분부터 오후 2시까지 주방장직 면접을 볼 것이며, 그는 4년의 경력을 가지고 있습니다.[두 번째는 오후 1시 30분부터 오후 2시까지 주방장직 면접을 볼 Justin Lee이며, 그는 4년의 경력을 가지고 있습니다.]

Final Test 3

Q 10

Hi. This is Kevin Layton, the owner of the Layton Dessert Café. As you manage our store, I was wondering if you could help me with an issue at our café. I'm planning to sell teas that go well with our desserts. We sell coffee-based drinks already, and they are very popular. However, I believe that if we can add teas to our menu, we can increase sales as well as offer more choices to customers. We have never sold teas before, so I am not sure what kind of teas go well with certain desserts. I want to get our customers' opinions on the tea pairings, but I have no idea what would be the best way to go about this. We would like to offer customers the teas that they want the most to maximize sales. What do you think we can do to get information on customers' tea preferences? Please call me back with your ideas on this matter. Again, this is Kevin.

안녕하세요. Layton 디저트 카페 사장인 Kevin Layton입니다. 당신이 우리의 매장을 관리하기 때문에, 우리 카페의 문제에 대해 도와줄 수 있는지 궁금합니다. 저는 우리의 디저트와 잘 어울리는 차를 판매할 계획입니다. 우리는 이미 커피류의 음료를 판매하고 있고 그것들은 매우 인기 있습니다. 그러나 차를 메뉴에 추가한다면, 고객들에게 더 많은 선택권을 줄 뿐만 아니라 매출도 증가시킬 수 있다고 생각합니다. 우리는 이전에 차를 판매해 본 적이 없어서 어떤 종류의 차가 특정 디저트와 어울리는지 모릅니다. 저는 차 페어링에 대한 고객들의 의견을 얻고 싶지만, 무엇이 이것에 대한 최선의 방법인지 잘 모르겠습니다. 우리는 매출을 최대화하기 위해 고객들이 가장 원하는 차를 제공하고 싶습니다. 우리가 고객들의 차 선호도에 대한 정보를 얻기 위해 무엇을 할 수 있을까요? 이 문제에 대한 당신의 아이디어와 함께 저에게 회신하세요. 다시, 저는 Kevin입니다.

▶ 첫인사	**Hello, Mr. Layton.[Hi, Kevin.]** This is Olivia **returning your call.** **I just listened to your message and understand that there is a problem.** Layton 씨, 안녕하세요.[Kevin, 안녕하세요.] 당신의 전화에 회신하는 Olivia입니다. 저는 막 당신의 메시지를 들었고 문제가 있다는 것을 이해했습니다.
▶ 문제 인식	**You said that there is a problem with** selling teas at our store. **You want to know how to get information on customers' tea preferences.** [We have to get information on customers' tea preferences.] **(I'm sorry to hear that.)** 당신은 우리 매장의 차 판매에 문제가 있다고 말했습니다. 당신은 고객들의 차 선호도에 대한 정보를 얻는 방법에 대해 알고 싶어 합니다.[우리는 고객들의 차 선호도에 대한 정보를 얻어야 합니다.] (그것을 듣게 되어 유감입니다.)

▶ 해결책	**And here is my suggestion.**[And here are my suggestions.] I think it's a good idea to make a suggestion box (to find out people's opinions). I'm sure this can be very effective. **Or,** we can hold interviews to find out more about what they like. This way, we can choose the best teas to sell. We can put up a notice on our Web site (with surveys about this issue) so that we can collect the ideas (and get recommendations) from many people. **I hope this will help us solve the problem.** 그래서 여기에 저의 제안(들)이 있습니다. 저는 (사람들의 의견을 알아내기 위해) 제안함을 만드는 것이 좋은 아이디어라고 생각합니다. 저는 이것이 매우 효과적일 수 있다고 확신합니다. 아니면, 우리는 그들이 좋아하는 것을 더 알아내기 위해 인터뷰를 해도 됩니다. 이렇게 하면, 판매하기 가장 좋은 차를 선택할 수 있습니다. 우리는 많은 사람들로부터 아이디어를 모을 수 있도록 (그리고 추천을 받을 수 있도록) (이 문제에 대한 설문조사와 함께) 웹 사이트에 공지해도 됩니다. 이것이 우리가 문제를 해결하는 데 도움이 되기를 바랍니다.
▶ 끝인사	**Please feel free to ask if you have any questions. Thank you.** 어떠한 질문이든 편하게 물어보세요. 감사합니다. As you know, my phone number is 479-5534. Once again, this is Olivia returning your call about the problem (with selling teas). 아시다시피, 제 전화번호는 479-5534입니다. 다시 한번, 저는 (차 판매) 문제에 관하여 회신하는 Olivia입니다.

Final Test 3

Q 11

Do you agree or disagree with the following statement?
These days, employees are less likely to take time off from work.
Use specific reasons and examples to support your opinion.

다음 진술에 동의하나요? 아니면 동의하지 않나요?
요즘 직원들은 직장에서 휴가를 덜 갖는 경향이 있다.
당신의 의견을 뒷받침하기 위한 구체적인 이유와 예시를 들어주세요.

R1

서론	**I agree that** these days, employees are less likely to take time off from work.	저는 요즘 직원들은 직장에서 휴가를 덜 갖는 경향이 있다는 것에 동의합니다.
본론 [근거]	**And the reason is that** we don't have enough time (at work). **For example,** two months ago, when I worked in my old team, I was less likely to take time off to relax[I couldn't take time off to relax] because I didn't have enough time (at work). (We had too much work to do, so our team members were always busy working.) (Furthermore, our team usually worked overtime until late.) That's why it was a bad experience for me. And also, it was not beneficial for me.	그리고 그 이유는 우리는 (직장에서) 충분한 시간이 없기 때문입니다. 예를 들면, 두 달 전, 제가 이전 팀에서 일했을 때, 저는 (직장에서) 충분한 시간이 없었기 때문에 휴식 시간을 덜 갖는 경향이 있었습니다[휴식 시간을 가질 수 없었습니다]. (우리는 해야 할 일이 너무 많아서 우리 팀원들은 항상 일하느라 바빴습니다.) (게다가, 우리 팀은 보통 늦게까지 야근을 했습니다.) 그래서 그것은 저에게 나쁜 경험이었습니다. 그리고 또한, 그것은 저에게 이롭지 않았습니다.
결론 [마무리]	**For this reason, I think (that)** these days, employees are less likely to take time off from work.	이러한 이유로, 저는 요즘 직원들은 직장에서 휴가를 덜 갖는 경향이 있다고 생각합니다.

R2

서론	**I agree that** these days, employees are less likely to take time off from work.	저는 요즘 직원들은 직장에서 휴가를 덜 갖는 경향이 있다는 것에 동의합니다.
본론 [근거 1]	**And there are two reasons for that.** **First,** these days, companies are more competitive, so we have to work harder (in the workplace). (People work more to have better skills and a good reputation among customers and coworkers and to be recognized at work.) So, we are less likely to take time off to relax[it is hard for us to take time off to relax]. **And also, it is not beneficial for me** (because I get stressed out).	그리고 그 이유는 두 가지 있습니다. 첫 번째, 요즘 회사들은 더 경쟁이 치열해서 우리는 (직장에서) 더 열심히 일해야 합니다. (사람들은 더 좋은 실력과 고객들과 동료들 사이에서 좋은 평판을 얻고 직장에서 인정받기 위해 더 많이 일합니다.) 그래서 우리는 휴식 시간을 덜 갖는 경향이 있습니다[우리가 휴식 시간을 갖는 것은 어렵습니다]. 그리고 또한, (제가 스트레스를 받기 때문에) 그것은 저에게 이롭지 않습니다.
본론 [근거 2]	**Second,** we don't have enough time (at work). **For example,** two months ago, when I worked in my old team, I was less likely to take time off to relax[I couldn't take time off to relax] because I didn't have enough time (at work). (We had too much work to do, so our team members were always busy working.) (Furthermore, our team usually worked overtime until late.) That's why it was a bad experience for me.	두 번째, 우리는 (직장에서) 충분한 시간이 없습니다. 예를 들면, 두 달 전, 제가 이전 팀에서 일했을 때, 저는 (직장에서) 충분한 시간이 없었기 때문에 휴식 시간을 덜 갖는 경향이 있었습니다[휴식 시간을 가질 수 없었습니다]. (우리는 해야 할 일이 너무 많아서 우리 팀원들은 항상 일하느라 바빴습니다.) (게다가, 우리 팀은 보통 늦게까지 야근했습니다.) 그래서 그것은 저에게 나쁜 경험이었습니다.
결론 [마무리]	**For these reasons, I think (that)** these days, employees are less likely to take time off from work.	이러한 이유로, 저는 요즘 직원들은 직장에서 휴가를 덜 갖는 경향이 있다고 생각합니다.